古典文獻研究輯刊

七　編

潘美月・杜潔祥　主編

第 7 冊

《史記》《漢書》儒林列傳疏證

黃慶萱　著

國家圖書館出版品預行編目資料

《史記》《漢書》儒林列傳疏證／黃慶萱著 -- 初版 — 台北縣永
和市：花木蘭文化出版社，2008〔民97〕

序 2 目 2+252 面：19×26 公分
（古典文獻研究輯刊 七編：第 7 冊）

ISBN：978-986-6657-57-3（精裝）
1. 史記　2. 漢書　3. 研究考訂
610.11　　　　　　　　　　　　　　　　97012646

ISBN - 978-986-6657-57-3

9 789866 657573

古典文獻研究輯刊
七 編 第 七 冊　　　　　　　ISBN：978-986-6657-57-3

《史記》《漢書》儒林列傳疏證

作　　者　黃慶萱
主　　編　潘美月　杜潔祥
總 編 輯　杜潔祥
企劃出版　北京大學文化資源研究中心
出　　版　花木蘭文化出版社
發 行 所　花木蘭文化出版社
發 行 人　高小娟
聯絡地址　台北縣永和市中正路五九五號七樓之三
　　　　　電話：02-2923-1455／傳眞：02-2923-1452
電子信箱　sut81518@ms59.hinet.net
初　　版　2008 年 9 月
定　　價　七編 20 冊（精裝）新台幣 31,000 元　　版權所有・請勿翻印

《史記》《漢書》儒林列傳疏證

黃慶萱　著

作者簡介

黃慶萱，臺灣師範大學國文研究所畢業，文學博士（1972）。歷任小學教師，中學國文教師，臺灣師範大學國文系講師、副教授、教授。間曾訪問香港，出任浸會學院及中文大學客座高級講師。又曾訪問韓國，出任漢城外國語大學客座教授，高麗大學兼任教授，2000年，自臺師大退休。著作有：《史記漢書儒林列傳疏證》（1966）、《魏晉南北朝易學書考佚》（1975）、《修辭學》（1975）、《中國文學鑑賞舉隅》（1979）、《周易讀本》（1992）、《周易縱橫談》（1995）、《學林尋幽》（1995）、《與君細論文》（1999）等。

提　　要

　　西漢二百年間經學之師承家法，苟欲得其條理，《史記》、《漢書》儒林傳，洵為首要之學術文獻，本書合此二傳，重析其章節：第一篇〈史記儒林列傳〉分為二章。首章〈序文〉，依時代順序復析為七節；次章〈正文〉，視《五經》次第亦得七節，其中《詩》有魯、齊、韓三家也。第二篇〈漢書儒林傳〉分為七章。首章為〈序文〉；以下五章依次論《易》、《書》、《詩》、《禮》、《春秋》五經傳受；末章為〈結論〉。〈序文〉依時代先後分節；《五經》傳受依師承家法分節；〈結論〉僅一節，〈儒林傳贊〉是也。

　　除以上分章節、稽篇章外，本書疏證者復有八事：定句讀、通訓詁、辨聲音、訂羨奪、正錯誤、校異同、徵故實、援旁證。又，〈儒林列傳〉就其內容言，為經學之歷史，性質頗為特殊，其經學淵源、時代環境尤應重視，本書於今文、古文，齊學、魯學，師法、家法數事，於有關各條並分別詳明之。又，為使諸儒師承來龍去脈，條理井然，另作「西漢儒林傳授圖」、「西漢儒林大事年表」以為附錄。

目
次

序

　　自《莊子・天下篇》、《荀子・非十二子篇》、《淮南子・要略》、司馬談〈論六家要指〉，辨章道術，剖判流別，學術史之規模，於焉肇立。其時百家爭鳴，子學方盛，〈天下篇〉篇首獨能推尊《六藝》，其言曰：其在於《詩》《書》《禮》《樂》者，鄒、魯之士，搢紳先生多能明之；《詩》以道志，《書》以道事，《禮》以道行，《樂》以道和，《易》以道陰陽，《春秋》以道名分，其散於天下而設於中國者，百家之學，時或稱而道之。天下大亂，聖賢不明，道德不一，天下多得一察焉以自好，是故內聖外王之道，闇而不明，鬱而不發，天下之人各為其所欲焉以自為方。悲夫！百家往而不反，必不合矣！後世之學者，不幸不見天地之純，古人之大體，道術將為天下裂！嗚呼！莊生所言，抑何深切而沈痛也！司馬遷承父談遺志，撰《太史公書》，雖亦作管晏、老莊申韓、司馬穰苴、孫吳、商君、蘇秦、張儀、虞卿、魯仲連、呂不韋諸傳，條列諸子之學，而其特創之例，則在立〈儒林傳〉，上承〈孔子世家〉、〈仲尼弟子列傳〉、〈孟荀列傳〉之緒，以著經學之師承。蓋自董仲舒對策，推明孔氏，抑黜百家，武帝建元五年，始置《五經》博士，開弟子員，故司馬遷〈儒林傳〉以《五經》分章，觀於篇首「余讀功令」之言，知其裁篇命題，亦實緣於當時之政策也。然自此聖學昌明，定於一尊，後之譔正史者謹守成規，逐代相續，如《漢書》、《後漢書》、《晉書》、《梁書》、《陳書》、《魏書》、《北齊書》、《周書》、《南史》、《北史》、《隋書》、《唐書》、《新唐書》、《宋史》、《元史》、《新元史》、《明史》、《清史》，皆沿史公之例，有〈儒林傳〉之作。駱嘗取王朗、王肅、孫叔然、周生烈、董遇、隗禧、劉劭、蘇林、高堂隆、王基、王弼、士燮、張昭、嚴畯、程秉、闞澤、唐固、虞翻、陸績諸家事補《三國志・儒林傳》，取傅隆、臧燾、徐廣、裴松之、何承天、周續之、雷次宗、關康之諸家事補《宋書・儒林傳》，取王儉、劉瓛、陸澄、祖沖之、顧歡、臧榮緒、沈驎士、吳苞、徐伯珍、樓幼瑜諸家事補《南齊書・儒林傳》，取石

昂、江夢孫、張易、查文徽、徐鉉、徐鍇、魯崇範、黃載、王鍇、孫逢吉、蒲虔軌、
彭玕、朱遵度、孫邰、宋榮、陳郁、陳致雍諸家事補《五代史‧儒林傳》，取耶律儼、
蕭韓家奴、耶律庶成諸家事補《遼史‧儒林傳》，取徒單鎰、張暐、張行簡、楊雲翼、
趙秉文諸家事補《金史‧儒林傳》，復擬撰諸史儒林傳疏證及拾捕，然後彙刊成帙，
以爲經學史之長編。顧以方事《中華大辭典》之業，每苦少暇，民國五十二年秋因
以囑之黃生慶萱。閱年，慶萱撰《史記漢書儒林列傳疏證》稿成，旁徵博采，綱舉
目張，信足漱《六藝》之芳潤，爲讀史之津梁矣。慶萱英年劬學，方將繼此有所作，
茲值刊行，謹爲誌其緣起如此。

中華民國五十四年夏金陵楊家駱

述　例

一、《史記、漢書儒林列傳》者，蓋合《史記・儒林列傳》及《漢書・儒林傳》而言也。秦火之後，弗重庠序，唯建元、元狩之間，文辭粲如，司馬遷爲作〈儒林列傳〉。及班固綜理六學綱紀，著其師徒終始，述〈儒林傳〉。西京二百年間經學之師承家法，始有條理可尋。本書合此二傳，爲之疏證，定名爲：《史記漢書儒林列傳疏證》。

一、《史記》一書，原有三家注：裴駰《集解》，司馬貞《索隱》，張守節《正義》是也。茲據武英殿本全部採用。日人瀧川資言作《史記會注考證》，據彼邦古鈔本，補今本刪落《正義》千餘條。其中多爲轉錄《漢書》顏師古《注》，或前注已見，後復重出者，故國人不甚重視。然瀧川所補亦有頗具價值者。如「於今獨有《士禮》，高堂生能言之。」下，瀧川本所補《正義》引「謝承」「藝文志」「《七錄》」三說。「謝承云」一條，王應麟《漢書藝文志考證》亦據《史記正義》引之，則宋本《史記正義》猶有此條。「《七錄》云」一條，有「後博士傳其書得十七篇」之言。博士者，謂高堂生也，賈公彥序《周禮》興廢言「至高堂生博士傳十七篇」，可爲明證。今本《七錄》及諸家所引皆誤「傳其書」爲「侍其生」。張金吾撰《兩漢五經博士考》，直以「侍其生」爲西漢博士姓名；皮錫瑞作《經學通論》，亦謂「侍其生不知何時人」。皆不知「侍其生」爲「傳其書」行書之訛，無其人也。若非彼邦古鈔本，千年不白之誤，且永無訂正之日矣。茲檢瀧川所補《正義》，標以「**瀧川本《正義》**」之目，以與今本《正義》別也。

一、成都大學教授張森楷氏，嘗事二十四史之校勘，史學深邃。其所撰《史記新校注稿》，大半采自經緯雅言，子集施訓，自唐、宋至清儒舊說，而參以個人之創見。楊師家駱云：「張氏據校之本四十四、參校之本一十七、徵引之書在四百五十八種以上，自始校至注成，歷時五十年，六易其稿，誠可謂《太史公書》之

功臣矣。」茲自楊師處借得《新校注》五稿、六稿，以六稿爲主，參補以五稿，列於三家注之後。

一、日人瀧川資言作《史記會注考證》，參考《索隱》《正義》以後，中、日兩國注馬之作，彙而載之。雖徵引蕪雜，然其所據彼邦之本，除古鈔本外，有楓山本、三條本、博士家本、南化本、慶本諸種，爲張森楷氏所不見，故亦錄之，標目曰「會注考證」，蓋以別於武英殿本之「考證」也。

一、《漢書》注家，前有顏師古，後有王先謙。顏《注》蓋集唐前服虔、應劭、晉灼、臣瓚、蔡謨五種注本之大成；且補之以荀悅、崔浩、郭璞之說。《四庫提要》稱其「條理精密，實爲獨到。」王先謙以清末大儒，治學循乾、嘉遺軌，自言：「自通籍以來，即究心班書，博求其義，薈最編摩，積有年歲。」其《漢書注》引用自唐至清先賢四十家之說，補苴闕漏，《漢書》義蘊，多得通貫。茲據補注本兼採之。

一、清儒言治古書，當審諦十事：**稽篇章**，一也；**定句讀**，二也；**通訓詁**，三也；**辨聲音**，四也；**訂羨奪**，五也；**正錯誤**，六也；**校異同**，七也；**徵故實**，八也；**援旁證**，九也；**輯逸文**，十也。本篇疏證，除於輯逸文一事，本不知蓋闕之義而從略外，他皆奉爲準則。又〈儒林列傳〉就其內容言爲經學之歷史，性質頗爲特殊。其經學淵源，時代環境，尤應重視，疏證於此二事，並詳明之。

一、篇章者，所以明文章之組織。《史記》《漢書》之文，雖有所謂「提行特起」之例，然各本或有或否，嫌疏略也。茲重析其章節：第一篇〈史記儒林列傳〉分爲二章。首章〈序文〉，依時代順序復析爲七節；次章〈正文〉，視《五經》次第亦得七節，其中《詩》有魯、齊、韓三家也。第二篇〈漢書儒林傳〉分爲七章。首章爲〈序文〉；以下五章依次論《易》、《書》、《詩》、《禮》、《春秋》五經傳受；末章爲〈結論〉。〈序文〉依時代先後分節；《五經》傳受依師承家法分節；〈結論〉僅一節，〈儒林傳贊〉是也。章節標題，亦爲追加。割裂傳文，妄植標題，自知或不免狂妄之譏；然欲明其綱領，稽其篇章，以便讀者，情非得已。讀者其曲諒之。

一、古人重精讀，故刊行書籍，未有加符號分別其句讀者，欲令讀者自得其句讀也。而研閱古籍，偶一不愼，常失其句讀。以《漢書·儒林傳》爲例言之：有「申章昌曼君」者，申章其姓，昌其名，曼君其字也。當於「君」下一逗。而唐晏作《兩漢三國學案》，析「申章」爲一人，「昌章君」爲一人，蓋誤於「章」下增一逗也。又「疑者丘，蓋不言。」丘蓋二字，說者多引《荀子·大略篇》：「言之信者在乎區蓋之間」而並釋之。王氏《補注》引劉敞、錢大昭說；楊樹達《漢

書窺管》引段玉裁、李慈銘、吳承仕說，皆然。按：荀子以「在乎區蓋之間」爲「信者」，〈儒林傳〉謂「疑者丘蓋不言。」一言信者，一言疑者，義殆相反，僅以丘、區雙聲而併爲一談，其謬不亦甚乎？今世人「丘蓋」二字連讀，已積非難返矣！孰不知漢人多「丘」爲「空」，《史記・公孫弘傳》：「丘虛而已。」郭嵩燾《史記札記》云：「當時或名空虛爲丘虛。」《漢書・息夫躬傳》：「寄居丘亭」，師古曰：「丘、空也。」是其例證。「蓋」者，發語辭也。丘、蓋二字中有一逗，不可連讀。「疑者丘，蓋不言。」者，謂有疑則空闕之，蓋不置言也。《論語》：「多聞闕疑」「君子於其所不知，蓋闕如也。」其意並同。於此可見定句讀之不易。茲依文法結構，全部加以新式標點符號，以明其句讀。

一、章太炎先生曰：「文字之學，聲韻爲本，能明聲韻以貫通文字，則叚借之理得，轉注之道通，而訓詁之用宏矣。」誠哉斯言也。以《史》、《漢》儒林列傳爲例以言，馬、班皆喜用通叚之字，若不明此理，則不能得其訓詁。如公孫弘請興學官之議，曰：「弘爲學官，悼道之鬱滯，迺請曰：丞相御史言……。」郭嵩燾《史記札記》云：「案此謂弘元光五年對策拜博士時也。」意學官即博士也。張森楷《史記新校注》云：「公孫時爲學官，此其職權內事，非所不當言，而必請丞相、御史以召鄭重，故白于二府爲言之於朝以實其云。」蓋亦以學官爲官名也。按：弘議引武帝元朔五年（西元前 124 年）詔，則其議非元光五年（西元前 130 年）弘對策拜博士時所上可知。元朔五年，弘以丞相兼御史，見《漢書・百官公卿表》，故其議自稱「丞相御史言」，則弘時非任職學官可知。然則學官究作何解耶？朱駿聲《說文通訓定聲》曰：「官，叚借爲館。《易・隨》：官有渝，蜀才本正作館。」學官者，學館也。《漢書・循吏傳》：「文翁又修起學官於成都市中。」師古《注》云：「學官，學之官舍也。」《文獻通考》卷四十：「請因舊官而興焉。」馬端臨自注：「舊官爲博士舊授徒之黌舍也。」皆是明證。郭、張二氏，蓋偶忽其叚借之理，故不能通其訓詁也。他例尚多，未能悉舉。本《疏證》於《史、漢儒林傳》叚借之字，皆一一考訂之，務考其聲韻，通其訓詁。

一、顏師古注《漢書》，其最爲人詬病者，輒爲字音之不辨。《四庫提要》引《猗覺寮雜記》，稱師古注《漢書》，魁梧音悟，票姚皆音去聲，杜甫用魁梧、票姚皆作平聲云云。一二字音之出入，固不可以病其大體；然此一二字音苟能辨正，則顏《注》更臻完善矣。茲於顏監注音，均以《切韻》諸殘卷，及《唐韻》《廣韻》以校之。如「太后喜《老子》言。」師古曰：「喜音許既反。」按：《廣韻・上聲・六止》「虛里切」有「喜」字，下注云；「又香忌切」，許、

香雙聲，而既、忌不疊韻，師古以「許既」切喜，必訂爲「許忌」而後合也。此其一例，他不多舉。

一、《史、漢儒林列傳》文字，頗多羨奪，致有語不可解者，尤以公孫弘興學官議爲最。李慈銘《越縵堂日記》云：「平津此議，關係學術，乃漢世一大制度；而文義茫昧，莫能考正。」馬端臨《文獻通考》亦以：「殊不可曉，考訂精詳者，必能知之。」云。按：李氏以爲「莫能考正」者，謂「以治禮掌故，以文學禮義爲官，遷留滯。」一句而言。「以治禮掌故」應訂作「次治禮掌故」，說在《史記儒林列傳疏證》第七節注 33；《漢書儒林傳疏證》第七節注 31。馬氏以爲「殊不可曉」者，指郎中秩較卒史爲高而言。未審郎中之「中」實爲衍文。郎秩比二百石，卒史秩二百石，郎秩在卒史之下也。說在《史記儒林列傳疏證》第七節注 26，《漢書儒林傳疏證》第七節注 24。然則前賢所謂「莫能考正」「殊不可曉」者，至本疏證始得大白。故必訂其羨奪，方能得其正解也。

一、太史公受《易》於楊何；司馬遷聞《春秋》於董仲舒；皆見〈太史公自序〉。故《史記・儒林列傳》敘《易》與《春秋》，於楊、董二氏，特爲推崇；而《易》學源於田何，《公羊》起於胡毋，非由楊、董也。於是《史記》行文，每自牴牾。以《易》言，一則曰：「言《易》，自菑川田生。」再則曰：「要言《易》者，本於楊何之家。」《漢書》雖以：「要言《易》者，本於田何。」然贊復作「易楊」。其矛盾錯誤之故，王國維〈漢魏博士題名考〉辨之詳矣。以《春秋》言，《史記》《漢書》並列胡毋生、董仲舒二家。《史記》先董而後胡；《漢書》反之，曰董仲舒著書述胡毋生之德。又東平嬴公者，眭孟、何休之學所從出也。《漢書》以嬴公爲仲舒弟子，《後漢書・儒林傳》及《隋書・經籍志》皆歸之於胡毋生。其實仲舒之學亦出於胡毋子都，故嬴公爲仲舒弟子而可歸於胡毋生。《史記》《漢書》胡、董平列，蓋誤。徐彥《公羊疏》：「胡毋生以《公羊經》傳授董氏。」當有所據。是乃〈儒林傳〉錯誤之大者。至若文字訛誤，皆即文校之，茲不多贅。

一、班固《漢書》百卷，自武帝以前，全本《史記》，此人人所知也。故二書〈儒林傳〉文，其異同可得而言焉。《史記・儒林列傳》敘倪寬與董仲舒行事頗詳，《漢書》別有倪寬、董仲舒傳，故於〈儒林傳〉略其行事。此《史、漢儒林列傳》異同之大較一也。武帝之後，經學師承，史遷未能之及，班氏仍詳其家法，一一補之，此《史、漢儒林傳》異同之大較二也。至於班〈傳〉採《史記》之文，其文字亦偶有出入，一字之異，每成巨案。如《史記》言申公「亡傳疑，疑者

則闕不傳。」班書省一「疑」字，於是梁玉繩《史記志疑》據班訂馬，以爲《史記》衍一「疑」字。楊樹達《漢書窺管》承其說，以爲魯《詩》但有「故」而無「傳」。不知《漢書・楚元王傳》嘗載：「申公始爲《詩》傳，號魯《詩》。」也。《漢書・儒林傳》言申公「亡傳」，其下蓋脫一「疑」字，正應據《史記》補也。「亡傳疑，疑者則闕不傳」語互足，蓋亦闕疑之意，爲魯學一貫之純謹學風也。凡此文字繁簡，爲《史、漢儒林列傳》異同之大較三也。皆於《漢書儒林傳疏證》中詳之。至於《史記》各本同異，《漢書》文字校勘，有張森楷《史記新校注》，王先謙《漢書補注》在，疏證不能贊一辭矣。

一、西漢儒林，大師百餘，而以一傳敘之，故其行事、學說、著述，皆語焉不詳。然就行事言：諸儒於《漢書》固多自有傳；就學說言，其本傳頗載其奏議，可資考徵；就著述言，則有《漢書・藝文志》在。《疏證》欲徵其故實，於此三事，皆覆按其本傳、各表，及藝文志，爲之敘明（參考他書者，下條言之）。務使西京二百年經學之源流發展，一一貫穿於〈儒林傳〉之疏證中。《文心雕龍・論說篇》云：「秦延君之注〈堯典〉，十餘萬字；朱普之解《尚書》，三十萬言。所以通人惡煩，羞學章句。」慶萱非不知文繁爲病，故疏證力求簡潔；然每一經師，略引數言以明其學說內容，即卷帙浩繁，至於二十多萬言。讀者以西漢經學史視之，當仍嫌其疏略也。

一、本疏證除參考《史記》《漢書》各卷外，於《十三經注疏》、《十四經新疏》，清儒王謨、馬國翰等所輯漢儒著作佚本，《三通》、《西漢會要》、《釋文序錄》、《隋書・經籍志》，及王應麟、洪邁、朱彝尊、朱睦㮮、顧炎武、閻若璩、王鳴盛、錢大昕、錢大昭、洪亮吉、姚振宗、唐晏、皮錫瑞、章太炎、王國維、劉師培、楊樹達、郭嵩燾、錢穆、呂思勉、余又蓀、施之勉諸家，以及師友之說，並多所采摭，疏證均已註明出處，於此未能一一。

一、以《史、漢儒林傳》爲西漢經學史，就經學部分言，須詳數事：一曰今文、古文，一曰齊學、魯學，一曰師法、家法。疏證均已於有關各條分別言之。而尤要者，在審其學術流別。故轅固生與黃生爭論於景帝前，黃生言湯、武乃弒，必引《韓非子・忠孝篇》「湯、武爲人臣而弒其主」之言以疏證之。又如谷永習魯《詩》，《漢書・儒林傳》載其奏疏，有「退食自公，私門不開」之語。顏師古《注》以毛《詩》鄭《箋》義釋之，故與谷永意終覺扞格。《疏證》則必引《詩三家義集疏》魯說：「卿大夫入朝治事，公膳於朝，不遑家食，故私門爲之不開。」方是谷永之意。至於諸儒師承，追溯先秦；經學流衍，兼及東京；皆略爲數語。務使其來龍去脈，條理井然，並作「西漢儒林傳授圖」一種，爲附錄之一。

一、以《史、漢儒林傳》爲西漢經學史，就歷史部分言，須詳二事：空間、時間是也。《疏證》於諸儒籍里，除「免中」一地待考外，皆註明今地。大抵依本傳所載，參之《漢書·地理志》、《清一統志》、《中華民國地圖集》而得之，間亦考之方志，如傳云「濟南伏生」，據《鄒平縣志》，則伏生爲鄒平縣伏生鄉人，於漢屬濟南郡也。他如胡毋生爲齊之泰山人，韓嬰爲燕之涿郡人，焦贛爲梁之蒙縣人，皆〈儒林傳〉所未詳。大事年表，如可考則考得之，並附以西元。除求之於本傳、〈恩澤侯表〉、〈百官公卿表〉、〈古今人表〉，及後人所撰漢諸儒年譜外，尤多旁推所得。如蔡千秋爲郎，明《穀梁》，宣帝召見，與《公羊》家並說，傳雖無年代，然言其時「丞相韋賢，長信少府夏侯勝。」韋賢相在宣帝本始三年（西元前 71 年），本始四年夏侯勝即以長信少府遷諫大夫，故蔡千秋說《穀梁》，當不出此二年也。即其一例。並作「西漢儒林大事年表」一種，爲附錄之二。

一、竊維中國學術演進，可分三期，先秦爲子學時代，兩漢爲經學時代，宋、明爲理學時代。經學、理學，皆淵源於孔子。孔子嘗兩言吾道一以貫之，子貢以爲多學而識，曾子以爲忠恕而已。學識之道爲經學，忠恕之道爲理學也。就其相互關係言之，心性之理，固有自誠明者；然大率皆由博學、審問、愼思、明辨、篤行而得。然則經學者，理學之基礎也。就其歷史發展言之，秦火之後，若非漢儒整理古經，傳其訓詁，則後人安得從中發其義理哉？然則經學者，理學之先驅也。宋、明理學之歷史，黃子宗羲撰《宋元學案》《明儒學案》，言之審矣。西漢經學之開拓，則尚乏佳構如黃子之作者以述之。慶萱自入師大受業，倏已七易寒暑，比復事金陵楊師家駱治史籍，因自忘愚鈍淺陋，爲《史記、漢書儒林列傳》之疏證，冀西京經學之發展，能大明於斯篇。蓋亦扶微闡幽之意也。至於東京以降，迄乎宋前，儒林源流之激盪顯揚，其敘述當俟來日。大雅君子，幸教正之。

第一篇　《史記・儒林列傳》疏證

第一章 序 文

第一節 春秋時代之經學

太史公曰：(1) 余讀功令，(2) 至於廣厲學官之路，(3) 未嘗不廢書而歎也。(4) 曰：嗟乎！夫周室衰而〈關雎〉作；(5) 幽、厲微而禮樂壞。(6) 諸侯恣行，政由彊國。故孔子閔王路廢而邪道興，(7) 於是論次《詩》《書》，修起禮樂。(8) 適齊聞《韶》，三月不知肉味；(9) 自衛返魯，然後樂正，〈雅〉〈頌〉各得其所。(10) 世以混濁莫能用，(11) 是以仲尼干七十餘君無所遇。(12) 曰：「苟有用我者，期月而已矣！」(13) 西狩獲麟，曰：「吾道窮矣！」(14) 故因史記作《春秋》，以寓王法。(15) 其辭微而指博，後世學者多錄焉。

(1) 〔疏證〕〈太史公自序〉云：「談為太史公。仕於建元、元封之間。」又云：「卒三歲而遷為太史令。」是談、遷父子皆嘗為太史之官，其稱當曰令；言公者，遷尊其父也。《索隱》云：「公者，遷所著書，尊其父云公也。遷雖稱述其父所作，其實亦遷之詞。」是也。

(2) 〔索隱〕案謂學者課功著之於令，即今學令是也。（瀧川本「案」下有「功令」二字。）

〔會注考證〕顏師古曰：「功令，篇名。若今選舉令。」沈欽韓曰：「唐學令，選舉令中一門也。」

〔疏證〕本文功令凡二見，此其一也。下公孫弘乃請曰一節，末云：「請著功令，佗如律令。」其二也。然則公孫弘所議選拔博士弟子及獎懲遷用之法，即功令矣。蓋猶今之教育法規及考選銓敘法規也。郭嵩燾《史記札記》

卷六：「案功令，通漢法著之令者言之。廣厲學官，亦功令也。」其義尤廣。

（3）〔會注考證〕愚按：「厲」字涉下文衍。

〔疏證〕厲，段借爲勵。《逸周書‧和寤解》：「王乃厲翼于尹氏八士。」注：「厲，獎厲也。」是其證。馬端臨《文獻通考》卷四十〈學校考〉引《史記‧儒林傳》文，厲逕作勵，瀧川《會注考證》謂厲字涉下文衍，未悉何所據。學官之官段借爲館，朱駿聲《說文通訓定聲》曰：「官，段借爲館。《易‧隨》：官有渝，蜀才本正作館。」學官者，學館也。《漢書‧循吏傳》：「文翁又修起學官於成都市中。」師古《注》云：「學官，學之官舍也。」是其證。廣厲學官者，謂多方鼓勵士人入學官求學也。

（4）〔疏證〕廢，放置也。《爾雅‧釋詁》：「廢，舍也。」注：「舍，放置。」廢書而歎，言放置所讀之功令而太息也。〈太史公自序〉云：「儒者以《六藝》爲法。《六藝》經傳以千萬數，累世不能通其學，當年不能究其禮。故曰：博而寡要，勞而少功。」其所以讀功令至廣厲學官之路，廢書而歎者，或在此乎？郭嵩燾《史記札記》卷五：「武帝廣厲學官，誘之於利祿之途，於是儒者之道以熄。三代聖王之留貽，渙散遺亡，遂以永絕於天下。武帝之廣厲學官，其禍更烈於始皇，此史公所以廢書而嘆也。」其說偏激。

（5）〔新校注〕《評林》本「乎」作「呼」。梁玉繩云：「以〈關雎〉爲刺詩，說在〈十二侯表〉。」

〔會注考證〕學《孟子》「《詩》亡而《春秋》作」句法。以〈關雎〉爲刺詩，與毛《詩》異，說在〈十二侯表〉。」

〔疏證〕《新校注》及《會注考證》於〈十二侯表〉均引梁玉繩之說曰：「《漢書‧儒林傳》稱孔安國爲申公弟子，則安國所受者魯《詩》。太史公從安國問古文《尚書》，或亦從學魯《詩》。〈表〉謂周道缺而〈關雎〉作；〈儒林傳‧序〉言周室衰而〈關雎〉作，其用魯《詩》歟？」按：王先謙《詩三家義集疏》注云：「魯說曰：『周道缺，詩人本之衽席，〈關雎〉作。』又曰：『昔周康王承文王之盛，一朝晏起。夫人不鳴璜，宮門不擊柝。〈關雎〉之人，見幾而作。』」蓋魯《詩》以〈關雎〉爲刺詩，說與毛《詩》「美后妃之德」者異也。又按：齊《詩》韓《詩》亦以〈關雎〉爲刺詩。故馬端臨《文獻通考》卷四十注，以周室衰而〈關雎〉作爲「韓《詩》說也。」

（6）〔疏證〕幽、厲，周幽王、周厲王之合稱。蓋亡國之君也。厲王，周第十代王，名胡，在位三十七年，（西元前 878 至 841 年）出奔彘。由周、召二公行政。又十四年，（西元前 828 年）王崩。幽王，周第十二代王，名宮涅，

在位十一年，（西元前 781 至 771 年），爲犬戎所殺。西周亡。然則屬王固
先於幽王也，而古籍皆稱幽、屬而無以屬、幽稱之者。如《禮記‧禮運篇》：
「我觀周道，幽、屬傷之。」《孟子‧離婁上》：「名之曰幽、屬，雖孝子慈
孫，百世不能改也。」是。

（7）〔新校注〕王路猶王道也。

〔會注考證〕《書‧洪範》：「無有作惡，遵王之路。」

〔疏證〕王路，猶王道也。其所以作王路而不曰王道者，蓋「王路廢」與「邪
道興」相對爲文之故也。《尙書‧洪範》：「無有作好，遵王之道；無有作惡，
遵王之路。」道路亦對文。

（8）〔新校注〕凌本脫「次」「起」二字，石本同此。

〔疏證〕《史記‧孔子世家》言：「孔子之時，周室微而禮樂廢，《詩》《書》
缺。追跡三代之禮，序《書傳》，上紀唐、虞之際，下至秦繆，編次其事。
曰：『夏禮吾能言之，杞不足徵也；殷禮吾能言之，宋不足徵也；足則吾能
徵之矣。』觀殷、夏所損益，曰『後雖百世可知也。』『以一文一質，周監
二代，郁郁乎文哉，吾從周。』故《書傳》、《禮記》自孔氏。孔子語魯大
師：『樂，其可知也。始作翕如；縱之純如，皦如，繹如也；以成。』『吾
自衛返魯，然後樂正，〈雅〉〈頌〉各得其所。』古者《詩》三千餘篇及至
孔子，去其重，取可施於禮義，上采契、后稷，中述殷、周之盛，至幽、
屬之缺。始於袵席，故曰〈關雎〉之亂，以爲〈風〉始；〈鹿鳴〉爲〈小雅〉
始；〈文王〉爲〈大雅〉始；〈清廟〉爲〈頌〉始。三百五篇，孔子皆弦歌
之，以求合《韶》《武》《雅》《頌》之音。禮樂自此可得而述。」是乃史遷
所言孔子論次《詩》《書》，修起禮樂之事也。然《書經》見疑於孟子，其
言曰：「盡信《書》，則不如無《書》。至於〈武成〉，取二三策而已矣。仁
人無敵於天下，以至仁伐至不仁，而何其血之流杵也。」孟子言孔子作《春
秋》而亂臣賊子懼，推崇備至；《書》苟爲孔子編次，孟子自不應有「不如
無《書》」之慨言也。而刪《詩》之說，唐、宋之後，亦頗有異辭，孔穎達
疏鄭氏《詩譜》，謂「《書傳》所引之詩，見存者多，亡逸者少。則孔子所
錄，不容十分去九，馬遷言古《詩》三千餘篇，未可信也。」

（9）〔會注考證〕子在齊聞《韶》，《論語‧述而篇》。

〔疏證〕《論語‧述而篇》：「子在齊聞《韶》，三月不知肉味。曰：『不圖爲
樂之至於斯也。』」《史記‧孔子世家》云：「孔子適齊，爲高昭子家臣，欲
以通乎景公。與齊太師語樂，聞《韶》音。學之，三月不知肉味。齊人稱

之。」韶者紹也，舜樂之名。謂舜德能紹堯，故樂名《韶》。《韶》樂聲舞
既盡美；揖讓受禪，聖德又盡善。故孔子曰：「《韶》，盡美矣；又盡善也。」
孔子適齊聞《韶》約在周敬王三年（西元前 517 年）。齊，國名，周武王封
太公望於此。今山東省益都縣以西，至歷城、聊城兩地之間，及河北省景、
滄諸縣，東南至海，皆其故地。都營丘，今山東臨淄縣。入戰國，其臣田
氏篡而代之。終滅於秦。史遷云孔子為高昭子家臣，其事恐未盡然。

（10）〔正義〕鄭玄云：「魯哀公十一年，是時道衰樂廢，孔子還修正之，故〈雅〉
〈頌〉各得其所也。」

〔新校注〕《正義》「所」下，《評林》本衍一「所」字。

〔會注考證〕子曰吾自衛反魯，《論語‧子罕篇》。

〔疏證〕按《論語‧子罕篇》云：「子曰：『吾自衛反魯，然後樂正，〈雅〉〈頌〉
各得其所。』」「雅頌」「各得其所」，曰「樂」「正」；則「雅頌」為「樂」非
「詩」矣。《儀禮‧鄉飲酒禮》：「乃合樂。」注：「〈小雅〉為諸侯之樂，〈大
雅〉〈頌〉為天子之樂。」孔子雅樂二字連稱，《論語‧陽貨篇》「惡鄭聲之
亂雅樂」是也。是雅為樂之證也。阮元〈釋頌〉云：「〈風〉〈雅〉唯弦歌笙
間，賓主及歌者，皆不必因此而為舞容；惟三〈頌〉各章，皆是舞容，故稱
為頌。」是〈頌〉亦為樂之證。唯〈頌〉於樂外，更有舞容，是所異耳。孔
子之時，〈雅〉〈頌〉之用，常失其次。襄四年《左傳》云：「穆叔如晉，晉
侯享之，金奏〈肆夏〉之三，不拜；工歌〈文王〉之三，又不拜；歌〈鹿鳴〉
之三，三拜。韓獻子使行人子員問之。對曰：『三〈夏〉，天子所以享元侯也，
使臣弗敢與聞。〈文王〉，兩君相見之樂也，臣不敢及。〈鹿鳴〉，君所以嘉寡
君也，敢不嘉拜？〈四牡〉，君所以勞使臣也，敢不重拜？〈皇皇者華〉，君
教使臣，曰：「必諮於周」。臣聞之，訪問於善為咨，咨親為詢，咨禮為度，
咨事為諏，咨難為謀。臣獲五善，敢不重拜？』」三〈夏〉之頌，享元侯之
用；晉乃以享使臣，則頌之用失其所矣。〈文王〉之雅，兩君相見之樂，而
及使臣，是雅之用亦失其所矣。孔子反魯，皆一一正之，故〈雅〉〈頌〉各
得其所。孔子嘗言「樂正，〈雅〉〈頌〉各得其所矣」；而「詩正，〈雅〉〈頌〉
各得其所」，未之聞也。刪《詩》說者，引《論語》此文立說，皆有所未辨
也。孔子自衛返魯，約在周敬王三十六年（西元前 484 年）。衛，國名。周
武王封少弟康叔於此。今河南省北部衛輝、懷慶一帶，及河北省大名以南諸
縣，皆其故地。初都朝歌（河南淇縣）；文公遷楚丘（河南滑縣）；成公徙帝
丘（河南濮陽縣）。後為秦所滅。魯，國名，周武王封弟周公於此；周公為

成王宰相，乃封其元子伯禽爲魯侯。今自山東省滋陽縣東南，至江蘇省沛縣，安徽省泗縣一帶，皆其地。都曲阜（今山東曲阜縣），後爲楚所滅。

（11）〔會注考證〕「以」「已」通。

（12）〔索隱〕後之記者失辭也。案《家語》等說：則孔子歷聘諸國，莫能用。謂周、鄭、齊、宋、曹、衛、陳、楚、杞、莒、匡等爾。縱歷小國，亦無七十餘君也。（瀧川本文字略異。）

〔新校注〕《評林》本「干」誤「于」；《漢‧傳》「干」作「奸」，同。《索隱》納本、王本無「魯」字；匡非國，何以數之。

〔會注考證〕《莊子‧天運篇》：「孔子謂老聃曰：『丘治《詩》《書》《禮》《樂》《易》《春秋》六經，自以爲文矣，孰知其故矣。以奸七十二君，一君無所鉤用。』」中井積德曰：「匡，非國也。其周、曹、杞、莒，亦非實也。《家語》不足據。」愚按七十餘君，本於《莊子》。《莊子》寓言，亦不足據。說又見〈十二侯表〉。

〔疏證〕《會注考證》於〈十二侯表〉引梁玉繩曰：「史言孔子干君，猶子禽之言求爾。七十餘君尤妄。〈儒林傳序〉，亦稱仲尼干七十餘君無所遇。《索隱》本於《論衡》。《論衡‧儒增篇》云：『孔子所至不能十國也。』此蓋戰國時誣說，史漫述之。其始出于《莊子‧天運篇》，以干七十二君爲孔子謂老聃語。《淮南》、《說苑》，以及揚雄《解嘲》，皆仍其謬，《呂氏春秋‧遇合篇》：『孔子周流海內，所見八十餘君。』其數目過七十二矣，然乎哉！」按：子禽之言求，見於《論語‧學而篇》：「子禽問於子貢曰：『夫子至於是邦也，必聞其政，求之與？抑與之與？』子貢曰：『夫子溫、良、恭、儉、讓以得之。夫子之求之也，其諸異乎人之求之與！』」又《莊子‧天運篇》，恐非莊叟之筆。其所載孔子謂老聃語中，有「丘治《詩》《書》《禮》《樂》《易》《春秋》六經」之言。黃震曰：「六經之名，始於漢，《莊子》書稱六經，未盡出莊子也。」然則孔子干七十餘君，史籍漫述，其始亦未必出於莊叟之言矣。

（13）〔新校注〕今《論語》「已」下有「可」字，「矣」作「也」。

〔會注考證〕《論語‧子路篇》。

〔疏證〕《論語‧子路篇》：「子曰：『苟有用我者，朞月而已可也；三年有成。』」〈孔子世家〉：「孔子去陳，過蒲，遂適衛，靈公老，怠於政，不用孔子。孔子喟然歎曰：『苟有用我者，朞月而已，三年有成。』」按：朞月，謂周一歲之月也，《書‧堯典》云：「朞，三百有六旬有六日，以閏月定四時成歲。」

是也。

（14）〔會注考證〕哀十四年《公羊傳》。

〔疏證〕哀十四年《公羊傳》：「麟者，仁獸也，有王者則至，無王者則不至，有以告者曰：『有麕而角者。』孔子曰：『孰爲來哉！孰爲來哉！』反袂拭面涕沾袍。顏淵死，子曰：『噫，天喪予！』子路死，子曰：『噫，天祝予！』西狩獲麟，孔子曰：『吾道窮矣！』」哀十四年《左傳》：「西狩於大野，叔孫氏之車子鉏商獲麟，以爲不祥，以賜虞人。仲尼觀之曰：『麟也。』然後取之。」〈孔子世家〉約二傳之文，曰：「魯哀公十四年，春狩大野，叔孫氏車子鉏商獲獸，以爲不祥。仲尼視之曰：『麟也。』取之。曰：『河不出圖，雒不出書，吾已矣夫！』顏淵死，孔子曰：『天喪予！』及西狩獲麟，曰：『吾道窮矣！』」按《公羊》何休《解詁》云：「麟者，太平之符，聖人之類，時得麟而死，此亦天告夫子將沒之徵，故云爾。」然子不語怪力亂神，故杜預〈春秋序〉曰：「至於反袂拭面，稱吾道窮，亦無取焉。」《公羊》多後師傅會之說，章太炎《經學略說》曾斥爲「妖妄」，未可深信也。獲麟事在周敬王三十九年（西元前481年）。

（15）〔瀧川本正義〕因魯史記年月日而作《春秋》，兼見諸侯國史所記之事。

〔新校注〕案上言《詩》《書》《禮》《樂》，此言《春秋》，所缺者獨《易》耳，故班氏補之，甚是。「寓」，納、李、王、秦本作「當」；湖、凌、《評林》、石本同。

〔會注考證〕梁玉繩曰：「述六藝，而獨缺孔子贊《易》，班氏補之。」

〔疏證〕〈孔子世家〉曰：「子曰：『弗乎弗乎，君子病歿世而名不稱焉，吾道不行矣，吾何以自見於後世哉？』乃因史記作《春秋》。上至隱公，下訖哀公十四年。十二公。據魯親周，故殷運之三代，約其文辭而指博。故吳、楚之君自稱王，而《春秋》貶之曰子，踐土之會，實召周天子，而《春秋》諱之曰：『天王狩於河陽。』推此類以繩當世貶損之義。後有王者舉而開之。《春秋》之義行則天下亂臣賊子懼焉。孔子在位聽訟，文辭有可與人共者，弗獨有也。至於爲《春秋》，筆則筆，削則削，子夏之徒，不能贊一辭。弟子受《春秋》，孔子曰：『後世知丘者以《春秋》，而罪丘者亦以《春秋》。』」按：《春秋》者，魯史記之名也。史之所記，必表年以首事；年有四時，故錯舉春秋以爲所記之名也。杜預〈春秋序〉云：「周德既衰，官失其守，上之人不能使《春秋》昭明，赴告策書，諸所記注，多違舊章。仲尼因魯史策書成文，考其眞僞，而志其典禮。上以遵周公之遺制，下以明將來之法。

其教之所存，文之所害，則刊而正之，以示勸戒。其餘皆即用舊史。」其言較〈世家〉文爲平實。劉知幾《史通‧惑經篇》謂《春秋》有「十二未論」「五虛美」，以駁「孔子筆削」之說。文長不引。

（16）〔集解〕徐廣曰：「『錄』一作『繆』。」

〔疏證〕微，約也，與博相對，亦精微要妙之意。《漢書‧藝文志》：「仲尼沒而微言絕。」注：「師古曰：『精微要妙之言。』」其辭微而指博，〈孔子世家〉文作「約其文辭而指博」。是微有約義也。指、旨通。《荀子‧大略》：「物其指矣。」注：「指與旨同。」

第二節　戰國時代之經學

自孔子卒後，七十子之徒散，游諸侯：(1) 大者爲師傅卿相；(2) 小者友教士大夫；(3) 或隱而不見。故子路居衛；(4) 子張居陳；(5) 澹臺子羽居楚；(6) 子夏居西河；(7) 子貢終於齊。(8) 如田子方、段干木、吳起、禽滑釐之屬，皆受業於子夏之倫，爲王者師。(9) 是時獨魏文侯好學。(10) 後凌遲以至於始皇，(11) 天下竝爭於戰國，儒術既絀焉。(12) 然齊、魯之門，學者獨不廢也。(13) 於威、宣之際，(14) 孟子、荀卿之列，咸遵夫子之業而潤色之，以學顯於當世。(15)

（1）〔疏證〕孔子卒於周敬王四十一年（西元前 479 年），距生於周靈王二十一年（西元前 551 年），享年七十有三。《史記‧孔子世家》：「弟子蓋三千焉，身通六藝者七十有二人。」〈仲尼弟子列傳〉：「受業身通者，七十有七人，皆異能之士也。」此謂「七十子」者，蓋指弟子身通者，稱七十，蓋舉成數也。

（2）〔索隱〕案子夏爲魏文侯師，子貢爲齊、魯聘吳、越，蓋亦卿也。而宰予亦仕齊爲卿。餘則未聞。（瀧川本「餘則未聞」作「則未聞也」。）

〔會注考證〕中井積德曰：「子貢游說，非卿也；齊卿之子我，非宰予也。傳者謬耳。」

〔疏證〕〈仲尼弟子列傳〉云子貢「常相魯、衛」，又云：「宰我爲臨菑大夫，與田常作亂，以夷其族，孔子恥之。」子貢、宰予，於孔門四科，名皆列於言語。

（3）〔疏證〕郭嵩燾《史記札記》卷五：「案『師傅、卿相』與『友教士大夫』，

亦隨其時之所值，與其意之所存而已，豈以是爲大小哉！」其言甚是。

（4）〔集解〕駰案〈仲尼弟子列傳〉，子路死於衛時，孔子尙存也。（瀧川本無「駰」字。）

〔新校注〕《漢・傳》無此句，蓋以子路前卒，刪之甚是。

〔會注考證〕班氏刪此句，是。

〔疏證〕子路姓仲名由，魯人。生於周景王三年（西元前 542 年）。少孔子九歲。〈仲尼弟子列傳〉云：「子路性鄙好勇，力志伉直，冠雄鷄，佩猳豚，陵暴孔子，孔子設禮稍誘子路。子路後儒服委質，因門人請爲弟子。」周敬王四十年（西元前 480 年），衛・孔悝作亂。時子路爲孔悝之邑宰，欲平亂，被殺。孔子聞衛亂，曰；「嗟乎，由死矣！」已而果死。孔門四科，子路名列政事。

（5）〔正義〕今陳州。

〔會注考證〕子張，顓孫師。王先謙曰：「〈仲尼弟子列傳〉：『子張，陳人。』」

〔疏證〕子張，姓顓孫，名師，其先陳人，崔述《洙泗考信餘錄》卷三云顓孫遷魯至哀公凡十世。子張生於周敬王十六年（西元前 504 年），少孔子四十八歲。《禮記・檀弓》：「子張死，曾子有母之喪，齊衰而往哭之。」則子張先曾子卒，殆非高壽。據《掘坊志》，子張卒年五十七，則在周貞王二十二年（西元前 447 年）也。而子張之死，曾子（在魯）往哭，似子張卒於魯。史公謂子張居陳，其事未詳。《韓非・顯學篇》：「孔子之死，儒分爲八，有子張之儒。」蓋子張亦能卓然別立宗派也。魯，已見前註。陳，國名，周武王封舜之後嬀滿於此。故地在今河南、安徽之間，都宛丘（河南淮陽縣），後滅於楚。

（6）〔正義〕今蘇州城南五里，有澹臺湖，湖北有澹臺。

〔新校注〕《正義》「湖北有澹臺」下，當有缺文。

〔會注考證〕子羽，名滅明，王先謙曰：「〈弟子傳〉，稱其南游至江。」

〔疏證〕《論語・雍也篇》：「子游爲武城宰。子曰：『女得人焉爾乎？』曰：『有澹臺滅明者，行不由徑；非公事，未嘗至於偃之室也。』」《史記・仲尼弟子傳》：「南游至江，從弟子三百人。設取予去就，名施乎諸侯。」子羽生於周敬王八年（西元前 512 年），少孔子三十九歲。卒年不詳。楚，國名，周武王封熊繹於楚。都丹陽（湖北秭歸縣），奄有今湘、鄂、江、浙諸省地。子羽爲武城人，地在今山東費縣。

（7）〔正義〕今汾州。

〔會注考證〕《禮記·檀弓篇》:「退而老於西河之上。」鄭《注》:「西河,龍門至華陰之地。」

〔疏證〕子夏,姓卜,名商,魏人,生於周敬王十三年(西元前 507 年),少孔子四十四歲,卒約在周威烈王六年(西元前 420 年)。於孔門四科,名列文學。〈仲尼弟子列傳〉:「孔子既沒,子夏居西河教授,爲魏文侯師。」錢穆云:「魏文初立,實周定王二十三年,去孔子卒三十三年,子夏年六十三也。爲魏文侯師,自是後人追述之語。」西河,在東方河、濟之間,不在西土龍門、汾州。說見錢穆《先秦諸子繫年考辨》三九。孔門弟子中,其師法可考者惟子夏。洪邁《容齋隨筆》云:「孔子弟子,惟子夏於諸經獨有書。雖傳記雜言,未可盡信,然要爲與他人不同矣。於《易》則有〈傳〉。於《詩》則有〈序〉。而毛《詩》之學,「云子夏授高行子,四傳而至小毛公;一云子夏傳曾申,五傳而至大毛公。於禮則有《儀禮·喪服》一篇,馬融、王肅諸儒多爲之訓說。於《春秋》,所云不能贊一辭,蓋亦常從事於斯矣。公羊高實受之於子夏;穀梁赤者,《風俗通》亦云子夏門人。於《論語》,則鄭康成以爲仲弓、子夏等所撰定也。」按:子夏作《易傳》《詩序》,事或未然;唯子夏博通《六藝》,似不容疑。

(8)〔正義〕今青州。

〔疏證〕子貢,姓端木,名賜,衛人。生於周悼王元年(西元前 520 年);少孔子三十一歲。約卒於周貞定王十九年(西元前 450 年)。〈仲尼弟子列傳〉謂子貢一出,存魯、亂齊、破吳、強晉而霸越,其事雖無稽,然子貢之善於辭令則是也。故孔門四科,子貢列於言語。〈貨殖列傳〉謂子貢仕於衛;〈弟子傳〉〈儒林傳〉皆言其卒於齊。貢,蕭該本作「贛」,是也。然今皆誤「貢」成習矣。

(9)〔會注考證〕沈欽偉曰:「《呂覽·重言篇》注:『田子方學於子貢。』〈尊師篇〉:『段木干,晉國之大駔也,學於子夏。』《史記》:『吳起嘗學於曾子。』其年不相當。《經典·序錄》:『吳起受《左氏傳》於曾申。』非曾子。又據墨翟書,禽滑釐爲彼弟子。《呂覽·當染》:『禽滑釐學于墨子。』《列子·湯問篇》、《莊子·天下篇》,並同。未可援墨入儒。」愚按:《史》云受業於子夏之倫,則諸子非皆子夏之門人也。

〔疏證〕田子方,魏人,名無擇,約生於周元王元年(西元前 475 年);約卒於周安王二年(西元前 400 年)。其學出於子貢。〈魏世家〉謂:「文侯師田子方。」段干木,複姓段干,名木,約生於周貞定王四年(西元前 465

年）；約卒於周安王七年（西元前 395 年）。皇甫謐《高士傳》云：「木，晉人也。守道不仕，魏文侯欲見，造其門，木踰牆避之。」《淮南子》云：「段干木，晉之大駔而爲文侯師。」吳起，衛人，約生於周考王元年（西元前 440 年）；而卒於周安王二十一年（西元前 381 年）。《史記·吳起傳》：「起事曾子，母死不歸，曾子薄之，而與起絕。」然以曾子卒年校之，起不及事曾子也。劉向《別錄》記《左傳》源流云：「左邱明授曾申，申授吳起。」則起師申，非師參。說與《經典釋文·序錄》合。吳起傳《左氏》，並著書四十卷，《漢書·藝文志》有著錄。禽滑釐，約生於周敬王六年（西元前 470 年）；約卒於周安王二年（西元前 400 年）。嘗奉墨子命守宋備楚，蓋墨子弟子也。錢穆《先秦諸子繫年考辨》之六二，〈墨子弟子通考〉云：「《呂氏·當染篇》：『田子方學於子貢；段干木學於子夏，吳起學於曾子，禽滑釐學於墨子。』《史記·儒林傳》云：『田子方、段干木、吳起、禽滑釐之屬，皆受業於子夏之倫，爲王者師。』此蓋承襲呂書，而下語未晰。云子夏之倫者，以子夏概子貢、曾子、墨子而言也。」

（10）〔疏證〕魏文侯，名斯，魏桓子之子也。周貞定王二十三年（西元前 446 年）立；周威王元年（西元前 425 年）始稱侯；卒於周安王五年（西元前 397 年）。魏文侯以大夫僭國，禮賢下士，實開戰國養士之風。於先秦學術興衰，關係綦重。一時若子夏、田子方、段干木、吳起、李克、西門豹、樂羊之倫，皆爲禮聘。

（11）〔新校注〕《漢·傳》無此句。

〔會注考證〕程一枝曰：「《漢書》削去此句，尤順。」

〔疏證〕陵遲，義同陵夷。遲、夷古皆定母字，雙聲而得叚借也。《漢書·成帝紀》：「帝王之道，日以陵夷。」注：「言其頹替若丘陵之漸平也。」王先謙《補注》：「陵與夷皆平也；陵夷之爲陵遲，蓋猶逶夷之爲逶遲也。」此句《漢書》刪之，程一枝云尤順。按下文言戰國儒術既紬，然齊、魯學者不廢，舉威、宣之際孟、荀爲例。其時代上承魏文之後，下迄始皇之前。刪此句，則上有所承，下無所止矣。

（12）〔新校注〕《漢·傳》「紬」作「黜」。

〔疏證〕紬，通黜，減損也。《荀子·不苟篇》：「恭敬縛紬以畏事人。」《注》：「縛與撙同，紬與黜同。」《漢書·儒林傳》紬正作黜。

（13）〔新校注〕「間」是，各本同誤作「門」，今依毛本正。《漢·傳》「獨」作「猶」，「不」作「弗」，無「也」字。

〔會注考證〕「閒」，各本作「門」，今從毛本、楓山本。《漢書》亦作「閒」。

〔疏證〕《新校注》及《考證》均謂門當爲閒。按《史記‧儒林傳》言師承家法，而齊復有稷門，爲學者論談之所。則從殿本作門，義亦可通，然終不如作閒爲妥貼也。

（14）〔新校注〕《漢‧傳》「於」上有「至」字。

〔會注考證〕《漢書》「於」上有「至」字。

〔疏證〕威、宣，齊威王、齊宣王之合稱也。威王，姓田名因齊。在位三十八年（西元前357年至320年）。宣王，威王子，名辟疆。在位十九年（西元前319年至301年）。威、宣之世，於學術最重要之措施，蓋稷下養士也。〈田齊世家〉云：「宣王喜文學游說之士，自如騶衍、淳于髡、田駢、接子、慎到、環淵之徒七十六人，皆賜列爲上大夫，不治而議論。」錢穆《先秦諸子繫年考辨》之七五，〈稷下通考〉云：「扶植戰國學術，使臻昌隆盛遂之境者，初推魏文，既則齊之稷下。」其推崇可見一斑。

（15）〔會注考證〕楓山本，「列」作「倫」。

〔疏證〕孟子，名軻，鄒人。約生於周烈王四年（西元前372年）；約卒於周赧王二十六年（西元前289年）。受業於子思之門人。嘗游齊、梁，爲齊宣、梁惠所禮遇。本師瑞安　林先生《中國學術思想大綱》云：「孟子其言高遠，蓋已超出人格，入于天趣。以其修己治人之道，並未拋棄，故尚能繼孔子之學，爲儒家之鉅子。其薄桓、文而尊王道，斥獨夫而言民貴，實爲民本思想之權輿。距楊朱而闢墨翟，使孔子之道，重彰于當世，振興儒家之功更不可沒。至於性善之論，則爲其學說之本。以惻隱之心，羞惡之心，辭讓之心，是非之心，以證性善之端。而以盡其心，知其性，養其浩然之氣，以爲立身之本。蓋孟子所願，則學孔子也。故宋儒以孟子爲能繼續儒家之道統。」荀子，名況，趙人。約生於周烈王二十九年（西元前340年）；約卒於秦始皇二年（西元前245年）。嘗游齊稷下，三爲祭酒。汪中《荀卿子通論》以毛《詩》、魯《詩》、韓《詩》、《左氏》、《穀梁》、曲臺之禮，皆荀子傳之。曰：「蓋自七十子之徒既歿，漢諸儒未興，中更戰國暴秦之亂，《六藝》之傳賴以不絕者，荀卿也。周公作之，孔子述之，荀卿之傳子，其揆一也。」蓋孟子之心性之說，上承曾參忠恕一貫之道，下開宋、明之理學；荀子之博通經傳，上承貢、夏多學識之之說，下啓兩漢之經學。《韓非子‧顯學篇》略云：孟子、荀子皆出於孔子，而爲後世之顯學云。

第三節　秦代之經學

及至秦之季世，(1) 焚《詩》《書》，(2) 阬術士，(3)《六藝》從此缺焉。(4)
陳涉之王也，(5) 而魯諸儒持孔氏之禮器，往歸陳王。(6) 於是孔甲為陳涉博
士，卒與涉俱死。(7) 陳涉起匹夫，(8) 驅瓦合適戍，(9) 旬月以王楚；不滿半
歲，竟滅亡；(10) 其事至微淺。然而縉紳先生之徒，(11) 負孔子禮器，(12) 往
委質為臣者何也？(13) 以秦焚其業，(14) 積怨而發憤於陳王也。(15)

(1)〔新校注〕《漢·傳》無「之」字，「季世」作「始皇」。
　　〔疏證〕焚《詩》《書》在秦始皇三十四年（西元前 213 年），坑術士在秦始
　　　　皇三十五年（西元前 212 年）。按秦亡於西元前 207 年。然則焚《詩》《書》
　　　　距秦亡六年，坑術士距秦亡五年，故云秦之季世也。

(2)〔疏證〕秦以法治致富強，自商君為政，即不欲民之貴學。《商君書·農戰篇》
　　　　云：「《詩》《書》禮樂善修仁廉辯慧，國有十者，上無使守戰。國以十者治，
　　　　敵至必削，不至必貧。」及戰國末年，韓非以〈五蠹〉〈孤憤〉之書見知於
　　　　秦王，其〈五蠹篇〉亦云：「明主之國，無書簡之文，以法為教；無先王之
　　　　語，以吏為師。」然則秦以《詩》《書》為蝥蠹，商君發之，韓非煽之久矣。
　　　　及始皇統一天下，三十四年，置酒咸陽宮，博士淳于越以古非今，所議異
　　　　趣。丞相李斯乃上言曰：「史官非秦紀皆燒之；非博士官所職，天下敢有藏
　　　　《詩》《書》百家語者，悉詣守尉雜燒之。有敢偶語《詩》《書》棄市。以
　　　　古非今者族，吏見知不舉者同罪。令下三十日不燒，黥為城旦。所不去者
　　　　醫藥、卜筮、種樹之書。若欲有學法令，以吏為師。」細按〈秦始皇本紀〉
　　　　所載李斯此議，並不以禁書為首要，令下三十日不燒，僅刺面罰治城備虜。
　　　　官書猶存不焚。而最要者乃以古非今，其罪至於滅族。次則偶語《詩》《書》，
　　　　情篤古籍，不免有以古非今之嫌，故罪亦至死。而談論涉及百家，則未列
　　　　禁令焉。始皇既可李斯之議，收去民間《詩》《書》以愚黔首；其在朝廷，
　　　　猶有藏書之所，博士官之所職，柱下吏之所主者是也。漢高入關，蕭何但
　　　　知收秦丞相、御史律令圖書藏之，以具知天下阨塞戶口；而未遑收《詩》
　　　　《書》。及項羽引兵西屠咸陽，燒秦宮室，火三月不滅，於是秘府之書俱燼
　　　　矣。

(3)〔正義〕顏云：「今新豐縣溫湯之處，號愍儒鄉。溫湯西南三百里有馬谷，谷
　　　　之西岸有阬，古相傳以秦阬儒處也。衛宏〈詔定古文尚書序〉云：『秦既焚
　　　　書，恐天下不從所改更法，而諸生到者拜為郎，前後七百人，乃密種瓜於

驪山陵谷中溫處。瓜實成，詔博士諸生說之。人言不同，乃令就視。爲伏機，諸生賢儒皆至焉。方相難不決，因發機，從上塡之以土。皆壓，終乃無聲也。』」

〔新校注〕《漢‧傳》作「殺術士」。《正義》：「溫湯西南三里有馬谷」，「三」下原有「百」字，《考證》據《漢書注》芟去，金陵本從之，是。又：「古相傳」，《漢‧傳》「古」下有「老」字。

〔會注考證〕周壽昌曰：「經術之士稱術士，猶有道之人稱道人也。」

〔疏證〕《說文》：「儒爲術士之稱。」阬術士即坑儒也。〈秦本紀〉載扶蘇之諫曰：「諸生皆誦法孔子，今上皆重法繩之，臣恐天下不安。」是其證。其事則緣於侯生、盧生不爲始皇求仙藥而亡起，後世因有謂術士爲方術之士者，實誤會也。〈秦始皇本紀〉述始皇之言曰：「盧生等吾賜之甚厚，今乃誹謗我，以重吾不德也。諸生在咸陽者，吾使人廉問，或爲訞言以亂黔首。」所謂「誹謗」「訞言以亂黔首」者，亦稱「偶語」「以古非今」之比也。〈秦始皇本紀〉又云：「於是使御史悉案問諸生，諸生傳向告引，乃自除犯禁者四百六十餘人，皆阬之咸陽，使天下知之以懲。後益發讁徙邊。」然則咸陽一地所坑，即得四百六十餘人；發讁徙邊者，更不知凡幾矣！

（4）〔新校注〕《漢‧傳》「藝」作「學」，「焉」作「矣」。

〔疏證〕《六藝》者，《詩》《書》《禮》《易》《樂》《春秋》也。下文云：「秦時燔書，伏生壁藏之，其後兵大起流亡。漢定，伏生求其《書》，亡數十篇。」是《書》因秦火而缺也。下文又云：「《禮》固自孔子時，而其經不具，及至秦焚書，書散亡益多，於今獨有《士禮》，高堂生能言之。」是《禮》因秦火而缺也。又〈六國表〉曰：「秦既得意，燒天下《詩》《書》，諸侯史記尤甚。爲其有所刺譏也。」夫《春秋》亦諸侯史記之一，是《春秋》因秦火而缺也。《隋書‧經籍志》云：「及秦焚書，《周易》獨以卜筮得存，唯失〈說卦〉三篇。」是《易》亦因秦火有缺矣。《詩》之諷誦，不獨在竹帛；然〈笙詩〉六篇，毛《傳》謂有其義而亡其辭。鄭康成《箋》云：「遭秦之世而失之，其義則與眾篇之義合編，故存。」是《詩》亦因秦火有缺矣。《隋書‧經籍志》又云：「《樂》者，先王所以致神祇，和邦國，諧百姓，安賓客，悅遠人，所從來久矣。周人存六代之《樂》，曰〈雲門〉、〈咸池〉、〈大韶〉、〈大夏〉、〈大濩〉、〈大武〉。其後衰微崩壞，及秦而頓滅。」是《樂》因暴秦而有缺矣。《六藝》皆缺，斯其明證。《六藝》之外，若諸子之學，則似未絕。趙岐〈孟子題辭〉云：「孟子既沒之後，

大道逐絀。逮至亡秦，焚滅經術，坑戮儒生，孟子徒黨盡矣。其書號為諸子，故篇籍得不泯絕。」此秦時諸子未缺之徵也。

（5）〔疏證〕〈陳涉世家〉略云：陳勝者，陽城（今河南登封縣，於漢屬潁川郡，非屬汝南郡之陽城也。）人也，字涉。二世元年（西元前 209 年）七月，發閭左適戍漁陽，九百人屯大澤鄉。陳勝為屯長，會雨失期，法當斬。勝乃殺尉而起事。稱王，號曰張楚。諸郡縣苦秦吏者皆刑其長吏，殺之以應陳涉。後涉為秦將章邯所敗。臘月，其御莊賈殺涉以降秦。

（6）〔新校注〕《漢·傳》無「而」字「之」字；改「往歸陳王」為「而歸之」。
〔疏證〕《禮記·樂記篇》云：「簠簋俎豆，制度文章，禮之器也。」《左傳》定公四年記祝佗言伯禽封魯之事曰：「使之職事於魯，以昭周公之明德，分之土田陪敦，祝宗卜史，備物典策，官司彝器。是以魯多禮器。曰孔氏之禮器者，禮器賴孔子而不絕，而魯諸儒皆遵夫子之業故也。孔子之時，天下並爭於戰國，諸侯務於兵旅，固無論矣；賢如子貢，亦欲去告朔之餼羊。禮器崩墜，莫此為甚。孔子獨力挽狂瀾，其對衛靈公之問陣，則曰：「俎豆之事，則嘗聞之矣；軍旅之事，未之學也。」其言於子貢，則曰：「賜也！爾愛其羊，我愛其禮！」故禮器獨存於孔氏之門也。

（7）〔集解〕徐廣曰：「孔子八世孫，名鮒，字甲也。」
〔新校注〕《漢·傳》省下「涉」字。
〔會注考證〕〈孔子世家〉云：「子慎生鮒，年五十七，為陳王涉博士，死於陳下。」
〔疏證〕《史記·孔子世家》略云：孔子生鯉字伯魚，伯魚生伋字子思；子思生白字子上，子上生求字子家；子家生箕字子京；子京生穿字子高，子高生子慎，子慎生鮒。為陳王涉博士。據此，則自伯魚至鮒計八世也。鮒與陳王俱死，年五十七。是鮒生於周赧王五十年（西元前265年）；卒於秦二世元年（西元前209年）也。

（8）〔疏證〕《史記·陳涉世家》云：「陳涉少時嘗與人傭耕。輟耕，之壟上，悵恨久之。曰：『苟富貴，無相忘。』傭者笑而應曰：『若為傭耕，何富貴也？』陳涉太息曰：『嗟乎，燕雀安知鴻鵠之志哉！』」是陳涉初乃為人傭耕者耳，故謂其起匹夫也。

（9）〔索隱〕適音丁革反。
〔正義〕言如眾瓦全聚蓋屋，先無計謀也。
〔新校注〕《漢書》省「瓦合」二字。

〔疏證〕遣戍遠方曰適戍，適讀若謫。其事則已見上註。

（10）〔新校注〕《漢‧傳》省「旬月」字，「王楚」作「立號」。《評林》本「歲」上衍「百字」。《漢‧傳》改「竟」作「而」。

〔疏證〕〈陳涉世家〉略云：陳涉於二世元年七月起事，攻陳，克之。數日，號令召三老豪桀與皆來會計事。三老豪桀皆曰：「將軍身被堅執銳，伐無道，誅暴秦，復立楚國之社稷，功宜為王。」陳涉乃立為王，號為張楚。是旬月而王楚也。同年臘月，涉兵敗被殺，是不滿半歲竟滅亡也。《新校注》五稿、六稿正文皆無「半」字；《漢書》亦作「不滿歲」，省「半」字。

（11）〔疏證〕《莊子‧天下篇》：「其在《詩》《書》《禮》《樂》者，鄒、魯之士，搢紳先生，多能明之。」成玄英《疏》：「搢，笏也，亦插也；紳，大帶也。言仁義名法，布在《六經》者，鄒、魯之地儒服之人能明之也。」

（12）〔新校注〕《漢‧傳》無「孔子」二字。

（13）〔疏證〕委質，委死質於君，示必忠也。〈仲尼弟子列傳〉：「儒服委質」。《索隱》引服虔注《左傳》云：「古者始仕，必先書其名於策，委死之質於君，然後為臣，示必死節於其君也。」

（14）〔新校注〕《漢‧傳》「焚」作「禁」，形近誼通。

〔疏證〕焚其業，謂焚其書冊也。《禮‧曲禮》上：「請業則起。」《注》：「業，謂篇卷也。」

（15）〔會注考證〕《鹽鐵論‧褒賢篇》云：「大夫曰：『戍卒陳勝，釋鞅轅，首為叛逆，自立張楚。素非有回、由處士之行；宰相列臣之位也。奮於大澤，不過旬月，而齊、魯儒墨縉紳之徒，肆其長衣，（長衣官之也），負孔氏之禮器《詩》《書》，委質為臣。孔甲為涉博士，卒俱死陳，為天下大笑。深藏高逝者，固若是也。』〈文學〉曰：『周室衰，禮義壞，不能統理天下，諸侯交爭相滅亡，并為六國。兵革不休，民不得寧息。秦以虎狼之心，蠶食諸侯，并吞戰國，以為郡縣。伐能矜功，自以為過堯、舜，而羞與之同。棄仁義而尚刑罰，以為今時不師於文，而決於武。趙高治獄於內，蒙恬用兵於外。百姓愁苦，同心而患秦。陳王赫然，奮爪牙為天下首。事道雖凶，而儒、墨或干之者，以為無王久矣，道擁遏不得行，自孔子以至于茲，而秦復重禁之，故發憤於陳王也。』」此蓋敷演《史》文也。〈毀學篇〉亦引司馬子言云：「天下穰穰為利往。」此〈貨殖傳〉中語，則知《史記》之書，昭、宣間，既行於世矣。

第四節　漢高祖時代之經學

及高皇帝誅項籍，舉兵圍魯，(1) 魯中諸儒，尚講誦，習禮樂，弦歌之音不絕；豈非聖人之遺化，好禮樂之國哉？(2) 故孔子在陳，(3) 曰：「歸與！歸與！吾黨之小子狂簡，斐然成章，不知所以裁之。」(4) 夫齊、魯之間於文學，自古以來，其天性也。(5) 故漢興，然後諸儒始得修其經藝，(6) 講習大射鄉飲之禮。(7) 叔孫通作漢禮儀，因為太常；(8) 諸生弟子共定者，咸為選首。(9) 於是喟然歎興於學。(10) 然尚有干戈，平定四海，(11) 亦未暇遑庠序之事也。(12)

（1）〔新校注〕《漢・傳》「舉」作「引」。

〔會注考證〕事又見〈項羽紀〉。

〔疏證〕〈項羽本紀〉云：「項王已死，楚地皆降漢，獨魯不下。漢乃引天下兵欲屠之。為其守禮義，為主死節，乃持項王頭示，魯父兄乃降。」

（2）〔新校注〕《漢・傳》作「好學之國哉」。

〔疏證〕《左傳》昭公二年記晉侯使韓宣子聘魯，觀魯太史所藏之典籍，曰：「周禮盡在魯矣。」又《左傳》襄公二十九年記吳公子季札聘魯，請觀周樂，以「其蔑以加於此矣。」可見魯之禮樂獨盛。又《論語・陽貨篇》記「子之武城聞弦歌聲。」朱熹《集註》云：「時子游為武城宰，以禮樂為教，故邑人皆弦歌也。」史公以「魯人習禮樂，弦歌之聲不絕」為「聖人遺化」，蓋有所本。

（3）〔疏證〕孔子於周敬王二十七年（西元前 493 年）去衛適陳，至周敬王三十一年去陳至蔡。居陳前後五年。說見錢穆《先秦諸子繫年考辨》一九、二〇。

（4）〔會注考證〕《論語・公冶長篇》。

〔疏證〕《論語・公冶長篇》：「子在陳曰：『歸與歸與，吾黨之小子狂簡，斐然成章，不知所以裁之。』」《孟子》曰：「不得中道而與之，必也狂獧乎！狂者進取；獧者有所不為也。孔子豈不欲中道哉！不可必得，故思其次也。如琴張、曾晳、牧皮者，孔子之所謂狂矣。」朱熹《集註》云：「此孔子周流四方，道不行而思歸之歎也。吾黨小子，指門人之在魯者。狂簡，志大而略於事也。斐，文貌。成章，言其文理成就，有可觀者。裁，割正也。」按《史記・儒林傳》序文依時之先後鋪敘，此句獨為追述，《漢書》刪之，甚是。

（5）〔新校注〕「間」讀曰「嫺」。

〔會注考證〕陳仁錫曰：「間，習也。」

〔疏證〕間與閑通。《廣韻》:「閑,習也。」故間有習之意。《論語・雍也篇》:
「子曰:齊一變至於魯;魯一變至於道。」邢昺《疏》云:「此章言齊、魯
有太公、周公之餘化。太公大賢,周公聖人。今其政教雖衰,若有明君興
之,齊可一變使如於魯;魯可一變使如於大道行之時也。」是齊、魯被聖
賢德化,於漢興已八百年之久矣。

(6)　〔新校注〕《漢・傳》芟「故孔子」以下至「故漢興」四十六篆。下接「於
是諸儒始得修其經學。」語意亦小有不同。

　　　〔疏證〕經藝,《漢書》作經學,六經、六藝、六學,一也。

(7)　〔疏證〕大射,所以觀其禮也。《儀禮》有〈大射儀篇〉。賈公彥《疏》引鄭
《目錄》云;「名曰大射者,諸侯將有祭祀之事,與其羣臣射,以觀其禮。
數中者得與於祭,不數中者不得與於祭。」鄉飲,所以尊賢能也。《儀禮》
有〈鄉飲酒篇〉。《疏》亦引鄭《目錄》云:「諸侯之鄉大夫三年大比,獻賢
者能者於其君。以禮賓之,與之飲酒。」大射鄉飲,於五禮皆屬嘉禮。

(8)　〔新校注〕《漢・傳》「太常」作「奉常」。案〈百官表〉,是時固為奉常,未
改名太常也。班改馬是。

　　　〔會注考證〕《漢書》「太常」作「奉常」。

　　　〔疏證〕叔孫通,薛(今山東滕縣東南薛城是其故地)人,名通字何。秦時
以文學徵待詔博士,後亡去。漢興,說高祖定朝儀,采古禮與秦儀雜用之。
漢高祖七年(西元前200年),長樂宮成,羣臣依通所制儀入賀。高祖大悅,
遂拜通為太常。後徙太子太傅。高祖欲易太子,通諫止之。惠帝立,通重
為奉常,定宗廟儀法。生卒年均不詳。太常,官名,即奉常也,秩二千石。
〈漢書百官公卿表〉云:「奉常,秦官,掌宗廟禮儀。景帝中六年更名太常。」
王先謙《補注》云:「齊召南曰:『《唐六典》:漢高名曰太常;惠帝復曰奉
常;景帝又曰太常。』與此表異。據《史記・叔孫通列傳》:『高帝拜通為
太常。』《漢官典職》亦云;『惠帝改太常為奉常。』則《六典》所云自確;
班〈表〉蓋祇標其大略耳。」按《漢書・叔孫通傳》云:「拜通為奉常。」
然則《史記》〈儒林〉〈叔孫通〉二傳謂通為太常,班氏悉改為奉常,與其
所著〈百官公卿表〉適合,似非偶然,當有所據也。王氏《補注》為張氏
《新校注》所不採,故言班改馬是也。

(9)　〔新校注〕選首者,選官在前,猶後世之特旨班或儘先班,以優之也。與舉
首用各不同。

　　　〔疏證〕據《史記・叔孫通傳》,與通共定漢禮儀者,計有三類;魯所徵諸

生三十人，其一也；上左右爲學者，其二也；通之弟子百餘人，其三也。言諸生弟子而不及上左右爲學者，蓋上左右已仕也。〈叔孫通列傳〉云：「竟朝置酒，無敢讙譁失禮者。於是高帝曰：『吾迺今日知爲皇帝之貴也！』迺拜通爲太常，賜金五百斤。叔通孫因進曰：『諸弟子儒生隨臣久矣，與共爲儀，願陛下官之。』高帝悉以爲郎。」是「咸爲選首」即「悉以爲郎」也。

（10）〔新校注〕《漢·傳》「於是」作「然後」，避與上文複也。無「歎」字，省也。然喟然是歎聲；去「歎」字，則喟然與於學誼不相屬；而錙「歎」字於句中，亦未必逐與事情合也。于此見修詞之難。

（11）顏云：「陳豨、盧綰、韓信、黥布之徒，相次反叛征討也。」

〔疏證〕漢高祖十年（西元前 197 年），趙相國陳豨反，十二年冬，兵敗被殺。燕王盧綰以通計謀於豨，十二年，亡入匈奴。淮陰侯韓信於高祖十一年爲呂后所擒。淮南王黥布反亦在高祖十一年，次年兵敗被誅。又梁王彭越於高祖十一年謀反，廢遷蜀，復欲反，遂夷三族。

（12）〔新校注〕《漢·傳》省「暇」字。案暇、遑同誼，古人固有複語聯用之體，然究以省之爲是。

〔會注考證〕《漢書》無「暇」字，暇、遑二字連讀。

〔疏證〕遑、暇義同。《詩·召南·殷其靁》：「莫聽或遑。」《傳》：「遑，暇也。」是其證。《史記·歷書》：「又升至尊之日淺，未暇遑也。」《書·無逸》：「自朝至于日中昃，不遑暇食。」是二字有連用之例也。

第五節　漢孝惠、高后、文、景時代之經學

孝惠、呂后時，（1）公卿皆武力有功之臣。（2）孝文時，頗徵用；（3）然孝文帝本好刑名之言。（4）及至孝景不任儒者，（5）而竇太后又好黃、老之術，（6）故諸博士具官待問，未有進者。（7）

（1）〔疏證〕孝惠帝名盈，高祖之子，呂后所出。生於秦始皇三十七年（西元前 210 年）。十六歲（西元前 194 年）即帝位。惠帝四年，除挾書律。乃儒林一大事也。《史記·孔子世家》：「鮒弟子襄嘗爲孝惠皇帝博士，遷爲長沙太守。」此惠帝時博士之僅見者。七年（西元前 188 年）帝崩，年僅二十三歲。於是呂后臨朝八年，諸呂用事，殆無學術可言也。又按：《史記會注考證》「孝惠、呂后時」，植於「亦未暇遑庠序之事也」前；蓋手民之誤也。

（2）〔新校注〕《漢‧傳》省「有」「之」二字。

〔疏證〕孝惠、呂后時，蕭何、曹參、王陵、陳平、審食其先後爲相；絳侯周勃爲太尉；任敖、曹窋、張蒼，先後爲御史大夫；叔孫通、免、根，先後爲奉常；營陵侯劉澤爲衛尉；杜恬、宣義、圍，先後爲廷尉；審食其、劉揭，先後爲典客；上邳侯劉郢客爲宗正。除張蒼、叔孫通、劉郢客等外，大率以武力有功之臣居多。《漢書‧劉歆傳》，歆移書太常博士曰：「至孝惠之世，乃除挾書之律；然公卿大臣絳、灌之屬，咸介冑武夫，莫以爲意。」者是也。

（3）〔正義〕言孝文帝稍用文學之士居位。

〔新校注〕《漢‧傳》「徵」作「登」。

〔疏證〕孝文帝，名恒，高帝子，薄夫人所出。生於漢高祖四年（西元前203年）。初封代王，及呂后崩，丞相陳平、太尉周勃迎立爲帝。在位二十三年。即西元前179年至157年。崩年四十七歲。文帝時，張蒼以精於《春秋》曆算，官至丞相，封北平侯。賈誼少通諸子百家之書，文帝徵爲博士，一歲中超遷至大中大夫。文帝又詔太常使掌故鼂錯往伏生處受《尚書》。聞申公爲《詩》精，以爲博士；又以韓嬰爲博士。趙岐〈孟子題辭〉云：「孝文皇帝欲廣遊學之路，《論語》、《孝經》、《孟子》、《爾雅》，皆置博士。」皆文帝頗徵用儒者之事也。

（4）〔新校注〕孝文與民休息，實行黃、老術者；而云本好刑名之言，猶是老、韓合傳意也。

〔疏證〕劉向《別錄》云；「刑名者，以名責實，尊君卑臣，崇上抑下。」《史記》老、莊、申、韓合傳，一則曰：「申子之學，本於黃、老，而主刑名。」再則曰：「韓非喜刑名法術之學，而其歸本於黃、老。」然則《史記》刑名、黃老多對文並舉。所謂黃、老，即刑名之本；所謂刑名，即黃、老之用也。〈儒林列傳〉「孝文帝本好刑名之言」與「竇太后又好黃、老之術」亦對文並舉耳。本師瑞安　林先生《中國學術思想大綱》云：「高祖入關，當秦政苛虐之餘。惠帝之時，人心初定。文景繼位，乃求所以安居樂業，休養生息之道。故黃、老刑名之術，亦爲當時所崇好。黃、老之術，蓋漢初道家之言，以清靜無爲爲主，以刑名法術爲用。」最能推明文、景時崇尚黃、老之原因，闡發黃、老刑名之關係。孝文以邊王入主，初至渭橋，即折大尉周勃；謙讓再三，不失皇帝之位。於武力功臣、宗室權貴之間，保其帝業。蓋刑名之責實，黃、老之柔弱，兼而用之，方能臻此也。錢穆〈兩漢

博士家法考〉云：「張歐孝文時以治刑名，得侍太子。晁錯上書言皇太子應深知術數，文帝善之，拜太子家令。術數即刑名也。史遷謂文帝本好刑名，良爲不誣。」

（5）〔新校注〕《漢‧傳》無「者」字：

〔疏證〕孝景帝，名啓，字開，文帝子，竇太后所出。生於漢孝惠帝七年（西元前 188 年）。三十二歲即帝位，在位十六年，即西元前 156 年至 141 年，崩年四十八歲。孝景以母竇太后好黃、老之故，少任儒者，然其時儒者亦頗有登用者。如丁寬爲梁孝王將軍，作《易說》三萬言；申公弟子蘭陵王臧以魯《詩》爲太子少傅；齊‧轅固生以《詩》爲博士，拜爲清河王太傅；胡毋生、董仲舒以《公羊》爲博士；韓嬰爲常山王太傅，作《韓詩內、外傳》數萬言，皆其例也。

（6）〔新校注〕《漢‧傳》無「而」字。

〔疏證〕下文云：「竇太后好《老子》書，召轅固生問《老子》書。固曰：『此家人言耳！』太后怒曰：『安得司空城旦書乎！』乃使固入圈刺豕。」《漢書‧外戚傳》：「竇太后好黃帝、老子言，景帝及諸竇不得不讀《老子》，尊其術。」

（7）〔瀧川本正義〕具官，言備員而已。（此條文字與《漢書》顏《注》同，唯顏《注》「謂」字，此改「言」字耳。）

〔疏證〕博士具官待問，未有進者；故漢初諸臣乃以黃、老之術爲急功之途矣。《史記‧袁盎、晁錯列傳》：「鄧公，成固人也，多奇計。其子章，以脩黃、老言，顯於諸公間。」〈汲鄭列傳〉：「鄭當時者，字莊。莊好黃、老之言。」〈田叔列傳〉：「田叔者，趙陘城人也。學黃、老術于樂巨公所。」皆足徵當時上行下效，蔚然成風。詳見　林先生《中國學術思想大綱》頁 100。

第六節　漢武帝時代之經學

及今上即位，趙綰、王臧之屬明儒學；而上亦鄉之。(1) 於是招方正賢良文學之士。(2) 自是之後，(3) 言《詩》：於魯，則申培公；(4) 於齊，則轅固生；(5) 於燕，則韓太傅。(6) 言《尚書》，自濟南‧伏生。(7) 言《禮》，自魯‧高堂生。(8) 言《易》，自菑川‧田生。(9) 言《春秋》：於齊、魯，自胡毋生；(10) 於趙，自董仲舒。(11) 及竇太后崩，武安侯田蚡為丞相。(12) 絀黃老、刑名百家之言；延文學儒者數百人。(13) 而公孫弘以《春秋》，白衣為天子三公，封

以平津侯。（14）天下之學士，靡然鄉風矣。（15）

（1）〔會注考證〕今上即武帝。趙綰爲御史大夫；王臧爲郎中令，皆學於申公。申公之學，出於浮邱伯；浮邱伯，荀卿門人。

〔疏證〕〈太史公自序〉略謂：遷爲太史公，紬史記石室金匱之書五年，而當武帝太初元年（西元前 104 年），遷年四十二歲，乃執筆爲《太史公書》。是《太史公書》之作在武帝時也，故稱武帝爲今上。武帝，名徹，景帝子，王皇后所出。生於景帝元年（西元前 156 年）。年十六歲即帝位，在位五十四年，即西元前 140 年至 87 年。崩年七十歲。趙綰、王臧事皆詳於下文，不贅。鄉與向嚮通，謂嚮住也。《荀子·儒效》：「鄉是者臧。」注：「鄉，讀曰向。」《漢書·賈捐之傳》：「吏民敬鄉。」《注》：「師古曰：『鄉，讀曰嚮。』」

（2）〔會注考證〕《漢書·武紀》：「建元元年，冬十月，詔丞相，御史，列侯，中二千石，二千石，諸侯相，舉賢良方正直言極諫之士。丞相綰奏：『所舉賢良，或治申、商、韓非、蘇秦、張儀之言，亂國政，請皆罷。』奏可。」注：「綰，衛綰也。」

〔疏證〕建元元年（西元前 140 年）冬十月，詔舉賢良方正直言極諫之士。《資治通鑑》云：董仲舒上〈賢良對策〉即在此年。〈賢良對策〉云：「諸不在《六藝》之科，孔子之術者，皆絕其道勿使並進。」錢穆氏據此，以爲推明孔子，抑黜百家，其議皆自仲舒發之」。故錢氏〈兩漢博士家法考〉曰：「衛綰爲人醇謹無他長，以敦厚見賞於文、景兩帝。何以少主初政，突發此驚人之議？且其事不著於綰之本傳，惟於〈武紀〉見之。又其年六月，綰即以不任職罷免，可知此議發動，實不在綰，蓋是年舉賢良，仲舒預焉。」然則黜百家之議，瀧川據《漢書·武紀》謂出於衛綰，錢穆據《資治通鑑》謂出於董仲舒。竊疑其議實出於趙綰，《漢·紀》「丞相綰」正「御史大夫綰」之誤耳。《漢書·百官公卿表》謂御史大夫「掌副丞相」，故有此誤也。趙綰倡立明堂，竇太皇太后怒之，下獄死，蓋竇太后好黃、老而趙綰議黜百家亦爲原因之一也。若議出於仲舒，何以趙綰致死，而仲舒獨得以白衣擢爲二千石之江都相邪？參閱第十四節注 6。

（3）〔疏證〕申培公、轅固生、韓太傅、伏生、高堂生、田生、胡毋生、董仲舒等，於武帝前或已爲博士，或已成家法，此言「自是之後」者，謂自武帝崇尙儒術之後，其學大行，乃爲學者所宗也。以下言《五經》，《史記》以

《詩》、《尚書》、《禮》、《易》、《春秋》爲序。與《莊子・天運、天下》二篇，《荀子・儒效篇》，《禮記・經解篇》述《六經》次第同；《論語・泰伯》：「興於《詩》，立於禮，成於樂。」〈述而〉：「《詩》《書》執禮。」次第亦然，唯所言不全耳。蓋《史記》之前《六經》次第皆如此，以內容淺深爲先後也。

（4）〔集解〕徐廣曰：「一作陪。」韋昭曰：「培，申公名，音扶尤反。」

〔索隱〕徐廣云：「培，一作陪，音裴。」韋昭曰：「培，申公之名，音浮，鄒氏音普來反也。」

〔新校注〕毛本「培」作「掊」，據韋昭扶尤之音，似以從手爲是；然自蜀本而下，殆無不从土矣。《漢・傳》亦同，中間省去「及今上即位」至「自是之後」三十四字，餘無大異。

〔疏證〕史遷言魯，約有二義。一指周時魯國故地；一指漢時所建郡國之魯也。第一義所指地大；第二義所指地小。此言於魯則申培公者，謂於故魯國地言《詩》以申培公爲大家也。下：於齊、於燕、於齊魯、於趙，皆同此例。《漢書・地理志》云：「魯地，奎、婁之分野也，東至東海；南有泗水，至淮，得臨淮之下相、睢陵、僮、取慮，皆魯分也。」其地在今山東省滋陽縣東南，迄於江蘇省之沛縣，安徽省之泗縣一帶也。裴，今讀重脣；浮，今讀輕脣。古音雖輕脣亦讀重脣，錢大昕有「古無輕脣音」之說，見《十駕齋養新錄》。是以音裴音浮，今音異讀，古音則一也。申公約生於秦始皇二十六年（西元前 221 年），約卒於漢武帝建元之末（西元前 135 年）。其事蹟詳於下文，茲不贅。

（5）〔正義〕申、轅，姓；培、固，名；公、生，其處號也。

〔新校注〕「處」字不當有，各本並誤衍文，《漢・傳》注省「處」字，是。

〔會注考證〕《正義》「處」字衍，《漢書》顏《注》無。

〔疏證〕公、生，皆尊稱，生猶先生也。其處號也者，云其所處之地，人皆尊之，號其爲公爲生也。非字號之號。然則處非衍文，不可省之也。轅固生，亦作袁固。約生於秦始皇二十六年（西元前 221 年）；漢武帝元光五年（西元前 130 年），公孫弘再徵，固亦徵，蓋其時尚健在也。其事蹟亦詳於下文。齊地在今山東省益都以西至歷城、聊城之間，及河北省景、滄兩縣，東南至海一帶。《漢書・地理志》云：「齊地，虛、危之分野也。東有菑川、東萊、琅邪、高密、膠東。南有泰山、城陽。北有千乘，清河以南，勃海之高樂、高城、重合、陽信。西有濟南、平原，皆齊分也。」

（6）〔索隱〕韓嬰也，爲常山王太傅也。

〔瀧川本正義〕名嬰。

〔疏證〕韓嬰，孝文時爲博士，景帝時至常山太傅，傳韓《詩》外，尚以《易》授人。約生於秦皇、漢高之間；其卒年，據賴炎元博士考證，約在漢武帝太初元年（西元前 104 年）之前。說見賴氏《韓詩外傳考徵》第七頁。韓嬰事蹟詳於下文。燕地在今河北省西北部，遼寧三省，及朝鮮北部一帶。《漢書·地理志》云：「燕地，尾、箕分野也，武王定殷，封召公於燕，其後三十六世，與六國俱稱王。東有漁陽、右北平、遼西、遼東，西有上谷、代郡、雁門。南得涿郡之易、容城范陽、北新成、故安、涿縣、良鄉、新昌；及渤海之安次，皆燕分也，樂浪、元菟，亦宜屬焉。」

（7）〔索隱〕按張華云：「名勝。」《紀年》云：「字子賤。」（瀧川本「《紀年》」作「漢紀」。）

〔新校注〕各本「漢紀」並作「紀年」，依《索隱》金陵本正。

〔疏證〕「尚書」，《漢書·儒林傳》僅作「書」；〈僞孔安國尚書序〉云：「以其上古之書，謂之《尚書》。」伏生約生於周末，秦時已爲博士，孝文時欲求能《尚書》者，伏生已九十一歲，其事蹟詳下。《索隱》「紀年」當依金陵本作「漢紀」爲是。按：〈仲尼弟子列傳〉有「宓不齊字子賤」者，《正義》引《顏氏家訓》云：「濟南伏生即子賤之後。」然則子賤爲伏生遠祖，非伏生之字可知。荀悅《漢紀》、范曄《後漢書·伏湛傳》言伏勝字子賤，皆誤。濟南，漢郡，地在今山東省西北部之歷城、德縣、德平、臨邑、泰安、章丘、鄒平、淄川諸縣一帶。

（8）〔索隱〕謝承云：「秦氏季代，有魯人高堂伯。」則伯是其字。云生者，自漢已來，儒者皆號生，亦先生者省字呼之耳。

〔會注考證〕生，《索隱》是。

〔疏證〕高堂，複姓；據《索隱》，字伯，而王應麟《漢書藝文志考證》引《史記正義》謝承云：「秦代有魯人高堂伯人。」，則似字伯人。其生卒，史未詳，其學詳於下文。按：上有「自濟南」，下有「自菑川」，濟南、菑川並爲漢時郡國之名，然則此「自魯」之魯，亦爲漢郡國之名也。高堂生之後有高堂隆者，《三國志·魏書》謂爲「泰山平陽人」。蓋高堂生之後又遷居齊之泰山也。《漢書·地理志》有魯國，地在今山東省南部滕、鄒、曲阜、泗水、寧陽一帶；又泰山郡東平陽縣，地在今山東新泰縣西北。

（9）〔疏證〕下文言《易》，有「齊人田何」與「菑川人楊何」，此言「菑川田生」，

或爲「菑川楊何」之誤，蓋楊何爲司馬談之師，下文固云「要言《易》者，本於楊何之家也。」然菑川亦故齊地，此云「菑川田生」，下云「齊人田何」，或因田何爲齊菑川人也，則說亦可通。《漢·傳》亦作「淄川田生」。菑川地在今山東東北部之壽光縣一帶。

（10）〔索隱〕毋，音無。胡毋，姓也，字子都（瀧川本無「也」字。）

〔新校注〕案「魯」字不當有，下本傳云齊人，是其證，《漢·傳》亦無「魯」字，誤衍當芟。蜀本「毋」作「母」，誤。

〔疏證〕胡毋生，生卒未詳。「於齊魯」者，言齊、魯二地《春秋》之教，皆出自胡毋生也。然《漢書》云：「齊之言《春秋》者宗事之。」而不及「魯」，究以刪「魯」爲是。

（11）〔瀧川本正義〕《漢·藝文志》：「事爲《春秋》，言爲《尚書》，帝王靡不同之。仲尼思存前聖之業，以魯周公之國，禮文備物，史官有法，故與左丘明視其史記。據行事，仍人道；因興以立功，就敗以成罰；假日月以定歷數，藉朝聘以正禮樂。有所褒諱貶損，不可書見，口授弟子。弟子退而異言，丘明恐弟子各安其意，以失其眞，故論本事而作傳，明夫子不以空言說經也。所貶損大人有權威，皆形於傳。是以隱其事而不宣，所以免時難也，末代口說流行，故有《公羊》《穀梁》《鄒》《夾》之傳。」《七錄》曰：「漢興，有《公羊》《穀梁》，並立國學。《左氏》始出乎張蒼家，本無傳之者。建武中，《鄒》、《夾氏》皆滅絕。自漢末稍貴《左氏》，服虔、杜預二注，與《公羊》《穀梁》，俱立國學。」按左丘明，魯史也；夾，音頰也。

〔新校注〕錢大昕云：「仲舒，廣川人而稱趙者，廣川故趙地也。」

〔會注考證〕錢大昕曰：「仲舒，廣川人，而稱趙人；廣川故趙也。公孫弘，菑川人，而云齊人；朱買臣，會稽人，而云楚士；亦此類。」

〔疏證〕《漢書·地理志》云：「趙地，昴、畢之分野，趙分晉得趙國。北有信都、眞定、常山、中山；又得涿郡之高陽、鄭、州鄉。東有廣平、鉅鹿、清河、河間；又得渤海郡之東平舒、中邑、文安、束州、成平、章武，河以北也。南至浮水、繁陽、內黃、岸丘。西有太原、定襄、雲中、五原、上黨。」其地在今河北省南部，與山西省東部，及河南省黃河以北地。董仲舒生卒，史未詳，蘇輿作〈董子年表〉，起漢文帝元年（西元前 179 年）；止武帝太初元年（西元前 104 年），見蘇輿《春秋繁露義證》。

（12）〔會注考證〕建元六年。

〔疏證〕田蚡，漢長陵（在今陝西咸陽縣東）人，孝景王皇后弟，武帝母舅

也。《漢書‧百官公卿表》：蚡於建元元年（西元前 140 年）爲太尉。建元六年，竇太皇太后崩，蚡爲丞相。元光四年（西元前 139 年）三月乙卯，蚡卒。按田蚡爲人多欲尊大，初喜黃帝、盤盂之學，雜家之說；及武帝即位，復迎帝之好而倡儒學，蓋一好專權弄姦之小人物也。丞相，掌丞天子助理萬機。

（13）〔新校注〕《漢‧傳》「絀」作「黜」；「數百人」作「以百數」。

〔會注考證〕《漢書》「數百人」作「以百數」。洪頤煊曰：「〈陳平傳〉：『治黃帝、老子之術。』〈田叔傳〉：『學黃、老術於樂鉅公。』〈張歐傳〉：『孝文時以治刑名事太子。』〈鼂錯傳〉：『學申、商刑名於軹‧張生所，與雒陽‧宋孟及劉帶同師。』〈田蚡傳〉：『學盤盂諸書。』〈韓安國傳〉：『受《韓子》、雜說鄒‧田生所。』〈主父偃傳〉：『學長短縱橫術。』〈張湯傳〉：『王朝，齊人，以術至右內史，邊通學短長。』皆漢初雜學。」

〔疏證〕《漢書‧武帝紀》元光元年：「冬十一月，初令郡國舉孝廉各一人。」「五月詔賢良……於是董仲舒、公孫弘等出焉。」按元光元年即西元前 134 年，竇太皇太后崩之次年也。漢以十月爲歲首，故先書冬十一月而後書五月。是爲竇太皇太后崩後，武帝延文學儒者之事也。

（14）〔集解〕徐廣曰：「一云：自齊爲天子三公。」

〔新校注〕《漢‧傳》作「而公孫弘以治《春秋》爲丞相封侯」十三字；省去「白衣爲」「以平津」六字；改「天子三公」爲「丞相」。敘事較爲簡質。然「白衣」字似不可省，以非功臣侯而相者，自公孫弘也。「以」字不當有，舊鈔本無「以」字，是。此誤衍文。

〔疏證〕公孫弘，菑川薛縣（山東滕縣）人。生於漢高祖七年（西元前 200 年），從胡毋生受《春秋》公羊學。建元元年（西元前 140 年），公孫弘年六十，徵爲博士。元光五年（西元前 130 年）爲左內史。元朔三年（西元前 126 年）爲御史大夫。元朔五年，公孫弘乃爲丞相封平津侯矣。《文獻通考》卷四十曰：「自孔子後，公孫弘始以儒者得政。」《資治通鑑》卷十九：「丞相封侯自弘始。」元狩二年（西元前 121 年），公孫弘薨，年七十九歲。施之勉《漢書補注辨》云：「史言八十者，舉成數耳。」又《史記‧公孫弘傳》言「弘爲人意忌，外寬內深。」云。三公者，大司徒（即丞相），大司馬（即太尉），大司空（即御史大夫）也。

（15）〔疏證〕此《漢書‧儒林傳‧贊》所謂：「蓋祿利之路然也。」

第七節　公孫弘興學議

　　公孫弘為學官，悼道之鬱滯，(1) 乃請曰：「丞相御史言：(2) 制曰：(3)『蓋聞道民以禮，風之以樂。(4) 婚姻者，居室之大倫也。(5) 今禮廢樂崩，朕甚愍焉。(6) 故詳延天下方正博聞之士，咸登諸朝。(7) 其令禮官勸學、講議、洽聞、興禮，以為天下先。(8) 太常議與博士弟子崇鄉里之化，以廣賢材焉。(9)』謹與大常臧、博士平等，(10) 議曰：『聞三代之道，鄉里有教。夏曰校，(11) 殷曰序，(12) 周曰庠。(13) 其勸善也，顯之朝廷；其懲惡也，加之刑罰。(14) 故教化之行也，建首善自京師始，(15) 由內及外。今陛下昭至德，開大明，配天地，本人倫，勸學修禮，崇化厲賢，以風四方，太平之原也。古者政教未洽，不備其禮，請因舊官而興焉。(16) 為博士官置弟子五十人，復其身。(17) 太常擇民年十八已上儀狀端正者，補博士弟子。(18) 郡國縣道邑，(19) 有好文學，敬長上，肅政教，順鄉里，出入不悖所聞者，(20) 令、相、長、丞，上屬所二千石；(21) 二千石謹察可者，當與計偕詣太常，(22) 得受業如弟子。(23) 一歲皆輒試，(24) 能通一藝以上，補文學掌故缺；(25) 其高第可以為郎中者，太常籍奏；(26) 即有秀才異等，輒以名聞；(27) 其不事學若下材，及不能通一藝，輒罷之。而請諸不稱者罰。』(28) 臣謹案：詔書律令下者，(29) 明天人分際，通古今之義，(30) 文章爾雅，訓辭深厚。恩施甚美。(31) 小吏淺聞，不能究宣，無以明布諭下。(32) 治禮次治掌故，以文學禮義為官，遷留滯。(33) 請選擇其秩比二百石以上，(34) 及吏百石通一藝以上，(35) 補左右內史、大行卒史；(36) 比百石已下，補郡太守卒史，(37) 皆各二人，邊郡一人。先用誦多者；(38) 若不足，乃擇掌故補中二千石屬；(39) 文學掌故補郡屬；備員。(40) 請著功令。(41) 佗如律令。」(42) 制曰：「可」！自此以來，則公卿大夫士吏，斌斌多文學之士矣。(43)

（1）〔新校注〕景德本《漢・傳》無「悼」字，刊誤據《史》補；南本作「以」字，見《宋景文筆記》。

　　〔疏證〕學官已見第一節注 3，為學官者，言為興起學官而策劃也；即下文奏請為博士置弟子員之事。為，應讀去聲。參閱下注。鬱滯，鬱積沈滯而不通暢也。

（2）〔正義〕自此以下，皆弘奏請之辭。

　　〔新校注〕《漢・傳》「乃」作「迺」；「曰」作「白」。案「乃」「迺」同字異形，「白」字較「曰」為長。蓋後世呈請代奏之體之所由昉也。公孫時為

學官，此其職權內事，非所不當言，而必請丞相、御史以昭鄭重，故白於二府爲言之于朝。白即後世呈字之代名詞。若作日，則是公孫自言而引丞相、御史言，以實其云。猶後世之案奉云云也。故《正義》直云此下爲弘奏請之辭。二說並通，今具陳所見，唯來者擇焉。

〔疏證〕《新校注》謂公孫弘時任學官之職，郭嵩燾《史記札記》卷五亦言：「此謂弘元光五年對策拜爲博士時也。」恐皆未妥。《漢書‧武帝紀》元朔五年載此事，末曰：「丞相弘請爲博士置弟子員。」其時在元朔五年（西元前124年），非元光五年（西元前130年）；且弘當時已任丞相。「爲博士置弟子員」正此所謂「爲學官」也。郭、張二氏蓋不知爲學官之爲不讀陽平應讀去聲，又未考查〈武帝紀〉，致有此誤也。《漢書‧百官公卿表》：「元朔五年十一月乙丑，丞相澤免，御史大夫公孫弘爲丞相。四月丁未，河東太守九江‧番係爲御史大夫，元狩二年三月戊寅，丞相弘薨。」是公孫弘卒於丞相任內，未更爲學官之位。〈儒林傳〉文先敘弘爲天子三公封平津侯，再敘弘爲學官悼道之鬱滯，此「爲學官」決非任學官之職，不可不辨。又弘由御史爲丞相，其御史之職，並未解除。經十一、十二、一、二、三、四，凡五閱月，始由番係接替御史。而兩漢、魏、晉人上書例皆先稱己之官銜姓名，弘奏請之辭曰：「丞相御史言」者，正是弘任丞相兼御史時上書自稱也。《新校注》既誤以弘時任學官，於此乃釋爲「請丞相、御史以昭慎重，故白於二府請言之于朝。」又云或「公孫弘自言而引丞相、御史言」。辭意游移，蓋其偶疏誤處也。唯《漢書‧武帝紀》述此事在元朔五年六月，年是而月非，可據〈儒林傳〉文以正之。

（3）〔疏證〕君命曰制，即詔令也。楊樹達《漢書窺管》卷九曰：「此詔在元朔五年，見〈武紀〉。」《文獻通考》卷四十：「此武帝制也，而其建請之議，條畫之目，則公孫丞相實發之。」

（4）〔會注考證〕顏師古曰：「風，化也。」

（5）〔新校注〕此言興學，于婚姻無關，即原文所有，亦當在避免冗敘之列，以其爲題外之文也。而史公照錄之，班氏亦不省之。上下文俱不相繫屬，殆似海市蜃樓，無端起滅，不知于義法果何當也。願採于文者審之。

〔會注考證〕《漢書》元朔五年〈武紀〉，無「婚姻」以下八字。

（6）〔疏證〕《漢書》元朔五年〈武紀〉，「廢」作「壞」；「愍」作「閔」。《漢書‧儒林傳》依《史記》文作「廢」「愍」。

（7）〔新校注〕《漢‧傳》省去「正博」二字，遂爲方聞之士，于名詞本不甚適，

後世乃以爲與國聞同類，殆不審矣。

〔會注考證〕顏師古曰：「詳，悉也。」愚按：《漢書》方下無「正博」二字，蓋脫文。

〔疏證〕《漢書·武帝紀》及〈儒林傳〉皆作方聞之士。王念孫曰：「方聞之士即博聞之士也。《廣雅》：『博、方；廣、大也。』是方與博同義。上言禮壞樂崩；下言勸學、講議、洽聞、舉遺、興禮。是武帝欲舉博聞之士以興禮樂，非舉賢良方正也。若舉賢良方正，則建元元年已有詔矣。〈儒林傳〉亦載此語，齊召南云：『《史記》作詳延天下方正博聞之士，義甚明晰，當是《漢書》寫本脫正博二字。』念孫按：齊說亦非，《史記》有正博二字者，後人襲取顏《注》增成意義耳。《漢書》兩載此詔皆作方聞之士，且皆本《史記》，則《史》《漢》皆無正博二字明矣。」按：王念孫之說是也。又：「登」《漢書·武帝紀》作「薦」；而《漢書·儒林傳》作「登」。

（8）〔新校注〕《漢·傳》「興」上有「舉遺」二字。師古解爲：「經典遺逸者求而舉之。」則是求遺書之類，與興禮各爲一事，誼不當略。《史》遺而班補之，甚是。今爲補注于此。

〔會注考證〕議，讀爲義。《漢書·武紀、儒林傳》，「聞」上有「舉遺」二字。

〔疏證〕洽聞，徧聞、博聞也。《後漢書·杜林傳》：「咸推其博洽。」注：「洽，徧也。」博、洽二字每連文或對文，如《漢書·劉向傳·贊》：「博物洽聞。」《後漢書·周舉傳》：「博學洽聞。」是洽有博義也。舉遺興禮，《漢書·武紀》顏《注》云：「舉遺逸之文而興禮學。」

（9）〔新校注〕《漢·傳》「與」作「予」；「廣」作「屬」。

〔會注考證〕《漢書·武紀、儒林傳》：「廣」作「屬」，據下文崇化屬賢語，作「屬」爲是。顏師古曰：「自此以上，弘所引詔文。」

〔疏證〕《漢書·武帝紀》「常」下有「其」字；「與」作「予」；「里」作「黨」。《漢書·儒林傳》「與」作「予」，《補注》：「先謙曰：予、與同。」與博士弟子者，爲博士設弟子員也。「廣」《漢·傳》作「屬」，《注》：「師古曰：屬，勸勉之也；一曰：砥屬也。」

（10）〔集解〕駰案，〈漢書百官表〉，孔臧也。（瀧川本「駰案」二字改「臧」字。）

〔會注考證〕周壽昌曰：「《文選·兩都賦》李《注》，引《孔臧集》曰：『臧，仲尼之後，少以才博知名，稍遷御史大夫，辭曰：「臣代以經學爲家，請爲太常，專修學業。」武帝遂用之。』」

〔疏證〕馬端臨《文獻通考》卷十四《注》曰：「臧，孔臧；平，博士之長也。博士，太常之屬。」王國維〈漢魏博士題名考〉則以「平」爲博士之名。臧於武帝元朔二年（西元前 127 年）爲太常，歷三年免。《漢書‧藝文志‧儒家》有「《太常蓼侯孔臧》十篇。」

(11)〔正義〕校，教也，可教道藝也。

〔疏證〕「校者，教也。」《孟子》語，見〈滕文公上〉。

(12)〔正義〕序，舒也，言舒禮義。

〔新校注〕《漢‧傳》「序」作「庠」，與下「周曰庠」二字互易，與《孟子》不合。師古無注，當是彼誤，非其有駁文也。

〔疏證〕《孟子‧滕文公上》：「序者，射也。」蓋言習射之有次第也。序非殷所獨有，《孟子》「夏曰校，殷曰序，周曰庠。」蓋漫言之耳。《禮‧明堂位》：「夏后氏之序也。」是夏有序。《周禮‧地官‧州長》：「春秋以禮會民，而射于州序。」是周有序也。

(13)〔正義〕庠，詳也，言詳審經典。

〔會注考證〕《孟子‧滕文公篇》：「設爲庠、序、學校以教之，庠者養也；校者教也；序者射也。夏曰校，殷曰序，周曰庠，學則三代共之。」楓山本作「殷曰庠，周曰序。」與《漢書》合。

〔疏證〕《正義》：「庠，詳也。」非古義，當以《孟子》：「庠者養也」爲是。《說文》：「庠，禮官養老。」《禮‧王制》：「有虞氏養國老於上庠；養庶老於下庠。」皆古有養老制之證。

(14)〔疏證〕此《韓非子‧二柄篇》之意也。韓非之言曰：「明主之所導制其臣者，二柄而已矣。二柄者，刑、德也。何謂刑、德？殺戮之謂刑，慶賞之謂德。爲人臣者，畏誅罰而利慶賞。故人主自用其刑、德，則羣臣畏其威而歸其利矣。」《論語》：「子曰：『道之以政，齊之以刑，民免而無恥，道之以德，齊之以禮，有恥且格。』漢儒於斯義已不復講究矣！

(15)〔疏證〕今謂京師巨邑爲首善之區，蓋由於此。

(16)〔疏證〕《文獻通考》卷四十：「舊官爲博士舊授徒之黌舍也。至是官置弟子員，來者既眾，故因舊黌舍而興修之。」

(17)〔疏證〕復，免除其賦役也。《漢書‧刑法志》：「中試則復其戶。」《注》：「師古曰：復，謂免其賦稅也。」

(18)〔疏證〕《文獻通考》卷四十：「此太常所補也，詔書既曰崇鄉里之化，則太常所補弟子不過取諸關中而已。」又曰：「太常弟子止取儀狀端正者。蓋太

常，天子近臣，常以儒宗爲之，任其選擇，不必立法也。」

（19）〔新校注〕《漢‧傳》作「郡國縣官」，無「道邑」字。案漢制：「縣有蠻夷曰道。爲皇后公主所食湯沐曰邑。」與縣並屬於郡，體制一與縣同。此全舉之於文，誼具足甚是；《漢》省去、非。作縣官尤謬。蓋依此文，則郡國縣道邑之人士，以其地之人言，非謂其郡國縣之官也，此班改馬而失之者。

（20）〔新校注〕《漢‧傳》無「者」字，顏《注》因於「不悖」句絕，而以「所聞」屬下讀，解云：「聞其部屬有此人也。」既與下「令、相、長、丞」不屬；又于「所」字無解，未免支離。則班省一指代名詞，遂致顏監誤會而失者，非班咎也。然于此可悟校勘家之于語助詞亦瑣瑣及之，誠亦不得已也，因發於此。

（21）〔索隱〕上音時兩反。屬音燭；屬，委也。所二千石，謂於所部之郡守相。（瀧川本脱「上音」之「音」字。）

〔瀧川本正義〕言好文學敬順，出入不乖所聞者也。令，縣令；相，侯相；長，縣長；丞，縣丞也。

〔新校注〕案〈百官表〉：漢縣滿萬戶以上爲令；不滿萬戶爲長。相則王國有之。初爲丞相相國，與漢相略等。七國平後，景帝去其丞字，專名曰相，勢乃少殺。然猶是二千石，與郡守同，而位在郡守上。觀〈汲鄭傳〉可見。不得在令、長中間也。令、長中間之相蓋是侯國之相而兼治民事者。《漢‧表》初無明文，續志亦不之及；而晉、宋地志皆明著云：某公相，某侯相。則其位固在令、長間。官志不載，蓋偶略之。今即以此爲明文而詳說之。丞則輔佐令、相、長者，若前清之縣丞，或分治巡檢，見今之縣佐是。蓋有地方權貴，與機關上之佐治官不同。

〔會注考證〕齊召南曰：「縣有蠻夷曰道，列侯公主所食曰邑。謂屬於郡或國之縣，及道與邑也。」《漢書》：縣道作縣官，非是。陳仁錫曰：「出入不悖所聞者七字爲一句。」中井積德曰：「所聞，謂所學。」王鳴盛曰：「大縣稱令；小縣稱長。侯國之相如令、長，王之相如太守，同名而實異。」顏師古曰：「二千石，謂郡守及諸王相也。」王先謙曰：「屬所與在所義同，自二千石下言之，則曰所屬；自令、相、長、丞上言之，則曰屬所。」

（22）〔索隱〕計，計吏也。偕，俱也。謂令與計吏俱詣太常也。

〔新校注〕舊讀「計偕」句絕，《漢‧傳》同，惟「當」作「常」。後世以舉人赴京會試爲計偕入都，本此。然觀《索隱》謂「令與計吏俱詣太常」；顏《注》謂「隨上計吏俱至京師。」俱不應以計偕爲句，致成歇後名詞。今以

「詣太常」三字上屬「計偕」爲句。

〔會注考證〕《索隱》本、《漢書》，「當」作「常」。與計偕詣太常者，指上文好文學者而言。

〔疏證〕計，上計簿使也。杜佑《通典》云：「漢制，郡守歲盡，遣上計、掾吏各一人，條上郡內眾事，謂之計簿。」按《漢書》元光五年〈武紀〉：「徵吏民有明當世之務，習先聖之術者，縣次續食，令與計偕。」顏師古《注》曰：「計者，上計簿使也，郡國每歲遣詣京師上之。偕者，俱也，令所徵之人，與上計者俱來，而縣次給之食。後世訛誤，因承此語，遂總謂上計爲計偕。」所言是也。令與計吏俱詣太常者，令上所謂好文學、敬長上者與上計、掾吏俱詣太常也。《索隱》「令」字爲動詞非名詞，不可作縣令解。

（23）〔疏證〕《文獻通考》卷四十：「此郡國所擇也。」郭嵩燾《史記札記》卷五：「案博士弟子五十人，並由太常選置；受業如弟子，則郡國歲貢之太常者無員數也。」按：太常所擇，取諸關中，爲博士弟子；此二千石所擇，取諸郡國，受業「如」弟子。《漢書》：「兒寬以郡國選，詣博士，受業孔安國。」「終軍選爲博士弟子，至府受遣。」「蕭望之以令詣太常受業。」皆見其本傳。又〈循吏傳〉：「文翁乃選郡縣小吏開敏有材者張叔等十餘人，親自飭厲，遣詣京師，受業博士。」皆郡國所選見於《漢書》者也。

（24）〔新校注〕《漢‧傳》「試」作「課」，可見古人「試」「課」不分。大要如今之學校試驗，非考試也。宜程子請改試爲課歟？

〔會注考證〕《漢書》「試」作「課」，非是。

〔疏證〕《文獻通考》卷四十：「太常所補，郡國所擇，雖有兩途，至於受業一年而後試，則考察無二法也。」

（25）〔瀧川本正義〕掌故有缺而補之。

〔疏證〕《漢書‧儒林傳》：房鳳以射策乙科爲太史掌故。《史記‧袁盎列傳》：錯以文學爲太常掌故。皆其例也。

（26）〔瀧川本正義〕籍奏，爲名籍而奏之。（《漢書‧注》作「爲名籍而奏。」）

〔新校注〕「第」一本作「弟」，同。《漢‧傳》無「者」字。

〔疏證〕「郎中」疑當作「郎」，衛宏《漢舊儀》：「太常博士弟子試射策，中甲科補郎，中乙科補掌故。」是也。《漢儀》：「弟子射策，甲科百人補郎，中乙科二百人補太子舍人，皆秩比二百石；次郡國文學，秩百石也。」《漢儀》「甲科」上奪一「中」字，應據《漢舊儀》補。而後人不知，乃以「中乙科」之「中」上屬「郎」作「郎中」，並據以改〈儒林傳〉文，致有此衍

誤也。據《漢書》：馬宮、翟方進、何武、王嘉，並以射策甲科爲「郎」；召信臣以明經甲科爲「郎」；皆見其本傳。〈儒林傳〉：孟喜、梁丘賀、殷嘉、姚平、乘弘、京房、費直、高康，並以通《易經》爲「郎」；申公弟子爲博士者十餘人，其學官弟子以《詩》至於大夫、「郎」、掌故者以百數。又高帝時，與叔孫通共定禮儀者百三十餘人，悉以爲「郎」。是西漢時諸儒高第入仕初皆爲「郎」，非「郎中」也。應劭《漢官儀》：「尚書郎初上詣臺，稱守尚書郎；滿歲，稱尚書郎中；三年，稱侍郎。」準此，則由「郎」而「郎中」而「侍郎」，次第分明也。據《漢儀》：「郎」與太子舍人皆秩比二百石；據《漢書・百官公卿表》：郎中秩比三百石，侍郎秩比四百石，侍郎之上更有議郎、中郎，秩比六百石。則由「比二百石」而「比三百石」而「比四百石」而「比六百石」，亦井然有序，與「郎」「郎中」「侍郎」「議郎、中郎」之次第悉合。〈儒林傳〉有王駿嘗爲「郎中」；有申輓、伊推、宋顯、許廣，皆爲「侍郎」；又有尹更始爲「議郎」；王亥爲「中郎」；即依此次第升遷。此射策中甲科爲郎，秩比二百石，即下文「選擇其秩比二百石以上」補「左右內史、大行卒史」者。比二百石月受奉二十七斛，而左右內史、大行卒史秩「二百石」，月受奉三十斛。此等皆於以下詳之。

（27）〔疏證〕秀才異等，謂才學優秀異於等儕者，得隨時以其名奏上也。

（28）〔新校注〕《漢・傳》「不」作「能」，無「罰」字。注：「謂列其能通藝業而稱其任者，奏請補用之也。」案補用之法，上文已具，何須繩（《說文》：增益也。）複請之。班不用此文，而改「請諸能稱者」，竟不及議罰一面，殊屬缺點。必若史言，則上文有選舉之序，此爲選舉故不以實之罪，兩面俱到，可言可行。班乃畸重一方，于事謬，于誼短矣。顏《注》坿會，尤非。

〔會注考證〕沈欽韓曰：「當是兼坐舉主也。《通考》四十云：『諸不稱者，謂太常之謬選，博士之失教，及郡國之濫以充賦也。』〈功臣表〉：『山陽侯張當居坐爲太常擇博士弟子，故不以實，完爲城旦，』則其罰可知。」

〔疏證〕郭嵩燾《史記札記》卷五：「案上言試弟子補官之法，此下言文學掌故遷轉之法。」案：自「聞三代之道」至「而請諸不稱者罰」，乃公孫弘與太常臧博士平所共議；自此下則爲公孫弘個人之建議矣。

（29）〔瀧川本正義〕下者，謂班行。（《漢書》顏《注》無「者」字，「班行」下有「也」字。）

〔新校注〕「下」者，謂此次所下之詔書律令也。「者」字如今「須至牒者」之「者」，或「等因奉此」之「此」，是當時語。

〔會注考證〕王先謙曰：「謂平時班行者，不蒙上文。」

〔疏證〕王先謙之說是。

（30）〔疏證〕司馬遷〈報任少卿書〉：「究天人之際，通古今之變。」句法與此同。

（31）〔索隱〕謂詔書文章雅正，訓辭深厚也。

〔疏證〕顏師古《漢書‧儒林傳注》：「爾雅，近正也。言詔辭雅正而深厚也。」爲《索隱》所本。按：爾、邇通，故有「近」義；雅、夏一字，皆有「古」意。呂思勉《秦漢史》第十章〈秦漢學術〉，曰：「爾雅之辭，實多近古，故吏弗能通。雅、夏一字，漢人好古，辭以近古者爲正；而爾雅之義，遂由近古變爲近正矣。」

（32）〔疏證〕《文獻通考》卷四十：「欲爲學者開入仕之路，故以宣佈詔書爲名，與三代賓興之意異矣。此俗儒之所喜，而高士所不屑也。」

（33）〔集解〕徐廣曰：「一云：次治禮學掌故。」

〔瀧川本正義〕言留滯者改遷之。（《漢書》顏《注》作：「所以遷擢留滯之人。」）

〔新校注〕皆博士下小官，如文學掌故之類。而治禮較高於治掌故，故陳序之如此。《漢‧傳》乃合治禮掌故爲一，省去「次」字，而云「以治禮掌故」，未論是此衍文，是彼挩誤。據《集解》引徐廣一云「次治禮學掌故」，與《漢‧傳》又復不同，俟詳考。

〔會注考證〕《漢書》「治禮」上有「以」字，無「次治」二字。中井積德曰：「次治二字衍」。愚按：《漢書》「以」字衍。治禮、掌故，二官名。《漢書‧平當傳》：「當少爲大行治禮丞。」〈兒寬傳〉：「以射策爲掌故。」者，此（疑手民誤植，當作「是」。）也。言治禮、掌故二官，以文學禮義爲職，其遷徙常多留滯。若選擇其中，以補左右內史、大行及郡太守之卒史，不獨開選用之路，亦得使郡國小吏，究宣詔書律令。又按：治禮以下十六字，文義晦窒。王懋竑《白田草堂存稿》卷三，沈欽韓《漢書疏證》卷三十三，李慈銘《孟學齋日記》甲集下，皆有辯、參看。

〔疏證〕此十六字文字有衍脫，故文義晦窒。竊以「治禮次治掌故」六字，當作「次治禮掌故」五字。《集解》徐廣一云：「次治禮學掌故」，蓋衍一「學」字耳。言治禮以禮義爲官，掌故以文學爲官，若不試以吏事，其遷常留滯；故傳下文承以「以文學禮義爲官，遷留滯」也。復按自「臣謹按」之下，公孫弘先言小吏不能究宣詔書律令；即所用無所學。繼言治禮文學掌故遷留滯；則所學無所用。基此二種理由，乃有下文擇通一藝之吏與諸掌故補卒史之建議。於「治禮掌故」之上加一「次」字者，正言「其次」之理由也。

（34）〔疏證〕比二百石，指前「其高第可以爲郎」者。漢例：比二百石月受奉二十七斛，視二百石月奉三十斛少三斛。茲錄《後漢書·百官志》百官受奉例於下：「大將軍、三公奉，月三百五十斛。中二千石奉，月百八十斛。二千石奉，月百二十斛。比二千石奉，月百斛。千石奉，月八十斛。六百石奉，月七十五斛。比六百石奉，月五十斛。四百石奉，月四十五斛。比四百石奉，月四十斛。三百石奉，月四十斛。比三百石奉，月三十七斛。二百石奉，月三十斛。比二百石奉，月二十七斛。百石奉，月十六斛；斗食奉，月十一斛。佐史奉，月八斛。」

（35）〔疏證〕劉攽云；「吏乃以百石用者，爲其曉事優之也。」

（36）〔正義〕案左、右內史，後改爲左馮翊、右扶風。（瀧川本《正義》下更有：「大行，後改爲大鴻臚，亦補其卒史也。」計多十四字。）

〔新校注〕各本均以「左右內史」絕句，非是；今依湖本、凌本、《評林》本、金陵本正。

〔疏證〕《正義》非也。《漢書·百官公卿表》：「內史，周官，秦因之，掌治京師。景帝二年分置左、右內史。右內史武帝太初元年更名京兆尹；左內史更名左馮翊。」是左、右內史後改名左馮翊、京兆尹，非右扶風也。〈百官表〉又云：「主爵中尉，秦官，掌列侯。景帝中六年更名都尉。武帝太初元年更名右扶風，治內史右地。與左馮翊、京兆尹是爲三輔。」內史右地者，指位於內史之右另一地，本不屬於內史者也。〈百官表〉又云；「典客、秦官，掌諸歸義蠻夷，有丞。景帝中六年，更名大行令，武帝太初元年，更名大鴻臚。」今各本《正義》皆不及大行令後改爲大鴻臚事，唯瀧川本有之，是也。據孫星衍《校集漢官》：「大鴻臚，員吏五十五人，其六人四科，二人二百石，文學六人百石，一人斗食，十四人佐，六人騎吏，十五人學事，五人官醫。」二人二百石者，卒史也；文學六人百石者，文學卒史也。左、右內史屬官，《漢官》不載，《前、後漢書·百官表、志》亦未詳之，據《漢書·循吏傳》：「黃霸補左馮翊二百石卒史。」是左、右內史卒史亦二百石也。按：《漢書·兒寬傳》：「兒寬以射策爲掌故，功次補廷尉文學卒史。」《注》：「臣瓚曰：卒史，秩百石。」此百石者實「文學卒史」，非「卒史」也。顏師古不辨，謂「瓚說是也」；徐天麟《西漢會要》據之，以爲左、右內史、大行卒史秩皆百石。天下豈有原秩比二百石者升遷後秩反降爲百石之事耶？其謬可知。馬端臨以佐史爲卒史，謂秩百石以下，尤誤，參閱注26，及注42。

（37）〔疏證〕《後漢書·百官志》受奉表無「比百石」之奉，或兩漢官奉稍有更

異。郡太守卒史，秩百石。《後漢書・百官志》州郡目下引《漢官》曰：「百石卒吏二百五十人。」者是也。《漢書・儒林傳》：「元帝好儒，郡國置《五經》百石卒史。」可爲參證。《漢書窺管》卷九引強汝詢曰：「郡諸曹卒史，皆太守自辟署，未有由尚書調動者。弘所言郡太守卒史，必文學掾也。」所言甚是。參閱注40。

（38）〔會注考證〕王先謙曰：「以上言它途選補之法。」

〔疏證〕郭嵩燾《史記札記》卷五云：「言不止通一藝者，蓋先用其優異，而後循用常格。」按：以上所言，首舉秩比二百石，即前所謂「高第可以爲郎」者，非盡「它途」也；王先謙云「以上言它途選補之法」，恐不盡然。

（39）〔瀧川本索隱〕蘇林曰：「屬，亦曹吏，今縣官。《文書解》云：『屬某甲』。」

（《漢書》顏《注》引蘇林曰：「屬亦禮史；令，縣令。《文書解》言：『屬某甲』也。」）

〔疏證〕《文獻通考》卷四十：「中二千石屬，即左、右內史、大行卒史也。大行中二千石，左、右內史雖二千石，亦通言之也。按：《通考》謂左、右內史二千石，係據《漢書・百官公卿表》；《後漢書・百官志》則云：「漢初都長安，皆秩中二千石，謂之三輔。」是西漢之初左、右內史並大行皆中二千石矣。就邏輯言：左、右內史、大行皆中二千石；然中二千石非僅內史、大行而已。故亦有補他中二千石屬者。《漢書・張湯傳》：「請博士弟子治《尚書》《春秋》，補廷尉史。」者，是也。又卒史爲「屬」；然「屬」非僅卒史而已。故兒寬以射策爲掌故，功次補廷尉百石文學卒史者，是也。

（40）〔索隱〕如淳云：「《漢儀》：『弟子射策，甲科百人，補郎；中乙科二百人，補太子舍人。皆秩比二百石。次郡國文學，秩百石也。』」

〔瀧川本正義〕備員者，示以升擢之，非籍其實用也。（《漢書》顏師古《注》「備員」上多「云」字。）

〔會注考證〕錢大昕曰：「平津本意，以詔書爾雅深厚，非俗吏所解，故選文學掌故補卒史，所謂以儒術緣飾吏事也。安得云不籍其實用乎？備員，蓋蒙上不足之文，謂如有不足，當以文學掌故充之，毋使缺額耳。中二千石屬，即謂內史、大行卒史。郡屬，即謂郡卒史。」

〔疏證〕《文獻通考》卷四十：「文學掌故即博士弟子通一藝所補也；郡屬即郡太守卒史也。」又云：「既無誦多者，故選掌故，彼善於此者以充數。」按：匡衡以太常掌故「調補平原文學」，是其例也。《漢書》又有：梅福爲「郡文學」；鄭崇爲「郡文學史」；張敞、尹翁歸並補「太守卒史」；皆見其本傳。

（41）〔會注考證〕顏師古曰：「新立此條，請著於功令。」

（42）〔會注考證〕顏師古曰：「此外並如舊律令。」

〔疏證〕公孫弘之請止於此。綜觀其文，計分三節，茲述其大綱於后：

一、自「制曰」至「以廣賢材焉」，係引武帝詔，以爲其所請之依據。

二、自「謹與」至「不稱者罰」，係與太常博士議定設弟子員及考核之法。

甲、設弟子員之法：

　　1. 太常所擇；

　　2. 郡國所選。

乙、考核之法：

　　1. 不能通一藝者——輒罷之；

　　2. 能通一藝以上——補文學掌故；

　　3. 高第——爲郎，由太掌籍奏；

　　4. 秀才異等——輒以名聞。

三、自「臣謹案」至「他如律令」，係弘所議任用升遷之法：

甲、所議之理由：

　　1. 用無所學——小吏不能究宣詔令；

　　2. 學無所用——治禮、掌故遷留滯。

乙、所議之辦法：

凡具下列條件皆可補中二千石屬如左、右內史、大行卒史：

　　1. 秩比二百石之郎；

　　2. 吏百石通一藝以上者；

　　　　以上兩者補新職後秩皆二百石。

　　3. 如不足，擇掌故補之；

　　　　此者補文學卒史，秩爲百石。

凡具下列條件皆可補郡屬如太守卒史：

　　1. 吏比百石以下通一藝者；

　　2. 若不足，以文學掌故補之。

　　　　以上兩者補新職後秩皆百石。

馬端臨《文獻通考》卷四十云：「竊詳此段自太常擇民年十八以下至請諸不稱，是指白身受業而通一藝者；自擇其秩比二百石至補郡屬備員，是指已仕受業而通一藝者，然則白身通藝者，可以爲郎中，則其秩反高；（原注：郎中秩比三百石。）已仕通一藝者，只可爲左、右內史、大行卒史，則其位反卑。（原

注：佐史秩百石以下。）殊不可曉，考訂精詳者，必能知之。」按：「郎中」
當作「郎」，秩比二百石，說在注 26；「卒史」秩二百石，說在注 36。馬氏不
知「中」字衍，又誤以「卒史」爲「佐史」，致有此誤。其析此段爲「白身受
業」「已仕受業」二節，亦非。蓋「秩比二百石」所謂「已仕受業」者，實即
「白身受業」之「郎」也。

（43）〔新校注〕《說文》無「斌」，「斌」字古祇作「彬」或作「份」，許氏云：「文
質備也。」潘岳〈籍田賦〉：「士女頒斌而咸戻。」始有斌字。疑此「斌斌」
本作「彬彬」，傳刻妄改。《漢‧傳》尚是「彬」字。

〔會注考證〕「斌斌」，《漢書》作「彬彬」，文章貌。王鳴盛曰：「子長於〈封
禪〉〈平準〉等書，〈匈奴〉〈大宛〉等傳，直筆無隱；至〈儒林傳〉，則力表
武帝之能尊儒。又田蚡爲相，始絀黃、老刑名百家之言，而延儒者。弘以《春
秋》，白衣爲三公，而天下學士靡然鄉風。皆是深許之。且詳載弘請置博士
弟子等奏，制曰可。而結之曰：『自此以來，則公卿大夫士吏，斌斌多文學
之士矣。』其歸功於武帝君臣如此。此篇多是頌揚，可謂不以人廢言，惡而
知其美也。班氏所云：『不虛美，不隱惡。』良信；而『先黃、老，後《六
經》。』非子長本意明矣。」

〔疏證〕〈儒林傳〉言弘「側目而視固」；又記弘「疾」董仲舒事，皆是深貶
平津。王鳴盛《十七史商榷》卷六謂「此篇多是頌揚」，《會注考證》引之，
竊以爲非也。又公孫弘以《春秋》白衣爲三公，而後天下學士靡然鄉風，實
史公所以爲之長歎者；王鳴盛謂「皆是深許之」，尤非。郭嵩燾《史記札記》
卷五：「案武帝之興文學，主其議者田蚡；首膺經學之選爲三公者公孫弘。
即所興之文學可知矣！此史公微旨。」

第二章　正　文

第八節　魯《詩》之傳受

　　申公者，魯人也。高祖過魯，申公以弟子從師入見高祖于魯南宮。(1) 呂太后時，申公游學長安，與劉郢同師。(2) 已而郢為楚王，令申公傅其太子戊。(3) 戊不好學，疾申公。(4) 及王郢卒，戊立為楚王，胥靡申公。(5) 申公恥之，歸魯，退居家教，終身不出門。復謝絕賓客，(6) 獨王命召之，乃往。(7) 弟子自遠方至受業者百餘人。(8) 申公獨以《詩經》為訓以教。(9) 無傳疑，疑者則闕不傳。(10) 蘭陵王臧既受《詩》，以事孝景帝，為太子少傅，免去。(11) 今上初即位，臧乃上書宿衛。(12) 上累遷，一歲中為郎中令。(13) 及代趙綰亦嘗受《詩》申公；綰為御史大夫。(14) 綰、臧請天子，欲立明堂以朝諸侯，不能就其事，乃言師申公。(15) 於是天子使使束帛加璧，安車駟馬，迎申公。(16) 弟子二人乘軺傳從。(17) 至，見天子。天子問治亂之事。(18) 申公時已八十餘，(19) 老，對曰：「為治者不在多言，顧力行何如耳。」(20) 是時天子方好文詞，見申公對，默然；(21) 然已招致，則以為太中大夫，(22) 舍魯邸，議明堂事。(23) 太皇竇太后好《老子》言，不說儒術，得趙綰、王臧之過以讓上。(24) 上因廢明堂事，盡下趙綰、王臧吏，後皆自殺。(25) 申公亦疾免以歸。數年，卒。(26) 弟子為博士者十餘人：(27) 孔安國至臨淮太守；(28) 周霸至膠西內史；(29) 夏寬至城陽內史；(30) 碭‧魯賜至東海太守；(31) 蘭陵‧繆生至長沙內史；(32) 徐偃為膠西中尉，(33) 鄒人闕門慶忌為膠東內史。(34) 其治官民，皆有廉節，稱其好學。(35) 學官弟子行雖不備，而至於大夫、郎中、掌故，以百數。(36) 言《詩》雖殊，多本於申公。(37)

（1）〔索隱〕案《漢書》云：「申公少與楚元王俱事齊人浮丘伯，受《詩》。」

〔正義〕《括地志》：「泮宮在袞州曲阜縣西南二百里，魯城內宮之內。」鄭云：「泮之言半也，其制半於天子之璧雍。」

〔新校注〕傳言南宮，《正義》以泮宮實之，是南宮即泮宮矣。然乃去曲阜二百里，于事理殊遠，疑百字誤衍文。又袞州本治魯國之魯縣，隋改州爲魯郡，縣爲曲阜，迻魯郡治于今嶧陽縣西二十五里，曲阜乃不爲州郡治。元迻袞州于今嶧陽縣治，明升爲府治，清因之，見廢爲山東嶧陽縣。曲阜則自隋至今，仍舊名不改。隋又別有魯縣，屬豫州襄城郡，今爲魯山縣，非曲阜之魯也。

〔會注考證〕申公，上文所謂申公培。中井積德曰：「傳明言南宮，何用泮宮之解。」

〔疏證〕申公名培，其師浮丘伯也。浮丘複姓，《說苑・至公篇》作鮑白，《新語・資質篇》言鮑丘子之德行非不高於李斯、趙高，鮑白即鮑丘僞字。浮、鮑古音同，浮丘作鮑丘，猶伏犧作包犧也。浮丘、鮑丘或亦作包邱子，漢・桓寬《鹽鐵論・毀學篇》云：「包邱子與李斯俱事荀卿。」是也。陸德明《經典釋文・序錄》言《詩》之傳授：「一云：子夏傳曾申；申傳魏人李克；克傳魯人孟仲子；孟仲傳根牟子；根牟子傳趙人孫卿子。」是申公之《詩》，受於浮丘伯，爲荀卿之再傳，而遠祖子夏也。高祖過魯，申公從浮丘伯入見，事在漢高祖十二年（西元前195年）。

（2）〔索隱〕案《漢書》云：「呂太后時，浮丘伯在長安，申公與元王子郢卒學也。」郢即郢客。（瀧川本文字異，見《疏證》。）

〔新校注〕各本《索隱》無「客」字；「也」下有「郢即郢客」四字。今一依《索隱》本補刪。

〔疏證〕《索隱》「申公與元王子郢俱卒學也。」郢即郢客。《漢書・儒林傳》正文作「楚元王遣子郢與申公俱卒學。」下注云：「師古曰：郢即郢客也。」《新校注稿》據《索隱》本作「申公與元王子郢客俱卒學也。」瀧川本則較《新校注》稿本少一「子」字。按：《漢書・楚元王傳》略云：「楚元王交，字游。高祖同父少弟也。好書；多材藝。少時嘗與魯穆生、白生、申公俱受《詩》於浮丘伯。及秦焚書，各別去。漢六年，交爲楚王。元王既至楚，以穆生、白生、申公爲中大夫。高后時，浮丘伯在長安，元王遣子郢客，與申公俱卒業。」是其事也。

（3）〔集解〕徐廣曰：「楚元王劉交以文帝元年薨，子夷王郢立；四歲薨，子戊立。

郢以呂后二年封上邳侯，文帝元年立爲楚王。」

〔疏證〕《漢書·楚元王傳》曰：「元王立二十三年，薨。太子辟非先卒，文帝乃以宗正上邳侯郢客嗣，是爲夷王。申公爲博士，失官，隨郢客歸，復以爲中大夫。」據《漢書·諸侯王表》：「孝文二年夷王郢客嗣，四年薨。」然則申公傅其太子戊，時在漢文帝二年至六年，即西元前 178 年至 175 年也。

（4）〔新校注〕《漢·傳》「疾」作「病」。

〔疏證〕疾，恨也；病，苦也。義略有異。

（5）〔集解〕徐廣曰：「腐刑。」

〔新校注〕楊愼曰：「《列子》云：『胥靡登高不懼。』胥，隸也；靡，末也。胥靡末隸，微賤之人，腐刑無據。」森楷案：《漢·傳》注解，胥靡爲相係而作役，于事爲近。即傳所云申公礁春于市是也。徐《注》非。〈殷本紀〉亦云：「說（傅說，殷人。）爲胥靡。」也。

〔會注考證〕晉灼曰：「胥，相也；靡，隨也。」顏師古曰：「聯繫使相隨而服役之，故謂胥靡。猶今之役囚徒以鎖聯綴耳。」徐孚遠曰：「胥靡，徒隸之屬，非腐刑也。」

〔疏證〕《漢書·楚元王傳》曰：「初元王敬禮申公等，穆生不耆酒，元王每置酒，常爲穆生設醴。及王戊即位，常設，後忘設焉。穆生退曰：『可以逝矣！醴酒不設，王之意怠；不去，楚人將鉗我於市。』遂謝病去。申公、白生獨留。王戊稍淫暴。二十年，爲薄太后服，私姦，削東海薛郡，乃與吳通謀。二人諫，不聽，胥靡之，衣之赭衣，使杵臼礁春於市。」是其事也。楚王戊二十年，當孝景二年，即西元前 155 年。次年吳、楚兵敗，戊自殺。

（6）〔新校注〕《漢·傳》省「絕」字。

〔疏證〕顏師古曰：「身既不出門，非受業弟子，其他賓客來者，又謝遣之，不與相見也。」

（7）〔集解〕徐廣曰：「魯恭王也。」

〔疏證〕申公於景帝二年歸魯。其次年魯恭王以淮陽王徙魯，在位二十八年薨。是申公退居家教，正恭王王魯時也。

（8）〔新校注〕《漢·傳》「百」作「千」。

〔會注考證〕《漢書》：「百餘人」作「千餘人」。齊召南曰：「下文言申公弟子爲博士者十餘人；大夫、郎、掌故以百數。則作千餘人是也。」

〔疏證〕楊樹達《漢書窺管》卷九：「樹達按：下文言學官弟子至大夫、郎、掌故以百數者，指申公弟子爲博士者之學官弟子而言，非謂申公之弟子也。齊說殊誤。」萱按：楊說是也。

（9）〔新校注〕《漢·傳》「訓」下有「故」字；〈藝文志〉《魯故》二十五卷是也。此無「故」字，誤脫文。

〔疏證〕《漢書·藝文志·敘》云：「漢興，魯·申公爲《詩》訓故，而齊·轅固、燕·韓生，皆爲之傳。或取《春秋》，采雜說，咸非其本義。與不得已，（師古曰：言皆不得也。）魯最近之。」著目《魯故》二十五卷。《隋書·經籍志·敘》云；「漢初有魯人申公，受《詩》於浮丘伯，作詁訓，是爲魯《詩》。」然未著目。《經典釋文·序錄》云：「魯《詩》亡于西晉。」是也。

（10）〔索隱〕謂申公不作《詩》傳，但教授，有疑則闕耳。

〔新校注〕毛本無「疑」字，《漢書》同；《索隱》本作「不傳」。梁玉繩云：「『疑』字衍。謂申公不作《詩》傳，但教授也。而世有申公《詩說》，豈不妄哉！蓋與子貢《詩傳》，皆明·鄞人豐坊僞托。濟南·王氏士祿《考功集》辨之甚詳。長洲·汪氏琬《堯峯文鈔》節〈孝王先生傳〉載之。毛氏奇齡亦著《詩傳》《詩說》，駁尤詳。」

〔會注考證〕「傳」下無「疑」字，此衍。梁玉繩曰：「謂申公不作《詩傳》，但教授也。而世有申公《詩說》，豈不妄哉！蓋與子貢《詩傳》，皆明·鄞人豐坊僞撰。」

〔疏證〕《索隱》謂申公不作《詩傳》；梁玉繩以爲衍一「疑」字。然《漢書·楚元王傳》云：「申公始爲《詩傳》，號魯《詩》。」是申公非無傳也。《漢書·藝文志》有《魯故》二十五卷，姚振宗《漢書藝文志條理》以爲《魯故》與《詩傳》實爲一書，乃申公所傳。竊以明人豐坊僞撰《申公詩說》，則是矣；然申公亦有《詩故》，其書亡於西晉，二事不相牴觸。詳見前條疏證。「亡傳疑」與「疑者則闕弗傳」語互足，蓋《論語》「闕疑」之意也。

（11）〔新校注〕湖、凌、《評林》本「孝」作「文」。

〔疏證〕蘭陵，漢縣名。地在今山東省嶧縣之東。太子少傅，漢官名，二千石，以輔導爲職，悉主太子屬官。觀下文，武帝初即位，臧即上書，得以累遷，則王臧在景帝時爲太子少傅也。湖、凌、《評林》本「孝景」作「文景」，誤。

（12）〔疏證〕宿衛，直宿禁闥當警衛之任也。上書宿衛者，上書請爲宿衛之任也。

蓋武帝爲太子時，王臧爲太子少傅；故武帝即位，王臧乃有宿衛之請。

（13）〔新校注〕《漢‧傳》省「上」字，「中爲」改作「至」字。

〔會注考證〕《漢書》「衛」下無「上」字，此衍。

〔疏證〕言武帝累遷擢王臧，未及一年，王臧已爲郎中令矣。郎中令，漢官名。《漢書‧百官公卿表》云：「掌官殿掖門戶。」蓋宿衛之最高職也。秩中二千石。王臧爲郎中令，事在建元元年（西元前 140 年）。

（14）〔新校注〕代，漢幽州郡，今爲山西代縣。

〔疏證〕代郡，地在今山西省北部代、繁時、靈邱、應、渾源、廣靈、大同、陽高、天鎮，及察哈爾省懷安、陽原等縣一帶。御史大夫，漢官名。《漢書‧百官公卿表》云：「掌副丞相。」秩中二千石。綰爲御史大夫，蓋亦在建元元年（西元前 140 年）。

（15）〔疏證〕明堂者，明政教之堂也。昔者周公朝諸侯于明堂之位；而饗功、養老、教學、選士，皆在其中。明堂之制，諸書所言不一：據《考工記》，爲平列五室。據〈月令〉，則中建太室；四方建青陽、明堂、總章、玄堂各三室。明堂專指南面之堂言，三室之居中一室爲太廟，兩側謂之左右个。據《大戴禮》，明堂凡九室，共三十六戶，七十二牖，以茅蓋屋，上圓下方，其外有水，名曰辟雍，即太學也。綰、臧請天子立明堂，而言師申公，然則申公通禮學。按：下文云諸山東大師無不涉《尚書》以教，而周霸以申公弟子頗能言《尚書》；孔安國亦以申公弟子爲《尚書》博士，然則申公亦通《尚書》乎？《漢書‧儒林傳》復言「瑕丘‧江公受《穀梁春秋》及《詩》於魯‧申公」。申公之通《春秋》明矣。由是言之，《詩》、《書》、《禮》、《易》、《春秋》，申公無不習，非限於一藝者也。

（16）〔新校注〕《漢‧傳》「車」下有「以蒲裹輪駕」五字；「駟」下無「馬」字。宋祁曰：「景祐本《漢書》改『駕』作『加』，今皆從之。」

〔疏證〕束帛加璧，蓋春秋時諸侯使卿相問所執之禮，見《儀禮‧聘禮》第八。西漢時得此殊榮者，申公一人而已。以蒲裹輪，取其安也。《漢書‧武帝紀》：「建元元年秋七月，議之明堂，遣使者安車蒲輪，束帛加璧，徵魯‧申公。」是其事也。

（17）〔集解〕徐廣曰：「馬車」。

〔新校注〕毛本《集解》「馬車」倒作「車馬」。

〔疏證〕軺、車名。《說文》：「軺，小車也；从車，召聲。」有以一馬駕之者，《史記‧季布列傳》：「乘軺車之洛陽。」《索隱》謂：「一馬車也。」有以二

馬駕之者，《漢書・平帝紀》所謂「立輜併馬」者是也。傳者，驛也。《說文》：「傳，遽也；從人，專聲。」《禮・玉藻》：「士曰傳遽之臣。」《注》：「傳遽，以車馬給使者也。」輜傳，蓋身份較低者所乘，故以迎弟子二人也。《漢書・平帝紀》：「徵天下通知逸經、古記、天文、曆算、鍾律、小學、史篇、方術、本草，及以《五經》、《論語》、《孝經》、《爾雅》教授者，在所，爲駕一封輜傳，遣詣京師。」《注》：「師古曰：以一馬駕輜車而乘傳。」是漢迎儒生有用輜傳之例也。

（18）〔新校注〕張文虎云：「舊刻脫此十九字并下申公爲二十一字。」

〔疏證〕謂舊刻脫：「弟子二人乘輜傳從。至，見天子。天子問治亂之事。申公」。除標點計二十一字也。

（19）〔疏證〕建元元年爲西元前 140 年，上推八十年，爲西元前 220 年，即秦始皇二十七年。申培公必生於此年之前數年也。

（20）〔新校注〕蜀、衲、李、王、湖、凌、《評林》、監、余、毛本「在」作「至」。《漢・傳》同此，無「者」字。此從秦、柯、殿、局、石本作「在」，《通鑑》亦是「在」字。

〔會注考證〕張文虎曰：「中統、王、柯、凌本、『在』作『至』。」

〔疏證〕國立北平研究院史學研究會出版之《史記白文》，校云：「至應作在」。王先謙《漢書補注》引王念孫曰：「不至是也」。蓋兩皆可。「爲治不在多言顧力行如何耳」，即《論語》「君子欲訥於言而敏於行」意也。

（21）〔新校注〕「詞」一作「辭」。

〔疏證〕班固〈兩都賦序〉謂武、宣之世，崇禮官，考文章，「故言語侍從之臣：若司馬相如、虞丘壽王、東方朔、枚皋、王褒、劉向之屬，朝夕論思，日月獻納；而公卿大臣：御史大夫倪寬、太常孔臧、大中大夫董仲舒、太子太傅蕭望之等，時時間作。」《漢書・東方朔傳》：「嘗爲郎，與枚皋、郭舍人俱在左右，詼啁而已。」〈枚皋傳〉：「皋不通經術，詼笑類俳倡爲賦頌，好嫚戲，以故得媟黷貴幸。」又〈司馬相如傳〉：「蜀人楊得意爲監，侍上，上讀〈子虛賦〉而善之，曰：『朕獨不得與此人同時哉！』得意曰：『臣邑人司馬相如自言爲此賦。』上驚，乃問相如。」此皆武帝好文詞之證也。唯西漢諸帝雖好文詞，實視之若倡優博奕。〈王褒傳〉：「上曰：『不有博奕者乎，爲之猶賢乎已。辭賦大者與古詩同義，小者辯麗可喜。辟如女工有綺縠，音樂有鄭、衛，今世俗猶皆以此娛悅耳目；辭賦比之，尚有仁義風諭，鳥獸草木多聞之觀，賢於倡優博奕者遠矣。』」武帝好文詞，亦此類也。

（22）〔新校注〕「致」亦作「至」。

〔疏證〕《漢書·百官公卿表》：「大夫掌論議，有太中大夫、中大夫、諫大夫，皆無員，多至數十人。」又云：「太中大夫秩比千石。」蓋皆屬於郎中令者也。然則申公為其生王臧之屬官矣！

（23）〔疏證〕《說文》：「邸，屬國舍也，从邑·氐聲。」《漢書·文帝紀》：「至邸而議之。」注：「師古曰：郡國朝宿之舍在京師者，率名邸。」蓋邸非久居之所，武帝令申公舍魯邸，則不欲申公久留京都者明矣！

（24）〔新校注〕錢大昕云：「當是竇太皇太后。」

〔會注考證〕《漢書》「讓上」下，有「曰：此欲復為新垣平也。」九字。

〔疏證〕《漢書·武帝紀》：「建元二年冬十月，御史大夫趙綰坐請毋奏事太皇太后，及郎中令王臧皆下獄，自殺。」《注》：「應劭曰：『禮，婦人不豫政事。時帝已自躬省萬機，王臧儒者，欲立明堂辟雍，太后素好黃、老術，非薄《五經》，因欲絕奏事太后。太后怒，故殺之。』」

（25）〔新校注〕《漢·傳》無「盡」「趙」「王」「後」四字。

〔會注考證〕《漢書》「事」下無「盡」字。

（26）〔新校注〕王本「以」作「亦」；《漢·傳》「以疾」作「亦病」，「免」下省「以」字。

〔疏證〕殿本作「亦」。《新校注》稿本「亦」作「以」。申公於建元二年（西元前139年）歸，數年卒。疑其卒年似在建元之時也。

（27）〔疏證〕王國維〈漢魏博士題名考〉曰：「案弟子為博士十餘人，此語目下文，知孔安國、周霸以下七人皆博士也。上言十餘人而下只七人者，史失其姓名也。」

（28）〔集解〕徐廣曰：「孔鮒之弟子襄為惠帝博士，遷為長沙太傅，生忠。忠生武及安國，安國為博士臨淮太守。」

〔疏證〕《史記·孔子世家》略云：「鮒弟子襄，子襄生忠，忠生武，武生延年及安國，安國為今皇帝博士，至臨淮太守，蚤卒，安國生卬，卬生驩。」徐廣據〈孔光傳〉文以安國為延年父忠之兄弟，《史記》以安國為延年之兄弟，二人所述不同。按延年孫孔光卒於西元5年；司馬遷卒於西元前86年左右而及見安國之孫，則延年為安國之侄，非安國之兄者明矣。班據《史記》而撰《漢書》，其改馬書多有據，疑此敘安國世系，班是而馬非也。孔安國雖為申公弟子，然為博士實由《尚書》。觀兒寬治《尚書》詣博士受業孔安國而可知。臨淮，漢郡；今洪澤湖附近，包括江蘇省睢寧、宿遷、寶應、鹽

城、漣水，及安徽省泗、盱眙、天長等縣地。太守，掌治其郡，秩二千石。

（29）〔會注考證〕周霸，疑〈羽紀‧贊〉周生；圖封禪事，見〈封禪書〉。

〔疏證〕周霸，魯人，習《詩》之外，又習《尚書》，下文云「魯‧周霸……頗能言《尚書》事」是也；尤長於《易》，下文又云：「魯人周霸……以《易》至二千石」是也。膠西，漢‧劉姓弟子國，地在今山東高密、諸城、安邱一帶。內史，漢諸王國掌治國民者，秩二千石。《史記‧項羽本紀‧贊》曰：「太史公曰：『吾聞之周生曰：舜目蓋重瞳子。』」《正義》：「孔文詳云：『周生，漢時儒者，姓周也。』按：太史公云：『吾聞之周生。』則是漢人，與太史公耳目相接明矣。」周生或即周霸也。又《史記‧封禪書》載周霸事云：「上為封禪祠器示羣儒，羣儒或曰：『不與古同。』徐偃又曰：『太常諸生行禮不如魯善。』周霸屬圖封禪事。於是上絀偃、霸，而盡罷諸儒不用。」偃、霸皆謹守舊聞，不事阿合，遂以見斥，則仍是申公純謹遺風也，此史公所以謂之「皆有廉節，稱其好學。」者乎？又周霸嘗以議郎隨衛青征匈奴，見《史記‧衛將軍傳》。

（30）〔疏證〕自孔安國至夏寬，皆未著其籍貫，蓋均為魯人也。城陽，故齊地，文帝時別分為城陽王國。其地在今山東莒縣、沂水一帶。

（31）〔疏證〕魯賜，碭人。碭，漢縣名，《漢書‧地理志》：梁國，縣八，有碭縣。地當今江蘇碭江縣南之保安鎮。魯賜蓋即《漢書‧律歷志》之博士賜。元封七年，公孫卿、壺遂、司馬遷等言：歷紀壞廢，宜改正朔。於是武帝詔倪寬與博士賜等議。然則賜不僅通《詩》，且諳天文歷算之學矣。東海，漢郡名，今山東省滋陽縣至江蘇邳縣，東至於海，皆其地。

（32）〔索隱〕繆音亡救反，繆氏出蘭陵。一音穆，所謂穆生，為楚元王所禮也。

〔會注考證〕中井積德曰：「置醴之穆生，是申公之同門，非弟子，註謬。或是穆生之子。」

〔疏證〕《索隱》謂繆生即楚元王所禮之穆生，中井積德謂或是穆生之子，皆臆測，非也。王國維〈漢魏博士題名考〉云：「〈楚元王傳〉稱『魯穆生』，而此云『蘭陵‧繆生』，〈元王傳〉言穆生、白生、申公俱受《詩》於浮邱伯，而此繆生為申公弟子，恐非一人。」長沙，漢劉氏弟子國，今湖南省東部，皆其地也。內史解已見前。

（33）〔會注考證〕徐偃論封禪祠器，見〈封禪書〉。

〔疏證〕徐偃，蘭陵人。膠西，已見本節注 29 疏證。中尉，掌諸侯王國之武職，秩亦二千石也。《漢書‧終軍傳》載徐偃於元鼎中（當是元年，即西元

前 116 年。）使行風俗，矯制使膠東魯國鼓鑄鹽鐵。御史大夫張湯劾之，偃
以「《春秋》之義，大夫出疆，有可以安社稷、存萬民，顓之可也」為辭。
於是詔下終軍問狀，偃乃服罪云。徐偃論封禪事，已見前疏證。

（34）〔集解〕駰案：《漢書音義》曰：「姓闕門，名慶忌。」（瀧川本脫駰案二字。）
〔疏證〕鄒，漢縣名。《漢書·地理志》魯國有騶縣，即鄒也，其地在今山東
膠縣東北至平度縣一帶。

（35）〔新校注〕《漢·傳》省「好學」二字，甚是。
〔疏證〕《漢書》省「好學」二字，作「皆有廉節稱，其學官弟子……」。郭
嵩燾《史記札記》卷五據之，以為此處亦應讀作：「皆有廉節稱，其好學學
官弟子……」。按：郭氏強《史記》以符《漢書》，其說殊屬唐突。茲不采，
仍以「稱其好學」斷句。

（36）〔會注考證〕顧炎武曰：「謂不必皆有行誼，而多顯官。」
〔疏證〕曰「學官弟子」，則非親受業申公者也。大夫、郎、掌故，皆已見上
文注。

（37）〔瀧川本正義〕言《詩》，於魯則申培公，於齊則轅固生，於燕則韓太傅。申
公為《詩訓詁》，而齊·轅固、燕·韓生皆為之《傳》，或取采雜說，咸非其
本義。與不得已，三家皆列於學官。又有毛公之學，自為子夏所傳。《七錄》
云：「毛公《詩傳》，後鄭玄箋之，諸儒各為注解。其齊《詩》久亡；魯《詩》
亡於西晉；韓《詩》雖有，無傳之者。毛氏、鄭氏，獨立國學也。」
〔新校注〕《漢·傳》無末二句。
〔疏證〕瀧川本《正義》自「言《詩》」至「於燕則韓太傅」，為〈儒林傳〉
序文；自「申公為《詩詁》」至「自為子夏所傳」，為《漢書·藝文志》序文。
唯頗有脫誤：「或取」下脫「春秋」二字；「與不得已」下脫「魯最為近之」
五字；「自為」之「為」，《漢·志》作「謂」。王應麟《漢書藝文志考證》引
彭俊民曰：「申公得《詩》之約者也，轅固得《詩》之直者也，以約窮理而
以道行己，觀其言而察其所行，信有異於毛公、韓嬰之所聞也。」又朱彝尊
《經義考》引朱倬曰：「魯《詩》起于申公而盛于韋賢。」

第九節　齊《詩》之傳受

清河王太傅轅固生者，(1) 齊人也。(2) 以治《詩》，孝景時為博士。與黃
生爭論景帝前；(3) 黃生曰：「湯、武非受命，乃弒也。」(4) 轅固生曰：「不然！

夫桀、紂虐亂，天下之心，皆歸湯、武。湯、武與天下之心而誅桀、紂；桀、紂之民，不為之使，而歸湯、武。湯、武不得已而立，非受命為何？」(5) 黃生曰：「冠雖敝，必加於首；履雖新，必關於足。(6) 何者？上下之分也。今桀、紂雖失道，然君上也；湯、武雖聖，臣下也。夫主有失行，臣下不能正言匡過，以尊天子；反因過而誅之，代立踐南面，非弑而何也？」(7) 轅固生曰：「必若所云，是高祖代秦，即天子之位，非邪？」(8) 於是景帝曰：「食肉不食馬肝，不為不知味；言學者無言湯、武受命，不為愚。」(9) 遂罷。是後學者莫敢明受命放殺者。竇太后好《老子》書，召轅固生問《老子》書。(10) 固曰：「此是家人言耳。」(11) 太后怒曰：「安得司空城旦書乎！」(12) 乃使固入圈刺豕。(13) 景帝知太后怒，而固直言無罪，乃叚固利兵。下圈刺豕，正中其心，一刺，豕應手而倒。(14) 太后默然，無以復罪，罷之。居頃之，景帝以固為廉直，拜為清河王太傅。(15) 久之，病免。(16) 今上初即位，復以賢良徵固。(17) 諸諛儒多疾毀固，曰：(18)「固老。」罷歸之。時固已九十餘矣。(19) 固之徵也，薛人公孫弘亦徵，(20) 側目而視固。(21) 固曰：「公孫子，務正學以言，無曲學以阿世！」(22) 自是之後，齊言《詩》，皆本轅固生也。(23) 諸齊人以《詩》顯貴，皆固之弟子也。(24)

(1) 〔疏證〕清河王，名乘，景帝子，景帝中三年立，十二年薨。亡後，國除為郡。其地在今河北省清河、棗縣及山東省之清平、高唐、臨清、武城等縣一帶。諸侯王太傅，秩二千石。揚雄《法言・淵騫篇》：「袁固、申公二子，無愧於言《詩》矣。」袁固即轅固生也。

(2) 〔疏證〕齊，漢時郡名。其地在今山東省北部之臨淄、廣饒、臨朐諸縣一帶。

(3) 〔新校注〕《漢・傳》「景帝前」作「上前」，以上已言「孝景時」也。

〔會注考證〕〈史公自序〉云：「太史公習道論於黃子。」黃生學黃、老，黃、老之學，祖述黃帝，不憲章湯、武。

〔疏證〕劉師培《國學發微》曰：「武、昭以後，黃、老漸衰。一由轅固與黃生之爭論：黃生明黃、老之術；轅固明儒家之術。而其論湯、武受命也，說各不同。景帝迫于太后之命，雖暫抑轅固；然已深明儒家之有益於專制政體矣。其故一。一由武帝與汲黯之爭論：汲黯之言曰：『陛下內多欲而外施仁義，奈何欲效唐、虞之治乎？』蓋黯治黃、老家言，故不喜儒術。武帝知道家崇尚無為，與好尚喜功者迥異，故抑黃、老而崇《六經》，其故二。有此二故，此儒家所由日昌，而道家所由日衰也。」〈儒林列傳〉詳敘轅固、黃生之爭，

及竇太后使固刺豕事，蓋明漢初所以由尚黃、老而轉爲崇儒學之跡也。

(4)〔新校注〕《漢·傳》「弒」作「殺」。

〔疏證〕《韓非子·忠孝五十一》：「堯、舜、湯、武或反君臣之義，亂後世之教者也。堯爲人君而君其臣；舜爲人臣而臣其君；湯、武爲人臣而弒其主，刑其尸。而天下譽之，此天下所以至今不治者也。」爲黃生言之所本也。韓非「喜刑名法術之學而歸本於黃、老」。故其言爲漢初習黃、老術者所樂道。

(5)〔新校注〕《漢·傳》：「虐」作「荒」；「與」作「因」。

〔疏證〕《孟子·梁惠王篇》記齊宣王與孟子論湯放桀、武王伐紂事，曰：「臣弒其君可乎？」孟子對以：「聞誅一夫紂矣，未聞弒君也。」〈離婁篇〉孟子又曰：「桀、紂之失天下也，失其民也；失其民者，失其心也。民之歸仁也，猶水之就下。爲湯、武敺民，桀與紂也。雖欲無王，不可得已。」其說蓋轅固生所本。

(6)〔新校注〕《漢·傳》「關」作「貫」。

〔會注考證〕《漢書》「關」作「貫」，通用。顏師古曰：「語見太公《六韜》也。」愚按：《御覽》六百九十七，引《六韜》云：「崇侯虎曰：『冠雖弊，禮加於首，履雖新，法以踐地。』」《韓非子·外儲說》：「費仲曰：『冠雖穿弊，必戴之於頭；履雖五采，必踐之于足。』」文殊意同。

〔疏證〕除《會注考證》所引者外，類似之語又見於《韓非·外儲說·左下第三十三》「趙簡子謂左右曰」及《穀梁·僖公八年傳》。按：黃生上言「湯、武非受命，乃弒也。」語與《韓非》合；此又與《韓非子》所載之語類似，必非偶然，黃生之言，實得自《韓非子》也。

(7)〔新校注〕「反」一作「及」。《漢·傳》無「踐」字。

〔疏證〕《韓非子·忠孝篇》曰：「父之所以欲有賢子者，家貧則富之，父苦則樂之，君之所以欲有賢臣者，國亂則治之，主卑則尊之。今有賢子而不爲父，則父之處家也苦，有賢臣而不爲君，則君之處位也危。然則父有賢子，君有賢臣，適足以爲害耳。」故主：「人主雖不肖，臣不敢侵。」黃生之言，蓋又本諸《韓非》也。

(8)〔新校注〕《漢·傳》無「所」字。湖、凌、《評林》、殿、局、石本「伐」作「代」；此從屬、蔡、衲、中統、元、游、李、王、秦、金陵、舊鈔本作「伐」，皆俱可通，今並存之。

〔會注考證〕楓山、三條本，「必若所云」作「必若君所云」。

〔疏證〕「代」，《新校注》本、國立北平研究院校點本，皆作「伐」。

（9）〔正義〕《論衡》云：氣熱而毒盛，故食馬肝殺人。又盛夏馬行多渴死，殺氣爲毒也。（瀧川本《正義》，此下尚有字，見《疏證》。）

〔會注考證〕顏師古曰：「馬肝有毒，食之熹殺人，幸得無食；言湯、武爲殺，是皆經義，故以爲喻也。」劉敞曰：「知味者不必須食馬肝；言學者不必須論湯、武。此欲學者皆置之耳。」愚按：〈倉公傳〉：「齊・淳于司馬案：『我之王家食馬肝。』」蓋異味也。劉說得之。

〔疏證〕瀧川本《正義》「殺氣爲毒也」之下，尚有：「言凡談論不說湯、武放殺，亦得爲談論；猶如食肉不食肉肝，未爲不知味。」除標點外計多出二十八字。《會注考證》引〈倉公列傳〉文，「齊・淳于司馬案」，「案」字誤，《史記》作「曰」。楊樹達亦引《史記・倉公傳》，謂「馬肝未嘗不可食也。顏說似誤。」見《漢書窺管》卷九。按：文成爲帛書以飯牛，武帝識其詐，誅之。曰：「文成食馬肝死！」事見《史記・封禪書》。疑「食馬肝」爲漢時方言俗語。

（10）〔疏證〕竇太后好《老子》言，景帝及諸竇不得不讀《老子》。詳已見第五節注 6 之疏證。

（11）〔索隱〕服虔云：「如家人言也。」案：老子《道德篇》雖微妙難通；然近而觀之，理國理身而已。故言此家人之言也。（瀧川本「服虔云」前，有「此家人言耳」……「道德篇」下，無「雖微妙難通，然」。）

〔會注考證〕《漢書》無「是」字，《藝文類聚》引《史記》亦無。中井積德曰：「家人謂庶人，言庶人理身家之術耳，不可施之邦國也。如《索隱》解，太后何以怒？」俞正燮曰：「宮中名家人者，蓋宮人無位號，如言宮女子宮婢。司空城旦書，謂其時《公羊》學慘刻過申、商，而託名儒者。家人言本意，謂仁弱似嫗媼語；而家人又適爲宮中無位號者。〈劉敬列傳〉云：『高帝不遣長公主，而取家人子，名爲長公主。』是也。〈外戚世家〉云：『竇太后始以良家子入宮侍呂后，呂后出宮人賜諸王，竇姬籍代伍中，至代。』是竇太后始爲家人子，故怒。怒其干犯，非僅以有仁弱之譏也。明神宗，慈聖李太后生也；光宗，王妃生也。光宗未立時，李太后問故。神宗曰：『彼都人子也。』內廷呼宮人曰都人。太后亦由宮人進，遂大怒曰：『汝亦都人子！』神宗伏地不敢起，儲位由是定。明・李太后惡聞都人，漢・竇太后惡聞家人，其事同也。」

〔疏證〕家人本謂庶人，楊樹達《漢書窺管》卷一〈惠帝紀〉下舉《漢書》

《史記》《左傳》十一例以證之。錢穆〈兩漢博士家法考〉引《史通》言：「譙周以遷書周、秦以上，或采家人諸子，不專據正經。」因據以謂：「家人言即諸子書，與《六藝》正經對列。」並云：「轅固自以治《詩》《書》，乃古者王官之學，而輕鄙《老子》，謂其乃晚出家言。」所釋甚是。然所以觸竇太后怒者，則俞正燮所言家人適爲宮中無位號者，竇太后本爲宮人，固言犯其忌者是也。

（12）〔集解〕徐廣曰：「司空主刑徒之官也。」駰案：《漢書音義》曰：「道家以儒、法爲急，比之於律令。」

〔瀧川本正義〕虞喜《志林》云：「道家之法，尚於無爲之教，儒家動有所防，竇太后方之於律令，故言司空城旦書也。」

〔會注考證〕沈欽韓曰：「《周禮》役諸司空，漢以司空主罪。」中井積德曰：「司空掌邦土，故亦主刑徒之作役也。」愚按：「司空城旦書，罵儒書也。當時以經義斷獄，故云。言政刑之書，無所取也。

〔疏證〕錢穆〈兩漢博士家法考〉：「秦法，令下三十日不燒黥爲城旦。漢以司空主罪人，賈誼云，輸諸司空是也。《詩》《書》爲秦法所禁，故云何從得此犯禁書矣。」

（13）〔新校注〕《漢・傳》「刺豕」作「擊彘」，此改換字面也，似不足語于大方家，然馬、班相承，已如此矣。

〔疏證〕《說文》：「豕，彘也。」即今所謂「野豬」也。

（14）〔新校注〕《漢・傳》「豕」作「彘」，無「一刺」二字。

〔會注考證〕利兵，利刃也。

（15）〔集解〕：徐廣曰：「哀王乘也。」

〔疏證〕《漢書・諸侯王表》：「清河哀王乘，景帝子，中三年二月丁酉立，十二年薨，亡後。」其在位年代爲西元前 147 年至 136 年。轅固生爲清河王太傅，其時當在西元前 147 年。清河之地，詳見本節注 1。

（16）〔新校注〕《漢・傳》無「久之」，「病」作「疾」。

〔疏證〕觀下文今上（武帝）初即位，復以賢良徵固，則固以病免清河太傅當在景帝時也。

（17）〔疏證〕武帝建元元年（西元前 140 年），詔舉賢良方正直言極諫之士；元光五年（西元前 130 年）復徵吏民有明當時之務習先聖之術者。按：竇太后召固問《老子》書，怒之，使刺豕，事在西元前 147 年之前不久；固若於建元元年徵，則刺豕時年已八十餘，於理似不合；蓋在元光五年徵也。然則刺豕

　　　　時亦已七十餘歲矣，疑《史記》之文仍有誤。

（18）〔新校注〕《漢・傳》無「諛」字、「固」字。

（19）〔疏證〕由元光五年（西元前 130 年）上推九十，為西元前 220 年，即秦始皇二十七年，轅固生之生，約在此年之前數年也。而其卒，當在元光之後不久。

（20）〔集解〕徐廣曰：「薛縣在菑川。」
　　　〔疏證〕《漢書・地理志》：「菑川國，戶五萬二百八十九；口二十二萬七千三十一；縣三：劇、東安平、樓鄉。」無薛縣。按：《漢書・地理志》：「魯國，縣六，」有「薛」。錢大昕曰：「《史記・平津侯傳》稱齊菑川薛縣人，《漢書》同。是漢初菑川與魯俱有薛縣，其後并省。」薛地在今山東滕縣西南。元光五年，公孫弘復徵，以博士為左內史。

（21）〔新校注〕《漢・傳》「側」作「仄」，「視」作「事」。
　　　〔會注考證〕《漢書》，「視」作「事」。顏師古曰：「言深憚之。」馮班曰：「傳中兩言公孫弘側目轅固，非董仲舒，皆刺之也。」
　　　〔疏證〕此史遷所以謂：「弘為人意忌，外寬內深」也。郭嵩燾《史記札記》卷五下：「申公徵拜大中大夫免歸，轅固生徵亦罷歸。於〈轅固生傳〉後敘入公孫弘一段，是史公微旨。」

（22）〔疏證〕《史記・汲黯列傳》：「黯面觸弘等徒懷詐飾智以阿人主取容。」然則轅固生謂弘「曲學阿世」者，非誣也。

（23）〔會注考證〕楓、三本，「詩」下有「者」字。
　　　〔疏證〕朱彝尊《經義考》引朱倬曰：「齊《詩》始于轅固而盛于匡衡。」又引彭俊民曰：「轅固得《詩》之直者也。」陸德明《經典釋文・序錄》曰：「齊人轅固作《詩傳》號齊《詩》。」荀悅《漢紀》曰，「齊人轅固生為景帝博士，作《詩內、外傳》。」然則〈藝文志〉所謂采雜說，非其本義者，實有其書也。〈藝文志〉語已見第八節注 37，茲不贅引。

（24）〔疏證〕《漢書・儒林傳》云：「昌邑太傅夏侯始昌最明。」翼（奉）、匡（衡）、師（丹）、伏（理）之學，皆淵源於轅固也。

第十節　韓《詩》之傳受

　　韓生者，燕人也。⑴ 孝文帝時，為博士；⑵ 景帝時，為常山王太傅。⑶ 韓生推《詩》之意，而為《內、外傳》數萬言，⑷ 其語頗與齊、魯閒殊；然其歸一也。⑸ 淮南・賁生受之。⑹ 自是以後，而燕、趙閒言《詩》者由韓

生。(7) 韓生孫商為今上博士。(8)

（1）〔集解〕駰案：《漢書》曰：「名嬰。」（瀧川本無「駰案」二字。）

〔疏證〕臧庸以為韓嬰字子夏，《拜經日記》云：「嬰為幼孩，故名嬰，字子夏；夏，大也。」賴炎元博士《韓詩外傳考徵》：「古人嘗依名以命字，《漢書・藝文志》載《易》十三家，有《韓氏》二篇、名嬰。而《七略》云：『《易傳》，子夏，韓氏嬰也。』臧庸據此，遂以子夏為韓嬰字，然史傳無徵，未敢信也。」案：賴炎元氏之說是也。

（2）〔疏證〕王應麟《困學紀聞》卷八：「文帝時申公、韓嬰皆以《詩》為博士，《五經》列於學官者，唯《詩》而已。」按：孝文時博士可考者，除申公、韓生二人外，尚有魯人公孫臣，以言五德終始召拜博士；又賈誼年二十餘，以頗通諸子百家之書，召為博士；朝錯學申、商刑名，文帝亦以為博士。應劭《漢舊儀》：「文帝時，博士七十餘人，朝服玄端章甫冠，為待詔博士。」劉歆〈移太常博士書〉云：「漢興，至孝文皇帝，天下眾書往往頗出，皆諸子傳說；猶廣立學官，為置博士。」然則孝文博士，非僅《六藝》一端明矣。

（3）〔集解〕徐廣曰：「憲王舜也。」

〔疏證〕《漢書・諸侯王表》：「常山憲王舜，景帝子。中五年三月丁巳立，三十二年薨，元鼎三年，王勃嗣，坐憲王喪服姦，廢徙房陵。」憲王在位年代為西元前 145 年至 114 年。《漢書・地理志》有常山郡，其地在今河北省西北正定、元氏、平山、獲鹿、靈壽、曲陽、井陘、高邑、內邱、欒城、藁城、趙縣、柏鄉、行唐一帶。

（4）〔新校注〕《漢・傳》「詩」下有「人」字，是；此及各本並誤脫文，似當依補。《漢藝文志・六藝略》有《韓內傳》四卷《外傳》六卷，今《外傳》存，《內傳》則唐、宋間亡。

〔疏證〕《漢書・藝文志》著錄：「《韓故》三十六卷，《韓內傳》四卷，《韓外傳》六卷，《韓說》四十一卷。」朱彝尊《經義考》云：「若《白虎通》、《風俗通》、《三禮義宗》、《大戴禮注》、《初學記》、杜佑《通典》所引諸條，皆《內傳》文也。」《韓詩內傳》至宋已亡，朱子嘗欲寫出《文選注》中《韓詩章句》未果。王應麟因更為《韓詩考》，猶多遺漏。王謨別撰《韓詩拾遺》十六卷，網羅諸內、外傳放失，最為完備。《韓詩外傳》六卷，大抵引《詩》以證事，而非引事以明《詩》。經賴炎元博士詳加考徵，已由臺灣師範大學印行，茲不贅述。《韓說》四十一卷有馬國翰輯本，乃從《漢書・王吉傳正

義》、《禮疏》、《釋文》、《大戴禮注》、《王氏詩考》諸引韓《詩》說，韓、魯說者，凡若干條，與《韓故》、《韓內傳》別錄爲卷。

（5）〔疏證〕熊翰叔先生《愼餘錄》云：「〈儒林傳〉謂韓生推《詩》之意，而作《內、外傳》數萬言，與齊、魯間殊，然其歸一也。一者何？亦曰義而已矣。今魯《詩》既佚，韓《詩》惟存《外傳》。其逸說，考之載記，如〈黍離〉一詩，毛《傳》所謂閔宗周者，《新序》謂衛宣公之子壽，閔其兄伋之且見害而作；《後漢書‧邧惲傳》，稱尹吉甫之子伯封作。吉甫信後妻之讒，而殺孝子伯奇，伯封求兄不可得，而作是詩。子政習魯《詩》，《新序》所謂〈黍離〉宣公子壽作者，魯《詩》說也。邧惲授皇太子韓《詩》，所云〈黍離〉爲伯封作者，韓《詩》說也。亦見曹子建〈令禽惡鳥論〉。同一〈黍離〉也，二家說之，國異人異，所謂殊者，殆謂此矣。而論其義，則同爲孝子之見害，悌弟之思兄，得不謂之一乎！蓋異者其事，同者其義。」極是。敬錄於此。

（6）〔索隱〕賁音肥。

〔疏證〕淮南，漢‧劉氏子弟國。以謀反，武帝元狩元年（西元前122年）除其國爲九江都。地在今安徽中部壽春、全椒、合肥、當塗、壽縣、定遠、含山、鳳陽、霍邱、鳳臺一帶。賁，姓也，見《集韻》。賁生僅見於〈儒林傳〉。

（7）〔新校注〕《漢‧傳》無「自是以後」四字及「而」字。

〔疏證〕朱倬《詩疑問》曰：「韓《詩》始於韓嬰而盛于王吉。」

（8）〔新校注〕蜀本「商」作「商」，似誤。《漢‧傳》作「後其孫商爲博士」，不著何代，較此差疏。

〔會注考證〕《漢書‧藝文志》云：「《韓故》三十六卷，《韓內傳》四卷，《韓外傳》六卷，《韓詩說》四十一卷。」今存《韓詩外傳》十卷，亦間有闕文脫簡。

〔疏證〕班固、東漢人，故《漢書》刪「今上」二字；未著「武帝」，是其疏也。《韓故》、《韓內、外傳》、《韓說》，均已見注5。

第十一節　《尚書》之傳受

伏生者，濟南人也，(1) 故爲秦博士。(2) 孝文帝時，欲求能治《尚書》者，天下無有，(3) 乃聞伏生能治，欲召之。(4) 是時伏生年九十餘，老不能行，(5) 於是乃詔太常，使掌故朝錯往受之。(6) 秦時焚書，伏生壁藏之。(7) 其後兵

大起，流亡；漢定，伏生求其書，亡數十篇，獨得二十九篇，即以教於齊、魯之間。(8) 學者由是頗能言《尚書》；諸山東大師，無不涉《尚書》以教矣。(9) 伏生教濟南・張生及歐陽生；(10) 歐陽生教千乘・兒寬。(11) 兒寬既通《尚書》，以文學應郡舉，(12) 詣博士受業，受業孔安國。(13) 兒寬貧無資用，常為弟子都養，(14) 及時時閒行傭賃，以給衣食。(15) 行常帶經，止息則誦之。(16) 以試第次，補廷尉史。(17) 是時張湯方鄉學，以為奏讞掾，(18) 以古法議決疑大獄，而愛幸寬。(19) 寬為人溫良，有廉智自持，(20) 而善著書、書奏，(21) 敏於文，口不能發明也。湯以為長者，數稱譽之。(22) 及湯為御史大夫，以兒寬為掾，薦之天子。天子見，問，說之。(23) 張湯死後六年，兒寬位至御史大夫。(24) 九年而以官卒。(25) 寬在三公位，以和良承意，從容得久，然無所匡諫於官。官屬易之，不為盡力。(26) 張生亦為博生。而伏生孫以治《尚書》徵，不能明也。(27) 自此以後，魯・周霸、孔安國，雒陽・賈嘉，頗能言《尚書》事。(28) 孔氏有古文《尚書》，而安國以今文讀之，(29) 因以起其家，逸《書》得十餘篇，蓋《尚書》滋多於是矣。(30)

(1)　〔集解〕張晏曰：「伏生名勝，伏氏碑云。」

　　　〔會注考證〕錢大昭曰：「《後漢・伏湛傳》云：『九世祖勝，字子賤。所謂濟南・伏生者也。』」

　　　〔疏證〕崔東璧《考古續說・傳之二》曰：「欲求堯、舜之道，非《尚書》無由知之也。《尚書》誰傳之，伏生傳之也。自秦焚書以後，世不復有見《尚書》者矣。獨伏生壁藏之，以教於齊、魯之間，由是《尚書》得行於世。使無伏生，則二十八篇之《書》不傳；二十八篇之書不傳，則地平天成之業不著於世；而禹、湯、文、武之事亦莫得其詳，雖有《論語》《孟子》稱述之，而見知聞知之實無由考而知之，聖道幾何而不晦也。由是言之，伏生之功大矣。」按：〈仲尼弟子列傳〉有「宓不齊，字子賤」者，《正義》引《顏氏家訓》云：「濟南・伏生即子賤之後。」然則子賤為伏生遠祖可知，荀悅《漢紀》，范曄《後漢書・伏湛傳》言伏勝字子賤，皆誤也。錢大昭引以為說，瀧川轉引作《史記考證》，蓋積非成是矣！伏生，山東鄒平縣人，《鄒平縣志》云：「今縣治東北十八里，舊口鎮東南，曰伏生鄉是也。」於漢蓋屬濟南郡也。

(2)　〔疏證〕《漢書・百官公卿表》：「博士，秦官，掌通古今。」《後漢書・百官志》：「博士，掌教弟子，國有疑事，掌承問對。」通古今即所以承問對也。

錢穆〈兩漢博士家法考〉：「秦博士掌承問對，如羣臣上尊號，稱謹與博士議（二十六年）。始皇渡湘江，逢大風，問博士，曰湘君何神（二十八年）。夢與海神戰，如人狀，問占夢博士（三十七年）。及陳勝起，二世召博士諸儒生問之。皆是也。」秦博士見於史書者除伏生外，有淳于越，見於〈秦始皇本紀〉三十四年；叔孫通，見於《史記·叔孫通傳》；羊章、黃疵，見《漢書·藝文志》；正先，見《漢書·京房傳》孟康《注》。

（3）〔會注考證〕《漢書》無「欲」字。

〔疏證〕呂思勉《燕石札記·漢人說尚書傳授之誣篇》曰：「天下無有，天下無治《尚書》者，乃謂漢朝求之他方，皆未得其人，而獨聞濟南有伏生也。天下豈眞無儒？漢朝自不聞耳。山東之儒，豈止伏生一人？舉尊宿，故言伏生耳。不云漢人不聞，而云天下無有；不云治《尚書》者伏生最爲大師，而云獨聞濟南·伏生。後人之誤會，皆此等疏略之辭啓之也。」

（4）〔新校注〕《漢·傳》無「乃」「能」「之」三字；而于「治」下加一「之」。

（5）〔新校注〕《漢·傳》無「是」字。

〔疏證〕〈文帝紀〉未載此事，而〈儒林傳〉、〈朝錯傳〉並不書年代。王益之《西漢年紀》稱錯受《尚書》在漢文帝十年（西元前 170 年），如不誤，則上推九十年爲西元前 260 年，即周赧王五十五年，伏生蓋生於此前數年也。又據鄭康成〈尚書大傳序〉言伏生「年且百歲」，其卒，當不出於孝文帝時也。

（6）〔瀧川本正義〕衛宏〈詔定書序〉云：「徵之，老不能行，遣太常掌故朝錯往讀之，生年九十餘，不能正言教錯，齊人語，多與穎川異，錯所不知者，凡十二三，略以其意屬讀而已。」

〔新校注〕游本「朝」作「朝」；秦本作「朝」；並似依俗本改古書者。石本，《漢書》與此同。

〔會注考證〕《漢書·儒林傳》顏師古《注》，引衛宏〈定古文尚書序〉，作：「伏生老，不能正言，言不可曉也，使其女傳言教錯。」云云。劉臺拱曰：「伏女傳言，所謂受讀也。《漢書》音讀訓詁，學者以口相傳，周田觀文王之德，讀爲厥亂勸寧王之德，其一事也。鄭賈受《周禮》讀，馬融受《漢書》讀，東京猶然；馬、鄭後就經爲注，口說絕矣。」

〔疏證〕伏生不能正言，使其女傳言教錯事，近人多駁之。呂思勉《燕石札記·漢人說尚書傳授之誣篇》：「漢初文字，與先秦極爲相近；伏生藏《書》，晁錯斷無不識之理；即謂不識，而伏生以《尚書》教，已非一日，豈並別

寫一本而不能？至晁錯奉詔往受時，猶出壁藏之本以授之耶？衛宏之言，適自暴其爲以意附會而已。」楊樹達《漢書窺管》卷九亦云：「伏生自有本，不叚口傳明矣！」按：呂、楊二氏之說非也。《漢書‧藝文志》曰：「書者古之號令，號令於眾，其言不立具，則聽受施行者弗曉，古文讀應爾雅，故解古今語而不可知也。」錢穆氏據此，其〈兩漢博士家法考〉乃曰：「《六藝》中惟《書》最難讀。因其爲朝廷當時之號令，以告於眾人之前，故近語體，其文不雅，非以今語解古語不可曉也。晁錯受讀，即以今語《易》定，如《史記》載《尚書》文，亦多以訓詁代經也，錯既不解齊語，以意屬讀，故多有誤者。」其言是也。又按：朝錯，漢潁川（今河南中部）人。孝文帝時以文學爲太常掌故，累遷至太子家令，得幸太子，景帝即位，爲御史大夫，權傾九卿。議削諸侯而致吳、楚七國之變，景帝三年（西元前154年）朝衣斬東市。晁錯習申、商刑名，《漢書‧藝文志》列於法家，《尚書》非其專業。故歐陽、夏侯以《尚書》列於學官者，皆伏生另所親授者也。

(7) 〔疏證〕伏生壁藏，或有疑之者，本田成之《中國經學史》言：「秦博士官之書特別不禁，伏生爲秦博士，不必壁藏也。」按：此說未必然。錢穆〈兩漢博士家考〉云：「伏生治《尚書》爲秦博士，此當在秦始皇三十四年前；及焚書議起，偶語《詩》《書》有禁，豈伏生尚得以《尚書》學而爲秦博士哉？」既不得爲博士而歸魯，藏其家之竹帛於壁，亦人情之常。故疑經惑古者如崔東壁，亦未否認伏生壁藏之學；呂思勉雖力斥伏生以二十九篇教之誣，並謂孔壁之《書》不可信；然於壁藏，亦未一概抹殺。其《燕石札記》「孔壁」條曰：「壁藏《詩》《書》，秦、漢間既有此事，魯國自亦有其人；既有壁藏《詩》《書》之人，自當有壞壁得《書》之事。魯共王好治宮室，或亦嘗壞人之室以廣其宮，至於曾否得《書》，恐必難於究詰。」云。

(8) 〔瀧川本正義〕孔子纂《尚書》，上斷於堯，下訖于秦，凡百篇，而爲之序，言其作意。秦燔書禁學，濟南‧伏生獨壁藏之。漢興，求得二十九篇，以教齊、魯之間。訖孝宣代，有歐陽、大小夏侯氏，立於學官。《七錄》云：「魯恭王時，壞孔子舊宅，得古文《尚書》。孔安國爲之《傳》，以隸古寫之，凡五十八篇；其餘錯亂磨滅，不可復知。至漢明帝並傳，歐陽氏《書》獨擅一代，三家至西晉並亡。今古文孫氏鄭玄《注》云：『列於國學也。』」〔新校注〕秦本「兵」作「丘」，誤。

〔會注考證〕王先謙曰：「此〈藝文志〉所云經二十九篇也。今文本有〈泰

誓〉，董仲舒、司馬相如所引是也。馬、鄭諸人，以爲民間後得〈太誓〉者
非。」愚按《正義》所引《七錄》「孫氏」二字有誤；或云，當作「孔氏」。
〔疏證〕瀧川本《正義》，「《七錄》云」之前，摘自《漢書·藝文志》，惟「漢
興」下脫「亡失」二字，改孝宣「世」爲「代」而已。伏壁藏《書》，言人
人殊。或以《史記》《漢書》，皆未及〈大誓〉後得事；而諸家徵引，在向、
歆所謂後得之前者甚多。故主伏壁實得二十九篇。王引之、王先謙之屬是
也。或以馬融之《書》與鄭玄《書論》，謂〈大誓〉得自民間；其得《書》
之時，據《別錄》云，爲武帝末年；司馬遷見〈大誓〉而入於伏生所傳內，
而伏生所得，實僅二十八篇。此說有孔穎達〈書序疏〉倡之於前；王應麟
《漢書藝文志考證》和之於後，近人呂思勉更推其波瀾，其《燕石札記》
有〈大誓後得〉一篇，謂「古人經傳不別，後得以前，〈大誓〉固不存於經，
然未嘗不見於傳。」故漢人徵引〈大誓〉在後得之前，未足怪也。或以伏
生壁藏，並無亡失。清·劉光蕡《漢書藝文志注》云：「始皇三十四年焚書，
三十七年崩；二世立三年，秦亡；又五年，天下定於漢。伏生自藏之，自
啓之，何至遺失？且失亡即俱失亡，何獨得二十八篇？」因謂「二十八篇
即夫子所手定。」或以伏生之《書》，皆係口授，〈僞孔安國尚書序〉所謂：
「濟南·伏生，年過九十，失其本經，口以傳授，裁二十餘篇，以其上古
之書，謂之《尚書》。」四說互異，莫衷一是。竊以古事有不可盡知者，此
其一例；故備引四說，存而勿論也。

（9）〔疏證〕申培公以魯《詩》名於時，而其弟子孔安國、周霸皆通《尚書》者，
即此之故也。

（10）〔集解〕駰案：《漢書》曰：「字和伯，千乘人。」（瀧川本無「駰案」二字。）
〔新校注〕《隋志》作伏生授張生，張生授歐陽生，與此不同。盛百二云：「《隋
志》誤衍『張生授』三字，當以此文爲定。」森楷案：歐陽和伯如果受業伏
生，則亦當是秦、漢間人，而倪寬猶及從之授業，則歐陽生壽亦高矣。
〔會注考證〕《漢書·藝文志》云：「《尚書歐陽章句》三十一卷。」今亡。
〔疏證〕按：《釋文·敘錄》云：「《尚書》，伏生授千乘·歐陽生，生授倪寬。」
鄭康成〈尚書大傳序〉亦云：「伏生至孝文時，年且百歲，歐陽生、張生從
學焉。」參以《史、漢·儒林傳》，張生、歐陽生當是同學，非師生也，《隋
志》「張生授」當是衍誤。張生濟南人，爲《尚書》夏侯學之所從出。《漢書·
儒林傳》謂「張生爲博士」，又謂「夏侯勝其先夏侯都尉從濟南·張生受《尚
書》」者是也。歐陽生，字和伯，千乘人。漢有千乘郡，今山東高苑、青城、

蒲臺、博興諸縣一帶是其地也。又有千乘縣，今山東高苑縣北部是其地也。《漢書・藝文志》有《歐陽章句》三十一卷、《歐陽經》三十二卷。莊述祖《載籍足徵錄》云：「其一卷無章句，蓋序也。《歐陽章句》今亡，阮孝緒《七錄》云：『三家至西晉並亡，其說見於《義疏》。』所謂三家即歐陽、大小夏侯也。

（11）〔疏證〕蓋同郡也，《隋志》正作「歐陽生授同郡倪寬。」

（12）〔新校注〕《漢書・兒寬傳》作「以郡國選」四字，意同。

（13）〔新校注〕《漢書・兒寬傳》「受業」二字不重。

〔疏證〕此即公孫弘所謂：「郡國縣道邑有好文學，敬長上，肅政教，順鄉里，出入不悖所聞者，令、相、長、丞，上屬所二千石；二千石謹察可者，當與計偕詣太常，得受業如弟子。」者也。

（14）〔索隱〕謂兒寬家貧，為弟子造食也。何休注《公羊》：「爨烹為養。」案：有廝養卒：廝，掌馬；養，造食也。

〔新校注〕中統本、游本，「資」作「貲」，通用。《漢書・兒寬傳》「常」作「嘗」。

〔會注考證〕《漢書・倪寬傳》，不重「受業」二字。顏師古曰：「都，凡眾也；養，主給亨炊者也。」

〔疏證〕按《漢書・倪寬傳》「常」作「嘗」；師古《注》「亨」原作「烹」。蓋皆通用。

（15）〔新校注〕《漢書・兒寬傳》祇「時行賃作」四字，餘無文。

（16）〔新校注〕《漢書・兒寬傳》作「休息輒誦讀」。

（17）〔新校注〕《漢書・兒寬傳》作「帶經而鉏」，師古無注。考《說文》：「鉏，立薅所用也。」通作鋤。〈賈誼傳〉「借父耰鉏」是也。蓋治田具。寬貧時行傭賃，常為都養，誠然作勞，但在學官受業，執學官之役則可，若出庠序而事耕耘，非力所能及矣。《史》文是，《漢・傳》非。若其入官，則初射策為掌故，用功次補廷尉卒史，元是二事，《史》乃誤混為一，既漏其射策得之掌故，而廷尉史官名亦不全具，當依《漢》補為得。

〔會注考證〕〈倪寬傳〉云，「以射策為掌故，次補廷尉文學卒史。」愚按：文學卒史，主行文書。

〔疏證〕《史記》「行常帶經，止息則誦習之。以代第次，補廷尉史。」《漢書・倪寬傳》作「帶經而鉏，休息輒讀誦，其精如此。以射策為掌故，功次補廷尉文學卒史。」其優劣具見《新校注》。《後漢書・百官志》注引《漢官》

曰：「廷尉員吏百四十人，其十一人四科，十六人二百石廷吏，文學十六人
百石，十三人獄史，二十七人佐，二十六人騎吏，三十人眑佐，一人官醫。」
〈倪寬傳‧注〉：「卒史秩百石」，卒史蓋文學卒史之誤。參見第七節注 40。
郭嵩燾《史記札記》卷五下云：「案據此是博士弟子以試次第補廷尉史，不
獨左、右史大行卒史而已。蓋由公孫弘試補博士弟子爲吏，而請曹吏，員吏
皆得試補矣。」

（18）〔新校注〕《漢書‧兒寬傳》敘寬得奏讞掾事甚詳，而由「湯由是向學」，則
是被動，非自動也。此文云云，乃似湯所自動，非事實也。

〔疏證〕《漢書‧兒寬傳》言其事曰：「廷尉時有疑奏，已再見卻矣。掾史莫
知所爲，寬爲言其意，掾史因使寬爲奏，奏成，讀之皆服，以白廷尉湯。湯
大驚，召寬與語，乃奇其材，以爲掾；上寬所作奏，即時得可。異日湯見。
上問曰：『前奏非俗吏所及，誰爲之者？』湯言兒寬。上曰：『吾聞之久矣。』
湯由是鄉學。」奏讞掾，廷尉屬官。《說文》：「掾，緣也。」段玉裁《注》：
「《漢官》有掾屬，正曰掾，副曰屬。《漢舊注》：『東、西曹掾比四百石；餘
掾比三百石；屬比二百石。』此等皆翼輔其旁者也，故曰掾。」按：段氏引
《漢舊注》，《後漢書‧百官志》「太尉」條之下亦引之，蓋公卿皆有掾屬，
非獨太尉有之也。《後漢書‧百官志》云；「廷尉，掌平獄，奏當所應，凡郡
國讞疑罪，皆處當以報。」胡廣曰：「讞，質也。」故廷尉之掾曰奏讞掾也。
又按：張湯，杜陵（陝西長安縣內）人。少習吏文，田蚡爲相，徵湯爲吏。
治陳皇后巫蠱獄，深竟黨與，上以爲能，遷大中大夫。漢武帝元朔三年（西
元前 126 年）爲廷尉，歷五年遷。

（19）〔新校注〕《漢‧傳》「議」作「義」，無「大」字。

〔疏證〕兒寬以古何法決何疑獄，史未詳之。《漢書‧雋不疑傳》載：始元元
年有男子自稱衛太子，詣北闕；吏者、聚觀者數萬人，丞相等亦至，莫敢發
言；京兆尹不疑後到，叱從吏收縛，曰：「昔蒯聵違命出奔，輒距而不納，《春
秋》是之；衛太子得罪先帝亡，不即死，今來自詣，此罪人也。」天子與大
將軍霍光聞而是之，曰：「公卿大臣當用經術，明於大誼。」用古法決大獄，
此其例也。

（20）〔新校注〕《漢書‧兒寬傳》「持」作「將」，《注》云：「將，衛也。」于義
較長。

〔會注考證〕〈倪寬傳〉「自持」作「自將」，師古曰：「將，衛也。」

（21）〔新校注〕《漢書‧兒寬傳》「著書」作「屬文」。下亦云「敏於文」，則書其

公文類歟。

〔疏證〕著書之書爲名詞；書奏之書爲動詞。《漢書・藝文志・儒家》有「《兒寬》九篇」；又兒寬所書之奏議，《漢書》本傳有〈議封禪對〉一篇、〈封泰山還登明堂上壽〉一篇，〈律歷志〉有〈改正朔議〉一篇。

（22）〔新校注〕《漢・傳》作「然儒於武」，無「書奏敏於文」句。

〔疏證〕《論語・子路篇》：「剛、毅、木、訥，近仁。」〈公冶長篇〉：「巧言、令色、足恭，左丘明恥之，丘亦恥之。」又云；「禦人以口給，屢憎於人，不知其仁。」故兒寬木訥，湯謂之長者也。楊樹達《漢書窺管》卷六：「《鹽鐵論・刺復篇》云：『曹丞相日飲醇酒，兒大夫閉口不言。』」

（23）〔新校注〕《漢書・兒寬傳》作「舉侍御史，見上，語經學，上說之。」較此文質實。

〔疏證〕《後漢書・百官志》：大司空（即御史大夫）有「掾屬二十九人。」《漢官目錄》云：「二十四人。」張湯由廷尉遷御史大夫在元狩三年（西元前 120 年）。

（24）〔集解〕徐廣曰：「元狩元年。」

〔新校注〕李、王、秦、湖、《評林》、凌、余、殿、局、石本「封」作「狩」，案：張湯死，紀、表皆在元鼎二年，則是元狩元後七年，元封元前六年也，各本並誤「元狩」，今從蜀、衲、元、游、金陵本正。

〔會注考證〕《集解》「元狩」當作「元封」。

〔疏證〕張湯爲丞相長史朱買臣、王朝、邊通三人所陷，下獄，自殺，時在漢武帝元鼎二年（西元前 115 年）。其後六年，即元封元年（西元前 110 年），兒寬爲御史大夫。

（25）〔新校注〕梁玉繩云：「『九』當作『八』，〈百官表〉：『元封元年寬爲御史大夫，八年卒。太初三年正月延廣爲御史大夫。』則寬必以二年卒矣，適符八年之數，不及九年。此『九』字誤，《漢・傳》亦承此誤。」

〔會注考證〕〈倪寬傳〉作「居位九歲，以官卒。」王先謙曰：「表作八年卒。案：太初三年正月，延廣爲御史大夫，則八年是也。〈武紀〉書寬卒於太初二年十二月，尤居位八年之確證。」

〔疏證〕案：漢初以十月爲歲首；武帝太初元年，正曆法，以正月爲歲首。言八年者，遵新曆也；言九年者，從故曆也。兒寬卒於太初二年（西元前 103 年）十二月，從新曆十二月屬太初二年，從舊曆則是太初三年矣。然究以遵新曆作「八年」爲是也。

（26）〔新校注〕《漢書・兒寬傳》：「和良承意從容得久」作「稱意任職故久」，匡
諫於官之「官」作「上」，無「不爲盡力」句，餘同。王念孫云：「从容即从
諛也。諛、容一聲之轉，或謂當作『從諛』者，非。」

〔會注考證〕王念孫曰：「從容者，從諛也。言承意從諛，故得久居其位也。
〈汲黯傳〉：『從諛承意』，其證。」顏師古曰：「易，輕也。」愚按：於官之
官，楓山本作「朝」，〈倪寬傳〉作「上」。

〔疏證〕自「歐陽生教千乘・兒寬」至此，《漢書・儒林傳》皆刪去，另敷演
其文爲〈兒寬傳〉，在《漢書》卷五十八。

（27）〔新校注〕《漢・傳》「不能明也」作「弗能明定」。

〔疏證〕《漢》改作「弗能明定」，於義較長。弗能明定者，亦衛宏〈詔定古
文尚書序〉所云：「錯所不知者，凡十二三，略以其意屬讀而已」之意也。
參閱本節注6。

（28）〔新校注〕《漢・傳》「事」作「云」，無「孔安國」名。

〔會注考證〕此謂周霸、孔安國、賈嘉三人通今文，下別敍孔氏有古文起自
安國。《漢書・儒林傳》，削孔安國三字，失史遷原意。顏師古曰：「嘉者，
賈誼之孫。」

〔疏證〕王國維〈漢魏博士題名考〉云：「安國本治魯《詩》，亦兼治《尚書》
者，太史公所謂：『伏生得二十九篇，即以教於齊、魯之間，學者由是頗能
言《尚書》，諸山東大師無不涉《尚書》以教者。』故周霸以申公弟子頗能
言《尚書》；安國亦以申公弟子爲《尚書》博士也。〈兒寬傳〉：『寬受業歐陽
生，復詣博士受業，受業孔安國。復以授歐陽生子。』是安國爲《尚書》博
士之證。又安國之傳，再傳而復爲歐陽；此又其傳今文《尚書》之證也。其
所得古文《尚書》，自傳於家，非博士職所當授也。」按：《尚書》今、古文
之辨將詳以下各注，茲不贅。雒陽・賈嘉，賈誼之孫也。《漢書・賈誼傳》：
「武帝初立，舉賈生之孫二人，至郡守。賈嘉最好學，世其家。」雒陽，即
洛陽。漢以火德興，而水剋火，故改洛爲雒；曹魏復改雒爲洛。故地在今洛
陽之東北。《漢書・地理志》河南郡，縣二十二，有「雒陽」。

（29）〔新校注〕古文《尚書》與今文諸《尚書》對立，自成一家法，當提行特起。
而自蜀本以下，無不屬上爲文，非也。《漢書》尚以「孔氏」提起，別爲一
行，可見漢代家法相傳如此。今依金陵本特起提行。《漢・傳》「而」作「孔」，
「今文」下有「字」字。

〔疏證〕段玉裁《古文尚書撰異》云：「漢謂《尚書》爲古文，太史公十歲則

誦古文，亦謂《尚書》也，非必孔壁出者乃爲古文矣。」似謂伏生所傳，孔氏所有，皆古文也。特伏生以齊語讀之，孔氏以今文讀，此其不同耳。錢穆〈兩漢博士家法考〉更以「古文在漢時乃《五經》之通稱」。因謂兩漢經學「無今文、古文之分」「有今學、古學之辨」。錢氏以古、今文之分，起於劉歆請建《左氏春秋》《毛詩》《逸禮》《古文尚書》。歆力言所請建者皆古文舊書者，非目先所立者爲今文，乃明已所請建者與先所立皆爲古文，實同類耳。此其所以謂「無今文、古文之分」也。歆之責斥漢廷諸博士者，皆譏切章句之學。章句之業盛，遂使學者罷老不能究一藝也。治章句者爲今學；不治章句者，則爲古義，即古學也。此其所以曰「有今學、古學之辨」也。按：史遷特言孔氏有「古文」《尚書》，則伏生壁藏之《尚書》非古文可知。錢氏力言「古文在漢時乃《五經》之通稱」，而主「無今文、古文之分」。恐或矯枉過正。許愼《說文解字・敘》：「魯恭王壞孔子宅，而得《禮記》、《尚書》、《春秋》、《論語》、《孝經》，又北平侯張蒼獻《春秋左氏傳》，郡國亦往往於山川得鼎彝，其銘即前代之古文，皆自相似。」又云：戰國時「言語異聲，文字異形，秦始皇帝初兼天下，丞相李斯乃奏同之，罷其不與秦文合者。斯作《倉頡篇》，中車府令趙高作《爰歷篇》，大史令胡毋敬作《博學篇》，皆取史籀大篆，或頗省改，所謂小篆者也。」按安國爲孔子之後，其所有者似爲與「鼎彝」相似之「古文」；伏生爲秦之博士，其所藏者似爲「頗有省改」之「小篆」。史遷因別稱孔氏所有者爲「古文《尚書》」也。

（30）〔索隱〕案孔臧與安國書云：「舊《書》潛於壁室，歘爾復出，古訓復申，臧聞《尚書》二十八篇，取象二十八宿，《河圖》乃有百篇矣！知以今文譬古，篆隸推科斗，以定五十篇，並爲之傳也。」〈藝文志〉曰：「安國悉得其《書》，以考二十九篇，得多十六篇。」起者，謂起發以出也。

〔新校注〕王引之云：「『因以起其家』爲句，『逸書』二字連下讀。起，興起也；家，家法也。謂古文家法自孔氏興起，非謂發書以出也。逸《書》已自壁中出，何又有『起發以出』邪？」案：此即今眞古文、僞古文之爭之所由起也。梁玉繩《史記志疑》頗引證之，而云詳見疏證及後辨，則以昔今人于此爭點冗多，而以二書爲最詳，故發其端而不竟其委，以不可勝竟也。予于此亦云然，並梁說亦不載，非敢荒經也。經學仍于經書求之，史固不能兼舉而並包爾。《漢・傳》「滋」作「茲」。《索隱》石本、殿本「孔臧與安國」下挩一「書」字；「河圖」當作「何圖」，各本並誤。

〔會注考證〕何焯曰：「起其家，似謂別起家法。」王引之曰：「當讀『因以

起其家』爲句，『逸書』二字，連下讀。起，興起也；家，家法也。漢世《尚書》，多用今文。自孔氏治古文經，讀之說之，傳此教人，其後遂有古文家。是古文家法，自孔氏興起也。《漢書・藝文志》云：『凡《書》九家。』謂孔氏《古文》，伏生《大傳》，歐陽、大小夏侯說，及劉向《五行傳》，許商《五行傳記》，《逸周書》，《石渠議奏》也。是古文《尚書》自爲一家之證。」梁玉繩曰：「孝景時，魯共王壞孔子宅，得古文《尚書》。其後孔安國得以讎二十九篇，多十六篇，亦稱二十四篇。蓋分出九共八篇數之；又分出伏生所合者五篇爲五十八篇。四十五卷，加〈序〉爲四十六卷。建武之際亡〈武成〉，止五十七篇；魏、晉時已不行，惟秘府有之。永嘉之亂，秘府書亦亡。至元帝時，豫章內史汝南梅賾，忽奏上古文《尚書》，增多二十五篇，即今所讀者。于是眞僞相雜，今、古混編，此吳澄所以作《書纂言》也。孔〈序〉及《傳》皆僞作，且安國未嘗獻《書》。荀《紀》于成帝三年云：『武帝時，孔安國家獻之，會巫蠱（瀧川誤作「蟲」，今正。）事，未列于學官。』《漢書・藝文志》、〈楚元王傳〉，缺『家』字，直以爲安國獻之。則史稱安國早卒，何能及天漢後巫蠱事起時乎？若夫藏書之人，《東觀漢紀》及《漢紀》，尹敏云『孔鮒』；《隋志》及《史通・古今正史篇》《釋文》云『孔惠』；《家語》云『孔騰』，是安國祖子襄。疑子襄近之。余參稽而撮其如此，其詳則有《尚書疏證》及《後辨》在。」

〔疏證〕《漢書・藝文志》言得逸《書》之事曰：「武帝末，魯恭王壞孔子宅，欲以廣其宮，而得古文《尚書》及《禮記》《論語》《孝經》，凡數十篇，皆古字也。共王往入其宅，聞鼓琴瑟鐘磬之音，於是懼，乃止不壞。」《隋書・經籍志》所敘亦相似。其事頗怪異，疑均爲附會之談也。呂思勉駁之甚詳，見《燕石札記》「孔壁」條。

第十二節　《禮》之傳受

諸學者多言《禮》，而魯・高堂生最本。(1)《禮》固自孔子時，而其經不具。(2) 及至秦焚書，書散亡益多。於今獨有《士禮》，高堂生能言之。(3) 而魯・徐生善爲容。(4) 孝文帝時，徐生以容爲禮官大夫。(5) 傳子，至孫徐延、徐襄。襄其天姿善爲容，不能通《禮經》；延頗能，未善也。(6) 襄以容爲漢禮官大夫，至廣陵內史。(7) 延及徐氏弟子公戶滿意、(8) 桓生、單次，(9) 皆嘗爲漢禮官大夫；(10) 而瑕丘・蕭奮，以《禮》爲淮陽太守。(11) 是後能言《禮》

為容者，由徐氏焉。

（1）〔新校注〕《禮》本自為一經，而又有《士禮》、《周禮》、《大、小戴記》之別，亦非一家注，當自為門類，各明著其源流，以見家法。各本乃皆屬上為文，幾在附庸之列，非所以為儒林之誼。《漢書》自為一類，提行特起，甚是。舊刻槧不知此，獨金陵本提行，與《漢·傳》同，今從之。

〔疏證〕漢初叔孫通定朝儀；武帝時，趙綰、王臧議立明堂，而薦申公；〈封禪書〉，徐偃曰「太常諸生行禮不如魯善」；皆學者多言禮之證也。高堂生，複姓高堂，字伯，一說字伯人。云生者，亦先生省字呼之耳。賈公彥序《周禮》興廢云：「漢興，至高堂生博士傳十七篇。」則高堂生嘗為博士。郭嵩燾《史記札記》卷五：「漢初惟高堂生傳《禮》十七篇。《曲臺禮》本晚出，至戴德刪古禮二百四篇為八十五篇為《大戴禮》；戴勝又刪為四十九篇為《小戴禮》；馬融、盧植傳其書以至鄭康成；而《周官經》至王莽時劉歆始列入學官，是以史公言禮尤略。」

（2）〔新校注〕「禮」字屬上句；「固」疑當作「禮」。

〔疏證〕《論語·八佾篇》：「子曰：『夏禮吾能言之，杞不足徵也；殷禮吾能言之，宋不足徵也；文獻不足故也。足，則吾能徵之矣。』」《史記·孔子世家》引之，云故「《禮記》自孔氏」。此「《禮》固自孔子時」，意正同也。《禮經》有三，《周禮》、《儀禮》、《禮記》是也。《周禮》原名《周官》，賈公彥曰：「以設位言之，謂之《周官》；以制作言之，謂之《周禮》。」鄭樵〈六經奧論·周禮辨〉曰：「《周禮》，或謂文王治岐之制，或謂成周理財之書，或謂戰國陰謀之書，或謂漢儒附會之說，或謂末世瀆亂不驗之書。」《儀禮》又名《曲禮》，朱子曰：「今按《禮經威儀》，劉向作《禮經曲禮》，而《中庸》以《禮經》為《禮儀》，鄭玄等曰《禮經》即《周禮》，《曲禮》即今《儀禮》。」永嘉·張忠甫〈儀禮識誤序〉云：「疑後漢學者，見十七篇中有儀有禮，遂合而名之。」《禮記》為仲尼弟子及漢儒所記，孔穎達《禮記正義·序》云：「上自游、夏之初，下終秦、漢之際，其間歧塗詭說，雖紛然競起；而餘風曩烈，亦時或獨存於是博物通人，知今溫古，考前代之憲章，參當時之得失，俱以所見，各記舊聞，錯總鳩聚，以類相附。《禮記》之目，於是乎在。」《漢書·藝文志》云：「及周衰，諸侯將踰法度，惡其害己，皆滅去其籍，故孔子時而不具。」是《三禮》，或晚出，其在孔子之前者，又為諸侯滅去其籍，故皆不具也。

（3）〔瀧川本正義〕謝丞云：「秦代有魯人高堂伯人也。」〈藝文志〉云：「《易》
曰：『有夫婦、父子、君臣、上下，禮義有所錯。』而帝王質文，世有損益，
至周，曲爲之防，事爲之制。故曰：『《禮經》三百，威儀三千。』及周衰，
諸侯將踰法度，惡其害己，皆滅去其籍。自孔子時而不具，至秦大壞。漢
興，魯·高堂生，《士禮》十七篇，訖孝宣代，后蒼最明，戴德、戴聖、慶
普，皆其弟子，三家立於學官。」《七錄》云：「自後漢諸儒多小戴訓，即
今《禮記》是也。後又作《曲臺記》，而慶氏傳之，並亡。大戴立於國學。
又古經出魯淹中，皆書周宗伯所掌五禮威儀之事，有五十六篇，無敢傳者。
後博士傳其書得十七篇，鄭玄《注》。今之《儀禮》是也，餘篇皆亡。《周
官》六篇，周代所理天下之書也，鄭玄《注》。今二經立於國學。案《禮經》，
《周禮》也；《威儀》，《儀禮》也。」

〔新校注〕《漢·傳》並上「諸學者」起至「能言之」四十六字爲「漢興，
魯·高堂生傳《士禮》十七篇。」十一字。梁玉繩云：「《漢書》志、傳皆
云高堂生傳《士禮》十七篇，即本于此，然據今書數之，則〈燕禮〉、〈聘
禮〉、〈大射禮〉、〈公食大夫禮〉、〈覲禮〉五篇爲諸侯之禮；〈喪服〉一篇並
包天子言之，不得但目爲《士禮》；則眞爲《士禮》者祇十一篇耳，疑今《儀
禮》非高堂原本，或其所傳不止《士禮》耶！」

〔會注考證〕梁玉繩曰：「《漢書》志、傳，皆言高堂生傳《士禮》十七篇，
即《儀禮》也。而今書若〈燕禮〉、〈大射〉、〈聘禮〉、〈公食大夫〉、〈覲禮〉
五篇，皆諸侯之禮；〈喪服〉一篇，總包天子已下之服制，則所云《士禮》
者十一篇耳，疑今《儀禮》非高堂元本，或所傳實不止于《士禮》耶。」

〔疏證〕瀧川本《正義》，引「謝丞云」「〈藝文志〉云」「《七錄》云」三條，
今各本《史記》三家注合刊本並無。按「謝丞云」一條，王應麟《漢書藝
文志考證》引之，作「《史記正義》謝承云」；「《七錄》云」一條，張金吾
〈兩漢博士考〉引之，作「《史記正義》引《七錄》曰」。是此三條《史記
正義》本有之，三家注合刊時刪去，而瀧川據彼邦古鈔本復得之也。考瀧
川本《正義》「《七錄》云」一條，有「後博士傳其書得十七篇」之言。博
士者，高堂生也，賈公彥序《周禮》興廢言「至高堂生博士傳十七篇」，可
爲明證。今本《七錄》及諸家所引皆誤「傳其書」爲「侍其生」。張金吾〈兩
漢五經博士考〉直誤以「侍其生」爲西漢博士姓名；皮錫瑞《經學通論》，
亦謂「侍其生不知何時人」。皆不悟「侍其生」特爲「傳其書」傳寫之誤，
實無其人也。若非瀧川據彼邦古鈔本得其正，則沿誤千年，積非成是，將

永無訂正之日。瀧川本存此條，已足以不朽矣；又《會注考證》引梁玉繩云今《儀禮》「云《士禮》者十一篇」，而王應麟則以「今《儀禮・士禮》有〈冠〉、〈昏〉、〈相見〉，〈喪〉、〈夕〉、〈虞〉、〈特牲〉，〈饋食〉七篇。他皆天子、諸侯、卿大夫禮。」較梁說猶少四篇。梁氏蓋以〈鄉飲酒〉、〈鄉射〉、〈少牢饋食〉、〈有司徹〉四篇皆士禮故也。茲檢《儀禮》鄭《注》：〈鄉飲酒〉為諸侯獻賢能於君，君與之飲酒禮；〈鄉射〉為州長春秋會民而射之禮；〈少牢〉為諸侯之卿大夫祭祖之禮；〈有司徹〉為少牢之下篇；四篇皆非《士禮》。王是，梁氏蓋偶疏也。

（4）〔索隱〕《漢書》作「頌」，亦音容。（瀧川本下多一「也」字。）

〔瀧川本正義〕言善為容儀。

〔會注考證〕沈欽韓曰：「《新書》卷六，有〈容經〉，此為容者所誦習也。《禮・玉藻、少儀》，亦有說容，知其有名家也。」

〔疏證〕郭嵩燾《史記札記》卷五：「案禮容亦入《儀禮》，升降酬酢之節皆容也，即《曲禮》《弟子職》諸書亦多傳禮容，漢初傳《儀禮》者兼習其文謂之容。蘇林《漢書注》引《漢舊儀》『有二郎為此容貌威儀。徐氏後有張氏，天下郡國有容史皆詣魯學之。』則徐氏之流傳亦遠矣，〈孔子世家贊〉：『諸生以時習禮其家』，所習者，此也。茅坤謂『以容為禮，禮之亡也，太史公獨挈而著之！』所見甚陋。」按：《說文》儒為「術士之稱」；胡適〈說儒〉一文云：「儒是殷民族的教士，儒的生活，以治喪相禮為職業。」（見《中央研究院歷史語言研究所集刊》第四本第三分冊）觀魯諸儒執孔氏禮器往歸陳王；叔孫通徵魯儒生共定朝儀；徐偃謂太常諸生執禮不如魯善，及此魯・徐生善為容諸事，胡適之言，非無據也。蓋儒者本以「執禮為容」為業，孔子始大之，以六藝教民，禮容乃為「小人儒」事。《論語・雍也篇》，子謂子夏曰：「女為君子儒；毋為小人儒。」漢自叔孫通定朝儀迺知為皇帝之貴後，頗重禮儀，《漢書窺管》卷九：「樹達按：〈龔遂傳〉：遂勸昌邑王：『坐則誦《詩》《書》，立則習禮容。』知漢世尚重禮容也。」

（5）〔疏證〕沈欽韓云：「博士大夫皆禮官也。」故徐生連稱禮官大夫也。

（6）〔新校注〕《漢・傳》「天姿」作「姿性」；省「通禮經」之「禮」字。

〔疏證〕蓋皆「小人儒」也。

（7）〔新校注〕《漢・傳》省「禮官」二字。

〔疏證〕廣陵，漢・劉氏子弟國。地在今江蘇江都、儀徵、高郵、寶應一帶。內史解已見前。

（8）〔索隱〕公戶姓，滿意名也。鄧展云：「二人姓氏。」非也。

〔新校注〕錢大昕曰：「《公羊傳》有公扈氏，公戶，疑即公扈也。」

〔會注考證〕錢大昕曰：「《公羊傳》有公扈氏，公戶，疑即公扈也。」

〔疏證〕《公羊·昭公三十一年傳》：「公扈子者，邾婁之父兄也。」又《列子·湯問》亦有公扈：「魯·公扈，趙·齊嬰二人有疾。」按：戶、扈通。《書·甘誓》「有扈氏」，《史記·夏本紀》作「有戶氏」；《莊子·大宗師》有「子桑戶」，《楚辭·涉江》作「子桑扈」。錢大昕以爲「公戶」即「公扈」，甚是。

（9）〔索隱〕單音善，單姓次名。

〔新校注〕「桓」一本誤「恆」。

〔會注考證〕沈欽韓曰：「劉歆〈移太常書〉所謂魯國·桓公也。」

〔疏證〕劉歆〈移太常書〉曰：「逸《禮》有三十九，《書》十六篇，及《春秋》左氏邱明所修，皆古文舊書，藏於秘府，伏而未發。孝成皇帝閔學殘文缺，稍離其眞，乃陳發秘藏，校理舊文，得此三事，以考學官。所傳經或脫簡，傳或閒編。傳問民間，則有魯國·桓公，趙國·貫公，膠東·庸生之遺學與此同。」按：貫公從賈誼受《左傳》，爲河間獻王博士；庸生名譚，習《尚書》，爲孔安國之再傳；桓公則此桓生也。劉歆《七略》曰：「禮家先魯有桓生說經頗異。」

（10）〔新校注〕《漢·傳》無「常」字。

〔會注考證〕楓山本「常」作「嘗」。

（11）〔集解〕徐廣曰：「屬山陽。」（瀧川本「屬止陽」上有「瑕丘」，下有「也」字。）

〔新校注〕「瑕」字毛本作「段」，殿本作「服」，並誤；今參校各本及金陵本正。

〔疏證〕按：殿本作「瑕」不誤。瑕丘，漢縣，地在今山東滋陽縣之西。亦爲複姓，鄭樵《通志·氏族略》以邑爲氏：「瑕丘氏，姬姓。《風俗通》：魯桓公庶子，食采瑕丘，漢有瑕丘·申陽。」是也。淮陽，漢·劉氏子弟國，地在今河南省東境鹿邑，淮陽、太康、扶溝、杞、柘城一帶。

第十三節 《易》之傳受

自魯·商瞿受《易》孔子，（1）孔子卒，商瞿傳《易》六世，至齊人田何字子莊，（2）而漢興。田何傳東武人王同子仲；（3）子仲傳菑川人楊何。（4）何以

《易》元光元年徵，官至中大夫。(5) 齊人即墨成，以《易》至城陽相。(6) 廣川人孟但，以《易》為太子門大夫。(7) 魯人周霸，(8) 莒人衡胡，(9) 臨菑人主父偃，(10) 皆以《易》至二千石。(11) 然要言《易》者，本於楊何之家。(12)

(1)〔索隱〕案：商姓，瞿名，字子木，瞿音劬。

〔新校注〕各本「自魯」屬上為文，獨金陵本提行，與《漢·傳》合，舊鈔本同，今從之。《漢·傳》注云：「商瞿姓也。」《索隱》不從，而云商姓瞿名，豈以商瞿複姓，于世少見邪？今兩存其說，以期讀者審定。

〔疏證〕孔子之於商瞿，其關係史籍殊多異說。《史記·仲尼弟子列傳》有商瞿，曰：「商瞿，魯人，字子木，少孔子二十九歲，孔子傳《易》於瞿。」。是商瞿為孔子弟子也。而《易緯·乾坤鑿度》曰：「孔子附仲尼，魯人，生不知《易》本，偶筮其命得旅，請益於商瞿氏。」是商瞿為孔子之先輩也。錢穆嘗舉六事言孔門傳《易》之不可信，詳見其《先秦諸子繫年考辨》三〇〈孔門傳經辨〉，蓋有以也。

(2)〔索隱〕案：《漢書》云：商瞿授東魯·橋庇子庸；子庸授江東·馯臂子弓；子弓授燕·周醜子家；子家受東武·孫虞子乘；子乘授何；六傳也。〈仲尼弟子傳〉作：瞿傳馯臂子弘，弘傳江東人矯子庸疵；疵傳燕人周子家豎；豎傳淳于人光子乘羽；羽傳齊人田子莊何。與《漢書》不同。馯音寒，庇音必利反，疵音自移反。（瀧川本《索隱》頗有脫誤，見《疏證》。）

〔新校注〕《漢·傳》「莊」作「裝」。《索隱》「六傳也」，衲、王、秦本「傳」作「代」，誤。「周子家豎」，王、監、殿、局、石本「豎」作「堅」；此從衲、秦、李、湖、凌、《評林》本作「豎」。堅、豎形近，醜、豎音近，未知孰是。

〔會注考證〕《漢書·儒林傳》云：「及秦禁學，《易》為筮卜之書，獨不禁，故傳受者不絕也。」崔適曰：「瞿少孔子二十九歲，是生於魯昭公十九年，至漢皇九年，徙齊·田氏關中，計三百二十六年，是師弟之年，皆相去五十四五，師必踰七十而傳經，弟子皆十餘而受業，乃能幾及，其可信邪？」

〔疏證〕瀧川本《索隱》引《漢書》，較殿本少「子乘授何；六傳也。」七字。「〈仲尼弟子傳〉作」以下，僅有「淳于人光羽子乘，不同也；子乘授田何子裝，是六代孫也。」二十二字，他皆脫落矣。《新校注》本亦略有訂正，茲悉依殿本不改。《漢書·儒林傳》與《史記·仲尼弟子列傳》言《易》之傳受，不但姓名里居不同，傳受先後亦互異，恐不可深信。崔適《史記

探源》駁之甚是。王應麟《漢書藝文志考證》引晁氏曰：「漢之《易》家，蓋自田何始，何而上未嘗有書。管輅謂『《易》安可注』者，其得先儒之心歟！」又晉·皇甫謐《高士傳》云：「惠帝時，何年老家貧，守道不仕，帝親幸其廬以受業，終爲《易》者宗。」《藝文類聚·隱逸門》亦言「田生菅床茅屋，不肯仕宦，惠帝親自往，不出屋。」事不見正史，蓋傳說然也。

（3）〔新校注〕《漢·傳》「仲」作「中」。

〔會注考證〕《漢書·儒林傳》，「田何」下補「以齊·田徙杜陵，號杜田生」十字；「子仲」下補「雒陽·周王孫、丁寬、齊服生，皆著《易傳》數篇。」十六字；「子仲」作「子中」。《藝志》云：「《易傳王氏》二篇，名同。」

〔疏證〕東武，漢縣名，屬琅邪郡，地在今山東省諸城縣。《漢書·藝文志》有《易傳王氏》二篇；王應麟《考證》引晁氏曰：「漢《易》家著書自王同始。」

（4）〔索隱〕案：田何傳東武·王同，傳菑川·楊何。（瀧川本「王同」下，重一「同」字，甚是。）

〔新校注〕有更爲「同」字，誤脫字。

〔會注考證〕《漢書》云：「楊何字叔元。」〈史公自序〉云：「太史公受《易》於楊何。」太史公即司馬談。

〔疏證〕《漢書·藝文志》《易傳》有「楊氏二篇」下注云：「名何，字叔元，菑川人。」王應麟《考證》引晁氏曰：「《易》家學官自楊何始。」

（5）〔新校注〕《漢·傳》作「元光中徵」，不云「元年」；「中大夫」上更有「太」字。

〔會注考證〕《漢書》作「太中大夫」，誤。

〔疏證〕元光，武帝年號，自西元前 134 年至 129 年，共計六年。中大夫，秩比二千石，後更名光祿大夫；太中大夫秩比千石。

（6）〔瀧川本正義〕即墨，姓；成，名。（《漢書》顏《注》作「姓即墨，名成。」）

〔疏證〕即墨，複姓。《萬姓統譜》曰：「即墨，齊將田單守即墨，子孫氏焉。」城陽，漢王國，已見第八段注 30，王國相，統眾官，秩二千石。初亦名丞相，景帝中五年（西元前 145 年）改曰相，成帝綏和元年（西元前 8 年），省內史，更令相治民如郡太守。

（7）〔疏證〕廣川，漢縣名。《漢書·地理志》，信都國有廣川縣，地在今河北省棗強縣之東。太子門大夫，爲太子太傅、太子少傅之屬官，秩六百石。

（8）〔會注考證〕周霸言《尚書》，見上文；與議封禪，見〈封禪書〉；以議郎在

軍，見〈衛將軍傳〉，官至膠西內史。

〔疏證〕詳見第八節注 29。

（9）〔集解〕徐廣曰：「莒，一作呂。」

〔疏證〕《漢書·地理志》：城陽國，縣四，有莒。地在今山東省莒縣境。

（10）〔疏證〕《漢書·地理志》：齊郡，縣十二，有臨菑。地在今山東省臨淄縣境。主父偃，《史記》《漢書》皆有傳。初學長短縱橫術，晚乃學《易》《春秋》百家之言。元光元年（西元前 134 年。按：一說元光當作元朔。）上書闕下，朝奏，暮召入，拜郎中。累遷謁者，秩比六百石。元朔二年（西元前 127 年），拜齊相，秩二千石。偃嘗言：「生不五鼎食，死即五鼎烹耳。吾日暮途遠，故倒行暴施之。」惡行多端，終伏誅。太史公以與公孫弘合傳，曰：「漢興八十餘年矣，上方鄉文學，招俊乂，以廣儒、墨，弘為舉首。主父偃當路，諸公皆譽之；及名敗身誅，士爭言其惡，悲夫！」

（11）〔新校注〕《漢·傳》改「二千石」為「大官」。

〔疏證〕周霸官至膠西內史；主父偃為齊相，秩皆二千石；而衡胡官位俸秩皆不詳。

（12）〔新校注〕《漢·傳》作「本于田何」，田、楊二何，皆《易經》大師，《史》《漢》各執一說，究當以誰為是，今未敢定，而具陳之，以竢自擇。

〔會注考證〕《漢書》「楊何」作「田何」。

〔疏證〕楊何之學本於田何，猶申培之《詩》本於浮丘伯；《史記》言《易》曰「本於楊何」而不言田何，亦猶言《詩》曰「本於申公」而不言浮丘伯也。〈太史公自序〉云：「受《易》於楊何。」《漢·傳》傳文雖改「楊」為「田」，然贊有「《易》楊」而無「《易》田」。參閱第六節注 9，及本節注 4。

第十四節　《春秋》之傳受

　　董仲舒，廣川人也，(1) 以治《春秋》，孝景時為博士。(2) 下帷講誦，弟子傳以久次相受業，或莫見其面。(3) 蓋三年，董仲舒不觀於舍園，其精如此。(4) 進退容止，非禮不行，學士皆師尊之。(5) 今上即位，為江都相。(6) 以《春秋》災異之變，推陰陽所以錯行。(7) 故求雨，閉諸陽縱諸陰；其止雨，反是。(8) 行之一國，未嘗不得所欲。(9) 中廢為中大夫，居舍，著《災異之記》。(10) 是時遼東高廟災，主父偃疾之，取其書，奏之天子。(11) 天子召諸生示其書，有刺譏。(12) 董仲舒弟子呂步舒，不知其師書，以為下愚。(13) 於是下董仲舒

吏，當死；詔赦之。於是董仲舒竟不敢復言災異。董仲舒為人廉直。是時方外攘四夷。(14) 公孫弘治《春秋》不如董仲舒，(15) 而弘希世用事，位至公卿。(16) 董仲舒以弘為從諛。弘疾之，乃言上曰：(17)「獨董仲舒可使相膠西王。」膠西王素聞董仲舒有行，亦善待之。(18) 董仲舒恐久獲罪，疾免居家。至卒，終不治產業，以脩學著書為事。(19) 故漢興至於五世之間，唯董仲舒名為明於《春秋》，其傳公羊氏也。(20) 胡母生，齊人也，(21) 孝景時為博士，以老歸教授。(22) 齊之言《春秋》者，多受胡母生；公孫弘亦頗受焉。(23) 瑕丘·江生，為穀梁《春秋》。(24) 目公孫弘得用，嘗集比其義，卒用董仲舒。(25) 仲舒弟子遂者：(26) 蘭陵·褚大，(27) 廣川·殷忠，(28) 溫呂·步舒。(29) 褚大至梁相。(30) 步舒至長史，(31) 持節使決淮南獄；於諸侯擅專斷，不報，以《春秋》之義正之。天子皆以為是。(32) 弟子通者，至於命大夫；為郎、謁者、掌故者，以百數。(33) 而董仲舒子及孫，皆以學至大官。(34)

（1）〔新校注〕湖、凌、《評林》本，「董」字屬上為文，不提行特起；元本又脫「舒」字，並誤，今從蜀、衲、李、王、秦、毛、余、監、殿、石本作。

〔會注考證〕《春秋繁露·五行對》：「河間獻王問溫城·董君。」則仲舒為廣川溫城人也。

〔疏證〕廣川地在今河北棗強縣，屬信都國，已見十三節注 7。仲舒，廣川溫城人。王文彬曰：「《魏地形志》冀州勃海郡修縣有董仲舒祠。」沈欽韓亦以：「修縣西北二十里有修市城，故縣也。按：修市縣屬勃海，以俗稱溫城證之，則修市縣即溫城所改，其後改屬勃海耳。」按：漢修市縣故治在今河北景縣西北。其地蓋與棗強縣相鄰也。

（2）〔新校注〕《漢書·董仲舒傳》「以」作「少」。

〔疏證〕傳末云：「漢興至于五世之間，唯董仲舒名為明於《春秋》，其傳公羊氏也。」

（3）〔新校注〕王本「帷」作「惟」，誤；《漢書·董仲舒傳》「受」作「授」。

〔會注考證〕顏師古曰：「言新學者但就其舊弟子受業，不必親見仲舒。」

〔疏證〕《漢書窺管》卷六：「樹達按：『傳』讀為『轉』，謂轉相受業。」「又按：久次為漢人恆語，謂年時久暫之次序。」「又按：仲舒弟子有褚大、嬴公、段仲、呂步舒，見〈儒林傳〉；又有吾邱壽王，見〈壽王傳〉。」

（4）〔新校注〕《漢書·董仲舒傳》「觀」作「窺」，無「于舍」二字。

〔會注考證〕《漢書·董仲舒傳》作：「蓋三年不窺園。」顏師古曰：「雖有

園圃，不窺視之，言專門也。」

〔疏證〕沈欽韓曰：「《論衡・儒增篇》：『言不窺園菜，實也；言三年，增之也。』」按：儒者不事生產，董子「不窺園菜」，猶孔子「五穀不分」也。《太平御覽》六百四十引《漢書》曰：「十年不窺園圃；乘馬三年，不知牝牡。」劉知幾《史通・敘事篇》：「董生乘馬二年，不知牝牡。」

（5）〔疏證〕師尊，言師法尊崇也。《史記・太史公自序》，對上大夫壺遂之間，曰：「余聞之董生。」董生即仲舒，不呼其名，而尊之曰「生」，亦尊師之一例也。

（6）〔索隱〕案：仲舒事易王；王，武帝兄。

〔新校注〕《漢書・董仲舒傳》「今上」作「武帝」；「爲江都相」上載武帝策問及仲舒對全文。

〔會注考證〕《漢書・董仲舒傳》，載武帝賢良策問及仲舒對策，〈仲舒傳〉不可缺此事。

〔疏證〕江都，漢・劉氏子弟國，景帝二年（西元前 155 年），以子非爲江都王，在位二十八年薨。武帝元朔二年（西元前 127 年）王建嗣；元狩二年（西元前 121 年）謀反，自殺，國除爲廣陵郡。其地在今江蘇省江都、儀徵、高郵、寶應一帶。〈董仲舒傳〉言易王「素驕好勇，仲舒以禮義匡正，王敬重焉。」董仲舒以賢良對策而爲江都相，《漢書・武帝紀》載於元光元年（西元前 134 年）；《資治通鑑》則載於建元元年（西元前 140 年）。司馬光《資治通鑑考異》，沈欽韓《漢書疏證》，蘇輿《春秋繁露義證》，王楙《野客叢書》皆以建元元年爲是。然賢良對策中有「今臨政而願治七十餘歲矣。」及「夜郎康居，殊方萬里，說德歸誼。」之語。按漢元年爲西元前 206 年，至漢武帝建元四年即西元前 137 年，始七十年；而〈西南夷傳〉：夜郎之通在建元六年。故仲舒對策不得在建元元年也。王先謙《漢書補注》以仲舒對策在元光元年，謂「詔書之在是歲，不可易也。」茲依王說，定董仲舒以對策爲江都相爲元光元年也。

（7）〔疏證〕《漢書・五行志》云：「董仲舒治《公羊春秋》，始推陰陽，爲儒者宗。」並載董仲舒言《春秋》災異之事頗多。如嚴公（即莊公，避明帝諱改。）二十年夏，齊大災。〈志〉載「董仲舒以爲魯夫人淫於齊，齊桓姊妹不嫁者七人。國君，民之父母；夫婦，生化之本。本傷則末夭，故天災所予也。」又成公三年二月甲子新宮災。志載「董仲舒以爲成公居喪亡哀戚心，數興兵戰伐；故天災其父廟，示失子道，不能奉宗廟也。」蓋其時陰

陽之說流行，仲舒受其影響，因以其說釋人事。賢良對策云：「後世淫佚衰微，廢德教而任刑罰。刑罰不中，則生邪氣。邪氣積於下，怨惡畜於上。上下不和，則陰陽繆盭，而妖孽生矣，此災異所緣起也。」災異由於人事，故董子引孔子「人能弘道，非道弘人。」之語，而以「治亂廢興在於己！」此其真精神之所在也。錯行，交迭而行也。《中庸》：「譬如四時之錯行。」《章句》：「錯，猶迭也。」

（8）〔會注考證〕顏師古曰：「謂若閉南門禁舉火，及開北門水灑之類是也。」錢大昭曰：「求雨止雨之法，詳見《春秋繁露》。」

〔疏證〕《漢書》顏師古《注》，「灑」下有「人」字。錢大昭之言，見於《漢書辨疑》，王先謙《漢書補注》引之。楊樹達《漢書窺管》卷六：「《北史·魏孝靜帝紀》：『天平二年夏五月，大旱。勒城門殿門及省府寺署坊門，以水澆人，不簡王公，無限日，得雨而止。』宋·邵博《聞見後錄》云：『汾、晉間祈雨，裸袒叫呼，奮臂作反覆手狀，又以水灑行道之人，殆可笑。』是水灑人之法，後世猶有行之者。」

（9）〔新校注〕毛本「嘗」誤「希」。

（10）〔疏證〕王國相秩二千石，而中大夫秩比二千石，較王國相略少。又大夫掌論議，蓋今「顧問」之類，無常事，故得居舍著《災異之記》也。按：自漢興至建元，計有六災。惠帝四年（西元前191年）十月乙亥未央宮凌室災，高后元年（西元前187年）五月丙申趙叢臺災，文帝七年（西元前173年）六月癸酉未央宮東闕罘罳災，景帝中五年（西元前145年）八月己酉未央宮東闕災，武帝建元六年（西元前135年）四月壬子高園便殿災，同年六月丁酉遼東高廟災。仲舒《災異記》原書雖亡，然以其言災異必起於廢德教推之，於漢初德教必有微言也。《漢書·五行志》於漢興之前諸災，多並錄董仲舒、劉向所「以為」；漢興後，呂、惠、文、景四災，獨存「劉向以為」；建元二災，則有「董仲舒對曰」。梁玉繩疑仲舒對有「竄易」；竊以董氏以《災異記》幾喪生，事後必盡毀其書，故漢初四災皆無說，建元之對，恐亦偽托。

（11）〔集解〕徐廣曰：「建元六年。」

〔索隱〕案：《漢書》以為遼東高廟及長陵園殿災也。仲舒為《災異記》，草而未奏，主父偃竊而奏之。

〔會注考證〕梁玉繩曰：「高廟災，何以主父偃疾仲舒，其事欠明。《漢書·董仲舒傳》，以為遼東高廟、長陵高園災，仲舒居家推說其意，草藁未上，主父偃侯仲舒，私見嫉之，竊其書奏焉。而〈五行志〉直以為仲舒對，誤已。

《漢書》載其奏，不免阿詞曲說，起天子誅殘骨肉之心，何以爲醇儒，其弟子斥以下愚，宜也。余疑主父偃竊易奏之，不然，何以與削地方分封之議，徙豪茂陵之言，如出一口乎？」愚按：據《漢書・武帝紀》，高廟、高園災在建元六年，時仲舒未爲江都相，《漢書・董傳》，易「是時」爲「先是」。錢大昕曰：「按：〈主父偃傳〉：元光元年，西入關；而高廟、高園災，乃在建元六年，計其年月，似不相應。」王先謙曰：「災在建元六年，仲舒草藁未上，其後偃竊奏之，非一時事也。」

〔疏證〕此言主父偃竊仲舒書奏之，然《史》《漢》〈主父偃傳〉皆未載竊書事，而《漢書・五行志》又直云仲舒自對。史述此事，諸多矛盾。仲舒於元光元年爲江都相，則其廢爲中大夫居舍著《災異之記》，當爲元光元年之後；而遼東廟災在建元六年，《史記》書「是時」，非也。《漢書・董仲舒傳》改爲「先是」，甚是。

（12）〔新校注〕《漢書・董仲舒傳》止「上召視諸儒」。無「示其書有刺譏」六字。
〔疏證〕觀《漢書・五行志》董仲舒論《春秋》災異，及賢良對策論妖孽災異所由起，則知其刺譏者爲何事矣。參閱本節注 7 及注 10。

（13）〔集解〕徐廣曰：「舒一作荼，亦音舒。」
〔新校注〕《漢書・董仲舒傳》「下」作「大」。案此事可疑。董君立身自有本末，其弟子學成道通，非一無所得，即有不合之疑，亦何至遂詆以爲下愚？此非別有事實，則史公載筆過（疑脫「略」字。）也。梁玉繩云：此言偃取仲舒書奏之；而《漢・五行志》直云仲舒自對，殊嫌矛盾。而《漢書・董仲舒傳》則謂是偃竊取；〈志〉云自對，殊謬。此文過于簡略，亦非也。余疑偃不惟竊取，並有竄易。觀〈志〉所載書語，頗啓天子疏忌骨肉之漸，與偃削地分封之議，徙豪茂陵之言，如出一口，非偃自以己意竄入其中而謂仲舒皆與偃坿和乎？呂步舒意爲偃所奏對，故詆爲下愚，而不知偃固以冒之仲舒也。此仲舒所以有下吏當死之咎與？此固可即傳、志諸文參觀互證而得之者。

（14）〔會注考證〕步舒事見下文，又見《漢・五行志》。沈欽韓曰：「《鹽鐵論・孝養篇》：『呂步舒弄口而見戮。』」
〔疏證〕《春秋》有內諸夏、外夷狄之義，故史遷敍《春秋》而言「是時方外擾四夷也」。

（15）〔會注考證〕何焯曰：「〈弘傳〉：少爲獄吏，年四十餘，乃學《春秋》雜說。」
〔疏證〕故公孫弘於《春秋》終鮮弟子也。《漢書・藝文志・諸子・儒家》：有《公孫弘》十篇。馬國翰〈輯本序〉曰：「《漢志・儒家》《公孫弘》十篇，

今不傳。本傳載其對策、上疏、對問之語；《藝文類聚》、《太平御覽》亦引之。並據輯錄，凡五十篇。」《漢書‧藝文志》有《公羊雜記》八十三篇，朱彝尊《經義考》疑公孫弘學《春秋》雜說即《公羊雜記》也。

（16）〔疏證〕希，叚借爲睎。《說文》：「睎，望也。」叚《注》：「如〈公孫宏傳〉希世用事。」希世，言求世俗之名譽也。《莊子‧讓王》：「希世而行，比周而友。」《釋文》：「司馬云：希，望也。所行常顧世譽而動，故曰希世而行。」吳寬云：「〈董、胡、瑕丘傳〉中引入公孫弘，以弘治《春秋》不及三子，而位至公卿，史公亦微致不平之意爾。」郭嵩燾《史記札記》卷五下：「史公〈儒林傳〉屢及公孫弘，所以深嘆漢世儒術不能昌也。」余又蓀《中國通史》頁 182：「武帝並不大懂儒學，他用公孫弘而未用董仲舒，固然是董處的時候黃、老勢力未衰，然董的主張純粹是儒家，而公孫弘的主張是引法入儒。董的對策講天人，結果是利用天來抑制君；公孫弘的對策是用法家的術來伸張人君的威權。」甚是。

（17）〔新校注〕梁玉繩云：此上當歷序膠西王之惡劣行爲，以見爲相之不易，而後「乃言上」云云。此文乃有闕脫。森楷案：《漢‧傳》有「膠西王，亦上兄也，尤縱恣，數害吏二千石。」十六字，正如梁說。

〔疏證〕《漢書‧董仲舒傳》「疾」作「嫉」。膠西王，見注 18。《後漢書‧馮衍傳》：「董仲舒言道德，見妒於公孫弘。」

（18）〔新校注〕《漢書‧董仲舒傳》無「素有行」三字，「亦」作「大」，餘同。案：凡史傳例，皆傳首具姓名，傳中祇徒稱名，不更言姓，而此傳中凡十二稱董仲舒，中惟「言上」之董仲舒當具姓名，餘皆應省姓，而不省何也。

〔會注考證〕〈五宗世家〉云：「膠西于王端，孝景皇子，爲人賊戾。相二千石往者，奉漢法以治，端輒求其罪告之；從王法，則漢繩以法。故膠西小國，而所殺傷二千石甚眾。」梁玉繩曰：「不言膠西之難相，則董之可相不明。『弘疾之』下，宜補曰：『膠西王，上兄也，尤縱恣，數害吏二千石。』」

〔疏證〕膠西，漢劉氏子弟國，詳見第八節注 29。于王端，景帝三年（西元前 154 年）六月乙巳立；元封三年（西元前 108 年）薨。在位四十七年。周霸嘗爲其國內史，徐偃嘗爲其國中尉。董仲舒爲膠西相，約在元朔五年（西元前 124 年）。《新校注》云「亦」《漢‧傳》作「大」，按古本「大」下有「儒」字。傳中凡十二稱董仲舒，皆姓名全具者，蓋史遷受《公羊》於仲舒，自序所謂「余聞董生曰」，董生即仲舒也；或以師承之故，尊之乃不直呼其名乎？

（19）〔瀧川本正義〕《漢書》云：「仲舒上疏條教凡百二十三篇，而說《春秋》事

得失，有《聞舉》《玉杯》《繁露》《清明》《竹林》之屬數十篇。」《七錄》
云：「《春秋繁露》十七卷，《春秋斷獄》五卷。」

〔疏證〕《漢書·藝文志》著錄：〈六藝·春秋〉，有《公羊董仲舒治獄》十
六篇；〈諸子·儒家〉，有《董仲舒》百三十篇。《後漢書·應劭傳》：「劭刪
定律令爲《漢儀》，建安元年乃奏之曰：故膠東（西字之誤）相董仲舒老病
致仕，朝廷每有政議，數遣廷尉張湯親至陋巷問其得失，於是作《春秋決獄》
二百三十二事，動以經對，言之詳矣。」則《公羊治獄》十六篇內容可知。
其書有馬國翰輯本，序曰：「董氏傳《春秋》公羊學，既撰《繁露》，悉究天
人之奧，復撰此書，引經斷獄，當代式焉。今佚，從《禮記正義》、《通典》、
《白帖》、《藝文類聚》、《御覽》諸書輯得八節」云。〈諸子〉有《董仲舒》
百三十篇者，即《漢書·董仲舒傳》所謂「上疏條教凡百二十三篇」者是也。
王應麟《漢書藝文志考證》以今《春秋繁露》歸之此書。

（20）〔新校注〕《漢書·董仲舒傳》無末三句。

〔會注考證〕史公受《公羊春秋》於仲舒，故其言如此。

〔疏證〕漢自高帝建國，歷惠帝、文帝、景帝，至武帝爲五世。〈史公自序〉
嘗言「余聞董生曰」，故《會注考證》據以謂受《公羊》於仲舒。《公羊》傳
受，於下詳之。

（21）〔集解〕駰案：《漢書》曰：「字子都。」（瀧川本刪「駰案」）

〔新校注〕蜀本「胡」上空白三字，「毋」誤作「母」，殿、局、石本同，《漢·
傳》亦謂「母」字，惟「胡」字均提行特起，各本並同《漢·傳》是也。今
參校而擇從之如此。

〔疏證〕《史記》《漢書》皆謂胡毋生齊人而未著郡名，據《古佚叢書》本《文
館詞林》後漢·李固祀胡毋先生教曰：「太守以不材，嘗學《春秋胡毋章句》，
每讀其書，思覯其人，不意千載來臨此邦，是乃太守之先師。」云云，按：
《後漢書·李固傳》：「永和中，固以荊州刺史徙爲泰山太守。」則胡毋生爲
齊之泰山郡人也。今山東省泰安、萊蕪、新泰、東阿、東平、滋陽、寧陽一
帶，皆其地。胡毋生亦治《公羊》，《漢書·儒林傳》敘其事在董仲舒之前，
云董仲舒著書稱其德，則胡毋生長於仲舒。《史記》先敘仲舒者，或史遷受
《公羊》於董生，故特尊之；亦猶言魯《詩》尊申公，言《易》尊楊何之例
也。胡毋生之師承據《公羊疏》引戴宏〈序〉：「子夏傳與公羊高，高傳與其
子平，平傳與其子地，地傳與其子敢，敢傳與其子壽。至漢景帝時，壽乃與
其弟子胡毋子都著於竹帛。」按《漢書·古今人表》列公羊子於周赧王初年

時，下距景帝初年約 158 年，《公羊》五傳而及胡毋生，似尚可信，唯托之子夏以自尊重，乃其謬也。

（22）〔新校注〕《漢・傳》上有「治《公羊春秋》」五字。

〔會注考證〕楓、三本，「授」下有「齊」字。

〔疏證〕《漢書》「教授」作「教於齊」。楓、三本「授」下有「齊」，或涉《漢書》而誤衍也。

（23）〔疏證〕胡毋生之傳授，《史記》僅言「齊之言《春秋》者多受胡毋生」，而弟子著其姓名者唯「公孫弘亦頗受焉」一人耳。竊以董仲舒之學亦出於胡毋生。何休《春秋公羊傳解詁・序》曰：「往者略依胡毋生《條例》，多得其正。」徐彥《疏》云：「胡毋生雖以《公羊經》傳授董氏，猶自別作《條例》，故何氏取之。」以爲董氏受業胡毋，是也。史遷受《公羊》於董生，故言董生特詳。班氏未解其故，一則言胡毋生「與董仲舒同業」，似二人非師生；而下敘胡毋「年老歸教於齊，齊之言《春秋》者宗事之，公孫弘亦頗受焉，而董生爲江都相，自有傳。」又似認董生學亦出於胡毋生也。胡毋生之著述，《漢書・藝文志》無著錄。據李固之文自謂：「嘗學《春秋胡毋章句》。」是胡毋生有《春秋章句》也；據何休〈序〉言：「往者略依胡毋生《條例》。」是胡毋生有《公羊條例》也。今言《公羊春秋》者，知有董生之《春秋繁露》；知何休有《公羊解詁》；不知董生、何休皆淵源於胡毋生；更不知胡毋生有《春秋章句》《公羊條例》。古經傳授之不明，有如此者！

（24）〔新校注〕《漢・傳》「生」作「公」。案：依史例當云：「江生，瑕邱人。」而冠「瑕邱」于「江生」上，又不著其名，則艸創之疏也。

〔疏證〕《漢書・儒林傳》云：「瑕丘・江公受《穀梁春秋》及《詩》於魯・申公，傳子至孫爲博士。」《春秋穀梁傳・序》楊士勛《疏》云：「穀梁子名俶，字元始，魯人，一名赤，受經於子夏，爲經作傳，故曰《穀梁傳》。傳孫卿，孫卿傳魯人申公，申公傳博士江翁。」按：《漢書・古今人表》列穀梁子於周赧王初年時，然則穀梁子不得事子夏，而得授荀卿也。竊以穀梁授荀卿，荀卿授浮丘伯，浮丘伯授申公，事尚可信，而云子夏授穀梁子，則自託大儒以尊貴也。章太炎先生以穀梁有聞於秦相商鞅之師尸子，所言又有合於《秦記》者，故謂穀梁得之《秦記》。又曰：「穀梁下筆矜愼，於事實不甚明了者，常出以懷疑之詞，不敢武斷。大氐穀梁魯學，有儒者之風。」云。

（25）〔新校注〕《漢・傳》「集」作「輯」，「義」作「議」，當以「義」爲長。

〔疏證〕《漢・傳》作「武帝時，江公與董仲舒並。仲舒通《五經》，能持論，

善屬文；江公吶於口。上便與仲舒議，不如仲舒。而丞相公孫弘本爲《公羊》學，比輯其議，卒用董生。於是上因尊《公羊》家，詔太子受《公羊春秋》，由是《公羊》大興。」視此爲詳明。

（26）〔新校注〕毛本及吳校元本「遂」作「通」，意同。《漢・傳》作「遂之」，疑「之」字不當有，傳刻誤衍。

〔疏證〕顏師古云：「遂謂名位或達者。」

（27）〔新校注〕蜀、衲、王、秦本「褚」作「楮」，此從元、李、湖、凌、《評林》、監、余、毛、殿、局、石、金陵舊鈔本作。

〔疏證〕蘭陵，已見第八節注 11。荀卿嘗爲蘭陵令，故其地文風頗盛，蕭望之、毋將隆、疏廣、孟喜、毋將永康、王臧、繆生、褚大，皆其縣人。褚大事蹟詳下。

（28）〔集解〕徐廣曰：「殷一作段，又作瑕也。」

〔會注考證〕顏師古曰：「遂謂名位成達者。」梁玉繩曰：「徐廣曰殷一作段，是。《漢書・藝文志》：《易》有京氏、段嘉，而〈儒林傳〉謁殷嘉。〈酷吏傳〉有段仲，而《史》謁殷中。《後漢書・馮異傳》有段建，《注》作殷。《隋志》及《經典・序錄》，有段肅，注《穀梁》，《史通・古今正史篇》言續《史記》者也；而《後漢書・班固傳》謁殷肅，可以互證。中、忠，古通，詳《別雅》。」

〔疏證〕廣川注已見上；殷忠，《漢・傳》作段仲。

（29）〔疏證〕溫，屬廣川縣，後改爲縣，乃屬勃海郡，詳見本節注 1。呂步舒事蹟詳下。

（30）〔疏證〕梁、漢・劉氏子弟國。地在今江蘇碭山，河南商邱、虞城，山東曹縣一帶。《漢書・武帝紀》元狩六年（西元前 117 年）夏詔遣博士大等分巡行天下，博士大即褚大也。又《漢書・兒寬傳》：「初梁相褚大通《五經》，爲博士，時寬爲弟子。及御史大夫缺，徵褚大，大自以爲御史大夫。至洛陽，聞兒寬爲之，褚大笑。及至與寬議封禪於上前，大不能及，退而服曰：『上誠知人。』」是褚大爲梁相在元封元年（西元前 110 年）前後。其時梁平王襄在位也。

（31）〔新校注〕《漢・傳》「長史」上有「丞相」二字，此誤脫文，班補之是。

（32）〔會注考證〕以淮南爲諸侯，擅專斷不報也。報，如《孟子》勿有封而不告之告。

〔疏證〕按：〈淮南王傳〉言：淮南王謀反，事泄，上乃使吏捕淮南太子、王后，圍王宮，盡捕王賓客在國中者，索得反具以聞。上與諸侯王、列侯議，

皆言淮南王當誅,上乃「使宗正以符節治王」。其時宗正爲劉棄疾也。〈淮南王傳〉未敘呂步舒「持節使決淮南獄」事,唯《漢書・五行志》有:「使仲舒弟子呂步舒持斧鉞治淮南獄,以《春秋》誼專斷,於外不請,既還奏事,上皆是之。」〈五行志〉記事不盡可信,疑當依〈淮南王傳〉,持節決獄者爲劉棄疾而非呂步舒也。《史記・儒林傳》「持節使治淮南獄」以下,《漢書・儒林傳》皆無,《史記》此句亦不當有,後人據《漢書・五行志》妄增之也。《會注考證》以淮南專斷不報,釋義亦誤;〈五行志〉文言步舒專斷不請既還奏事,則不報者爲步舒非淮南甚明也。

（33）〔新校注〕王本「百」誤「言」。

〔會注考證〕凌稚隆曰:「通一作遂,與通同,謂名位成達者。」

〔疏證〕上已言「弟子遂者」,此又言「弟子通者」,史遷行文不至重複似此,疑自「持節」至「弟子通者」三十二字皆後人竄入。大夫、郎、掌故,注已見前;謁者,掌賓讚受事,屬郎中令。

（34）〔索隱〕述贊曰:「孔氏之衰,經書緒亂。言諸六學,始自炎漢。著令立官,四方扼腕。曲臺壞壁,《書》《禮》之冠。傳《易》言《詩》,雲蒸霧散。興化致禮,鴻猷克贊。」

〔新校注〕自「持節」至此六十字,《漢・傳》並無。

第二篇　《漢書・儒林傳》疏證

第一章 序 文

第一節 春秋時代之經學

　　古之儒者，博學虖《六藝》之文。(1)《六學》者，(2) 王教之典籍，(3) 先聖所以明天道，正人倫，致至治之成法也。(4) 周道既衰，壞於幽、厲，(5) 禮樂征伐自諸侯出，(6) 陵夷二百餘年而孔子興。(7) 以聖德遭季世，知言之不用而道不行，(8) 迺歎曰：「鳳凰不至，河不出圖，吾已矣夫！」(9)「文王既沒，文不在茲乎？」(10) 於是應聘諸侯，以答禮行誼。(11) 西入周，南至楚，畏匡，戹陳，(12) 奸七十餘君。(13) 適齊聞《韶》，三月不知肉味。(14) 自衛反魯，然後樂正，〈雅〉〈頌〉各得其所。(15) 究觀古今之篇籍，(16) 迺稱曰：「大哉，堯之為君也。唯天為大，唯堯則之。(17) 巍巍乎其有成功也，煥乎其有文章也！」(18) 又云：「周監於二世，郁郁乎文哉！吾從周。」(19) 於是敘《書》則斷〈堯典〉；(20) 稱樂則法〈韶舞〉；(21) 論《詩》則首〈周南〉；(22) 綴周之禮；(23) 因魯《春秋》，舉十二公行事，繩之以文、武之道，成一王法，至獲麟而止；(24) 蓋晚而好《易》，讀之，韋編三絕，而為之傳。(25) 皆因近聖之事，以立先王之教，(26) 故曰：「述而不作，信而好古。」「下學而上達，知我者其天乎？」(27)

（1）〔注〕師古曰：「《六藝》謂《易》、《禮》、《樂》、《詩》、《書》、《春秋》。」

　　　　〔疏證〕古，謂幽、厲前周室未衰時也；儒者，《漢書·藝文志》云：「蓋出於司徒之官。」《周禮·地官·大司徒》：「以鄉三物教萬民，三曰《六藝》。」故儒者博學《六藝》之文也。虖，乎之古字，於也。《集韻》：「乎古作虖。」

按：鄉三物之六藝爲禮、樂、射、御、書、數，班氏所指則師古所言《詩》《書》《禮》《易》《春秋》《樂》者是也。

（2）〔補注〕王念孫曰：「案景祐本，《六學》作《六藝》，是也。此承上句《六藝》之文而言。今本作《六學》者，涉下文『《六學》從此缺』而誤。」

（3）〔疏證〕《禮記‧經解》：「孔子曰：『入其國，其教可知也。其爲人也，溫柔敦厚，《詩》教也；疏通知遠，《書》教也；廣博易良，《樂》教也；絜靜精微，《易》教也；恭儉莊敬，《禮》教也；屬辭比事，《春秋》教也。』」是《六藝》皆王教之典籍也。

（4）〔疏證〕天人之道爲我國經典之重心，而致至治則其目的也。《易‧繫辭》言「天地之大德曰生」，講求「與天地合其德」；《詩‧大雅‧烝民》言「天生烝民，有物有則；民之秉彝，好是懿德。」《左傳‧成公十三年》言「民受天地之中以生，所謂命也，是以有動作禮義威儀之則，以定命也」；《禮記‧中庸》言「天命之謂性，率性之謂道，修道之謂教」；《尚書‧泰誓》中言「天視自我民視，天聽自我民聽」；皆其例也。至其終極，則《禮記‧大學》所言：「國治而天下平。」

（5）〔疏證〕幽、厲，周幽王、厲王也，厲王在位當西元前 878 年至 841 年；幽王在位當西元前 781 年至 771 年。《禮記‧禮運》：「我觀周道，幽、厲傷之。」

（6）〔疏證〕《論語‧季氏》：「孔子曰：『天下有道，則禮樂征伐自天子出；天下無道，則禮樂征伐自諸侯出。』」朱熹《集注》：「諸侯不得變禮樂，專征伐。」

（7）〔注〕師古曰：「陵夷，言漸隤替。」

〔補注〕宋祁曰：「注文隤替字下，疑有『也』字。」

〔疏證〕孔子生於周靈王二十一年（西元前 551 年），而幽王被殺、西周之亡在西元前 771 年，相距二百二十年。

（8）〔疏證〕「季，《說文》：少偁也，从子，从稚省，稚亦聲。」引申爲末；季世，言末世也。《論語‧子路篇》：「子曰：『苟有用我者，朞月而已可也，三年有成。』」是孔子歎「言之不用」也；《論語‧微子篇》：「子路曰：『道之不行，已知之矣。』」是孔子之徒亦知「道不行」矣。

（9）〔注〕師古曰：「《論語》載孔子之言也。鳳鳥、《河圖》皆王者之瑞。自傷有德而無位，故云已矣。」

〔疏證〕迺，迺之俗字，《說文》作「卤」，从弓省，卤聲。段玉裁《注》云：「與乃字音義俱別，《詩》、《書》、《史》、《漢》發語，多用此字作迺，而流俗多改爲乃。」「鳳鳥不至，河不出圖，吾已矣夫。」《論語‧子罕篇》文。

（10）〔注〕師古曰：「言文王久已沒矣，文章之事豈不在此乎，蓋自謂也，亦見《論語》。」

〔疏證〕《論語・子罕篇》：「子畏於匡，曰：『文王既沒，文不在茲乎？天之將喪斯文也，後死者不得與於斯文也；天之未喪斯文也，匡人其如予何！』」朱熹《集注》：「道之顯者謂之文，蓋禮樂制度之謂。」師古《注》謂文為「文章之事」，文章亦指禮樂制度；猶下「煥乎其有文章也」之「文章」，非今所謂「詞章」者也。

（11）〔注〕師古曰：「答禮，謂有問禮者，則為應答而申明之。」

〔補注〕劉奉世：「答禮者，迎之有禮，亦以禮答之。」先謙曰：「孔子周流，欲明禮義於天下。顏說是也，劉所見殊陋。」

〔疏證〕楊樹達《漢書窺管》卷九：「如顏說，是答問禮，非答禮也。劉說近是。」

（12）〔注〕師古曰：「匡，邑名。即陳留匡城縣。孔子貌類陽貨，陽貨嘗有怨於匡，匡人見孔子，以為陽貨也，故圍而欲害之，後得免耳。厄陳，謂在陳絕糧也。」

〔疏證〕孔子西入周，見於《莊子・天道》，恐寓言非實也。南至楚，在孔子六十三歲時，即西元前 489 年，見《史記・孔子世家》。畏匡，錢穆謂「乃過蒲一事之誤傳，與陽虎無涉。」辨見《先秦諸子繫年考辨》第一七。唯畏匡見於《論語》，其事當有；與陽虎無涉，則錢說是也。事在周敬王二十三年，即西元前 497 年。厄，今多作厄，通用。孔子在陳絕糧，錢穆考定在周敬王三十一年，即西元前 489 年。見《先秦諸子繫年考辨》二十二。

（13）〔注〕師古曰：「奸，音干。」

〔疏證〕奸可叚借為干，見《說文通訓定聲》。梁玉繩《史記志疑》云：「史言孔子干君，猶子禽之言求爾。七十餘君尤妄，」按：孔子所歷：鄭、齊、宋、衛、陳、楚、蔡七國耳。

（14）〔注〕師古曰：「美舜樂之善也。」

〔疏證〕《論語・述而篇》：「子在齊聞《韶》，三月不知肉味。曰：『不圖為樂之至於斯也。』」韶者紹也，謂舜德能紹堯也。孔子適齊聞《韶》，約在周敬王三年（西元前 517 年）。

（15）〔注〕師古曰：「自衛反魯，謂哀十一年也，是時道衰樂廢，孔子還修正之，故〈雅〉〈頌〉各得其所。」

〔疏證〕《論語・子罕篇》：「吾自衛反魯，然後樂正，〈雅〉〈頌〉各得其所。」《左傳・襄公四年》載：「穆叔如晉，晉侯享之。金奏〈肆夏〉之三，不拜；

工歌〈文王〉之三，又不拜；歌〈鹿鳴〉之三，三拜。」按：三夏，頌也，天子所以享元侯；〈文王〉，雅也，兩君相見之樂也，晉君乃以享使臣，是〈雅〉〈頌〉皆失其所矣。孔子自衛反魯，乃一一正之。是孔子所正者爲「奏」「歌」之「樂」，不可引以證孔子刪《詩》也。孔子自衛反魯，約在周敬王三十六年（西元前 484 年）。

（16）〔疏證〕特謂《書經》也。所載皆堯、舜、三代典、謨、誥、令之類。章太炎〈徵信論〉謂之「不具之史料」者也。

（17）〔注〕師古曰：「言堯所行皆法天。」

〔疏證〕《易・繫辭》曰：「法象莫大乎天地。」故堯法則之也。天人之道爲我國古代思想之重心，詳見注 4。

（18）〔注〕師古曰：「巍巍者，高貌。煥，明也。」

〔疏證〕《論語・泰伯》：「子曰：『大哉，堯之爲君也。巍巍乎，唯天爲大，唯堯則之。蕩蕩乎，民無能名焉！巍巍乎，其有成功也；煥乎，其有文章！』」朱熹《集註》引尹氏曰：「天道之大，無爲而成，唯堯則之，以治天下，故民無得而名焉；所可名者，其功業文章，巍然煥然而已。」按：成功，猶〈堯典〉言「放勳」。鄭《注》：放，大也；〈釋詁〉：勳，功也。放勳即大功之意。文章，禮樂法度也。

（19）〔注〕師古曰：「言周追視夏、殷之制，而損益之，故禮文大備也。郁郁，文章盛貌。自此以上，孔子之言，皆見《論語》。」

〔補注〕劉攽曰：「世改代。」先謙曰：「代之爲世，後人回改，誤之。官本注，夏、殷下有『二代』二字。」。

〔疏證〕世、代義異，《說文》：「三十年爲一世。」又：「代，更也。」段《注》：「凡以此易彼謂之代。段代字爲世字，起於唐人避諱。」當以作「代」爲是。「周監於二代，郁郁乎文哉！吾從周。」《論語・八佾篇》文。

（20）〔注〕師古曰：「謂《尚書》起自〈堯典〉也。」

〔疏證〕《漢書・藝文志》：「《易》曰：『河出圖，雒出書，聖人則之。』故《書》之所起遠矣，至孔子纂焉，上斷於堯，下訖於秦，凡百篇，而爲之序，言其作意。」按：《書》者，古之號令，所載皆典、謨、訓、誥、誓、命之文。然亦有不實者，〈武成〉言「血之流杵」，已見疑於《孟子》；劉知幾《史通・疑古篇》舉十疑，並堯舜禪讓、湯武革命亦頗疑之。至於孔子作〈書序〉，唐、宋之後，多不以爲然。

（21）〔注〕師古曰：「《論語》云：顏回問爲邦，子曰：『行夏之時；乘殷之輅；服

周之冕；樂則《韶舞》，放鄭聲。』《韶》，舜樂也，孔子歎其盡善盡美，故
欲用之。」

〔補注〕　先謙曰：「官本注，回作淵。」

〔疏證〕　「顏回問爲邦」，《論語・衛靈公》文：「子謂《韶》盡美也又盡善也」，
《論語・八佾篇》文。

（22）〔注〕　師古曰：「以〈關雎〉爲始也。」

〔疏證〕　《詩》者，里巷之民謠，三代之史詩，宗廟之贊頌也。《漢書・藝文
志》：「孔子純取周詩，上采殷，下取魯，凡三百五篇。」《論語・陽貨篇》：「子
謂伯魚曰：『女爲〈周南〉〈召南〉矣乎？人而不爲〈周南〉〈召南〉，其猶正
牆面而立也與！』按：論《詩》與刪《詩》異。孔子論《詩》或有之；刪《詩》
恐未必也。孔穎達〈詩譜序疏〉云：「案書傳所引之《詩》，見在者多，亡逸
者少，則孔子所錄，不容十分去九，馬遷言古詩三千餘篇，未可信也。」

（23）〔疏證〕　禮者，古之禮儀典章制度也。太炎先生〈檢論〉謂爲「法度之通名，
大別則官制、刑法、儀式是也。」故三代皆有禮。《論語・八佾篇》：「子曰：
『夏禮吾能言之，杞不足徵也；殷禮吾能言之，宋不足徵也；文獻不足故也。
足，則吾能徵之矣。』」〈爲政篇〉：「殷因於夏禮，所損益可知也，周因於殷
禮，所損益可知也。」《中庸》：「吾學周禮，今用之，吾從周。」是孔子能
言夏、商之禮而尤長於周禮也。《漢書・藝文志》：「及周之衰，諸侯將踰法
度，惡其害己，皆滅去其籍，自孔子時而不具。」今之《三禮》，皆孔子之
後儒所輯述者也。皮錫瑞《經學歷史》據孺悲學喪之文，以爲禮始孔子，實
爲謬誤。《太炎先生文錄》有〈駁皮錫瑞三書〉，言之甚詳。

（24）〔注〕　師古曰：「繩謂治正之。」

〔疏證〕　因，依據也。《春秋》者，魯史記之名也。十二公，魯之隱、桓、莊、
閔、僖、文、宣、成、襄、昭、定、哀也。文、武，謂文王姬昌、武王姬發，
其道即《中庸》對哀公問所言「文、武之政，布在方策」者也；而「君臣也」
「父子也」尤其要者。《春秋》紀事止於魯哀公十四年西狩獲麟，當西元前
481 年。後之學者於孔子之作《春秋》，爭論頗烈。本師瑞安　林先生《中
國學術思想大綱》曰：「古文家以爲孔子述而不作，信而好古，孔子所述，
大抵皆因周公舊典，故《春秋》亦魯舊史。今文家則謂《春秋》本爲天子之
事，孔子作《春秋》而亂臣賊子懼，實以匹夫而行其素王之尊。」劉知幾《史
通・惑經篇》列《春秋》「十二未諭」「五虛美」。以爲孔子之於《春秋》，「但
因其成事，就加雕飾，仍舊而已。」云。

（25）〔注〕師古曰：「編所以聯次簡也，言愛玩之甚，故編簡之韋，爲之三絕也。
傳謂〈彖〉、〈象〉、〈繫辭〉、〈文言〉，〈說卦〉之屬。」
〔疏證〕《易》一名而含三義，簡易也，變易也，不易也，蓋聖人通變之書。
《論語・述而篇》：「子曰『加我數年，五十而學《易》，可以無大過矣。』」
《史記・孔子世家》敷衍其文曰：「孔子晚而喜《易》，序〈彖〉、〈繫〉、〈象〉、
〈說卦〉、〈文言〉。讀《易》，韋編三絕，曰：『叚我數年，若是，我於《易》
則彬彬矣。』」爲班固此文之根據。唯孔子爲《易傳》，歐陽修《易童子問》
始疑之，崔東壁《洙泗考信錄》卷三以〈象傳〉采曾子「君子思不出其位」
語，斷爲曾子後所作。近人李鏡池、錢穆、錢玄同、胡適皆以《易傳》不出
於孔子，俱見《古史辨》第三冊。

（26）〔注〕音以。
〔補注〕先謙曰：「二字淺人妄增，官本無。」
〔疏證〕注於「目」下書「音以。」按目、以古今字，前已屢見，不當有注，
故王先謙以爲「淺人妄增」也。「近聖之事」，即憲章文、武也；「先王之教」，
即祖述堯、舜也。

（27）〔注〕師古曰：「皆《論語》載孔子之言也。作者之謂聖，述者之謂明，故孔
子自謙，言我但述者耳。下學上達，謂下學人事，上達天命也，行不違天，
故唯天知我也。」
〔疏證〕「述而不作」，《論語・述而篇》文；「下學而上達」，《論語・憲問篇》
文。

第二節　戰國時代之經學

仲尼既沒，七十子之徒散遊諸侯：（1）大者為卿相師傅，小者友教士大夫，
或隱而不見。（2）故子張居陳，（3）澹臺子羽居楚，（4）子夏居西河，（5）子貢終
於齊。（6）如田子方、段干木、吳起、禽滑釐之屬，皆受業於子夏之倫，為王
者師。（7）是時，獨魏文侯好學。（8）天下並爭於戰國，儒術既黜焉；（9）然齊、
魯之間，學者猶弗廢。（10）至於威、宣之際，（11）孟子、孫卿之列，咸遵夫子
之業而潤色之，以學顯於當世。（12）

（1）〔注〕師古曰：「七十子，謂弟子者七十七人也，稱七十者，但言其成數也。」
〔補注〕宋祁曰：「注文弟子下，疑有達字。」

〔疏證〕「仲尼既沒」，《史記》作「自孔子卒後」。孔子卒於周敬王四十一年（西元前 479 年）；仲尼，孔子字也。按：《史記・孔子世家》：「弟子蓋三千焉，身通六藝者，七十有二人。」〈仲尼弟子列傳〉：「受業身通者，七十有七人，皆異能之士也。」是孔子弟子三千，言七十子者，謂受業身通者也。宋祁疑注文「弟子」下有「達」字，是也。

(2) 〔疏證〕郭嵩燾曰：「案『師傅卿相』與『友教士大夫』，亦隨其時之所值，與其意之所存而已，豈以是爲大小哉！」其言甚是，見《史記札記》卷五。

(3) 〔注〕師古曰：「子張姓顓孫，名師。」
〔補注〕沈欽韓曰：「《史記》於上有子路居衛，班以其先孔子死，削之。」
先謙曰：「〈仲尼弟子傳〉，子張，陳人，《索隱》引鄭玄《目錄》，陽城人。」
〔疏證〕子張之先陳人，遷魯至哀公已十世，見崔述《洙泗考信餘錄》卷三。其卒似亦在魯，《史》言居陳，殆不可信，見錢穆《諸子繫年考辨》之二九。據〈仲尼弟子傳〉：「少孔子四十八歲。」則生於周敬王十六年（西元前 504 年）；據《掘坊志》：「卒年五十七。」則卒於周貞王二十二年（西元前 447 年）也。《韓非子・顯學篇》：「儒分爲八」有「子張之儒」，蓋亦能卓然自立宗派也。

(4) 〔注〕師古曰：「子羽姓澹臺，名滅明。澹音從甘反。」
〔補注〕先謙曰：「〈弟子傳〉稱其南游至江。」
〔疏證〕《論語・雍也篇》：「子游爲武城宰。子曰：『女得人焉爾乎？』曰：『有澹臺滅明者，行不由徑；非公事，未嘗至於偃之室也。』」《史記・仲尼弟子傳》謂子羽：「南游至江，從弟子三百人。設取予去就，名施乎諸侯。」張守節謂「蘇州城南五里有澹臺湖」，於春秋蓋是楚地也。子羽少孔子三十九歲，生於周敬王八年（西元前 512 年），卒年不詳。

(5) 〔注〕師古曰：「子夏姓卜，名商。」
〔補注〕先謙曰：「〈弟子傳〉《索隱》，在河東郡之西界，蓋近龍門。《正義》，今汾州。」
〔疏證〕西河，當在今河南長垣之北，山東觀城之南，曹縣之西一帶河濱，說見錢穆《先秦諸子考辨》第三九。子夏，生於周敬王十三年（西元前 507 年），少孔子四十四歲。卒約在周威烈王六年（西元前 420 年）。於孔門四科，名列文學。洪邁《容齋隨筆》云；「孔子弟子，惟子夏於諸經獨有書，雖傳記雜言，未可盡信，然要爲與他人不同矣。於《易》則有〈傳〉。於《詩》則有〈序〉。而毛《詩》之學，一云子夏授高行子，四傳而至小毛公；一云

子夏傳曾申，五傳而至大毛公。於《禮》則有《儀禮·喪服》一篇，馬融、
王肅諸儒多爲之訓說。於《春秋》，所云不能贊一辭，蓋亦嘗從事於斯矣。
公羊高實受之於子夏；穀梁赤者，《風俗通》亦云子夏門人。於《論語》，
則鄭康成以爲仲弓、子夏等所撰定也。」按：子夏作《易傳》《詩序》，事
或未然；而子夏於孔門爲博學，似不容疑也。

(6)〔注〕師古曰：「子貢姓端木，名賜。」

〔補注〕宋祁曰：「貢，蕭該本作贛，涫化本、景本作子貢，《刊誤》改作贛。」
又云：「子貢當爲子夏。」錢大昕曰：「《說文》，贛，賜也，從貝·贛聲。
貢，獻功也，從貝·工聲，二字音同義異，古人字與名相應，端木子名賜，
則非貢獻之貢，明矣。蕭該本最爲近，《古禮樂記》亦作子贛。」先謙曰：
「〈弟子傳〉，常相魯、衛，家累千金，卒終於齊。」

〔疏證〕子貢，衛人，生於周悼王元年（西元前 520 年）；少孔子三十一歲。
卒於周貞定王十九年（西元前 450 年）。於孔門四科列於言語。

(7)〔注〕師古曰：「子方以下皆魏人也。滑音干拔反，釐音離。」

〔補注〕沈欽韓曰：「《呂覽·重言篇》注，田子方學於子貢。〈尊師篇〉，段
干木，晉國之大駔也，學於子夏。《史記》，吳起嘗學於曾子。其年不相當。
《經典·序錄》，吳起受《左氏傳》於曾申，非曾子。《呂覽·當染篇》，禽
滑釐學於墨子，與墨翟書合（〈尊師篇〉注，禽滑釐，墨子弟子。）《列子·
湯問、楊朱篇》，《莊子·天下篇》並同，未可援墨入儒也。」

〔疏證〕田子方，魏人，名無擇，約生於周元王元年（西元前 475 年）；約
卒於周安王二年（西元前 400 年）。其學出於子貢；〈魏世家〉謂：「文侯師
田子方。」段干木，複姓段干，名木，約生於周貞定王四年（西元前 465
年）；約卒於周安王七年（西元前 395 年）。皇甫謐《高士傳》云：「木，晉
人也，守道不仕，魏文侯欲見，造其門，木踰牆避之。」《淮南子》云：「段
干木，晉之大駔而爲文侯師。」吳起，衛人，約生於周考王元年（西元前
440 年）；而卒於周安王二十一年（西元前 381 年）。《史記·吳起傳》：「起
事曾子，母死不歸，曾子薄之，而與起絕。」然以曾子卒年校之，起不及
事曾子也。劉向《別錄》記《左傳》源流云：「左邱明授曾申，申授吳起。」
則起師申，非師參。說與《經典釋文·序錄》合。吳起傳《左氏》，並著書
四十卷，《漢書·藝文志》有著錄。禽滑釐，（滑，乎拔反，說見《漢書窺
管》卷九，釐，《史記》作釐。）約生於周敬王六年（西元前 470 年）；約
卒於周安王二年（西元前 400 年），嘗奉墨子命守宋備楚，蓋墨子弟子也。

錢穆《先秦諸子繫年考辨》之六二，〈墨子弟子通考〉云：「《呂氏・當染篇》：
『田子方學於子貢；段干木學於子夏，吳起學於曾子，禽滑釐學於墨子。』
《史記・儒林傳》云：『田子方、段干木、吳起、禽滑釐之屬，皆受業於子
夏之倫，為王者師。』此蓋承襲呂書，而下語未晰。云子夏之倫者，以子
夏概子貢、曾子、墨子而言也。」

（8）〔疏證〕魏文侯，名斯，魏桓子之子也。周貞定王二十三年（西元前 425 年）
始稱侯；卒於周安王五年（西元前 397 年）。魏文侯以大夫僭國，禮賢下士，
實開戰國養士之風。於先秦學術興衰，關係綦重。一時若子夏、田子方、
段干木、吳起、李克、西門豹、樂羊之倫，皆為禮聘。按：《史記》於「是
時獨魏文侯好學」下有「後陵遲以至於始皇」，此刪去。

（9）〔疏證〕黜，減損也。《史記》作「絀」，蓋叚借字也。

（10）〔疏證〕《史記》：「間」作「門」（唯毛本作間）；「猶」作「獨」；「弗」作「不」；
「廢」下有「也」字。

（11）〔注〕鄧展曰：「威、宣，齊二王。」
〔疏證〕「於」上，《史記》無「至」字。威王姓田名因齊。在位三十八年（西
元前 357 年至 320 年）。宣王，威王子，名辟疆。在位十九年（西元前 319
年至 301 年）。威、宣之世，於學術最重要之措施，蓋稷下養士也。〈田齊世
家〉云：「宣王喜文學游說之士，自如騶衍、淳于髡、田駢、接子、慎到、
環淵之徒七十六人，皆賜列為上大夫，不治而議論。」錢穆《先秦諸子繫年
考辨》七十五，〈稷下通考〉云：「扶植戰國學術，使臻昌隆盛遂之境者，初
推魏文，既則齊之稷下。」

（12）〔疏證〕孟子，名軻，鄒人。約生於周烈王四年（西元前 372 年）；約卒於周
赧王二十六年（西元前 289 年）。受業於子思之門人。嘗游齊、梁，為齊宣、
梁惠受禮遇。本師瑞安　林先生《中國學術思想大綱》云：「孟子其言高遠，
蓋已超出人格，入於天趣。以其修己治人之道，並未拋棄，故尚能繼孔子之
學，為儒家之鉅子。其薄桓、文而尊王道，斥獨夫而言民貴，實為民本思想
之權輿。距楊朱而闢墨翟，使孔子之道，重彰于當世，振興儒家之功更不可
沒，至於性善之論，則為其學說之本。以惻隱之心，羞惡之心，辭讓之心，
是非之心，以證性善之端。而以盡其心，知其性，養其浩然之氣，以為立身
之本。蓋孟子所願，則學孔子也。故宋儒以孟子能繼續儒家之道統。」荀子，
名況，趙人。約生於周慎靚王六年（西元前 315 年）；約卒於秦始皇十一年
（西元前 236 年）。嘗游齊稷下，三為祭酒。汪中《荀卿子通論》以毛《詩》、

魯《詩》、韓《詩》、《左氏》、《穀梁》、曲臺之禮,皆荀子傳之。曰:「蓋自七十子之徒既歿,漢諸儒未興,中更戰國暴秦之亂,《六藝》之傳賴以不絕者荀卿也。周公作之,孔子述之,荀卿子傳之,其揆一也。」蓋孟子心性之說,上承曾參忠恕一貫之道,下開宋、明理學。荀子博通經傳,上承貢、夏多學識之之說,下啓兩漢經學也。

第三節　秦代之經學

及至秦始皇兼天下,燔《詩》《書》,殺術士,(1) 六學從此缺矣。(2) 陳涉之王也,(3) 魯諸儒持孔氏禮器而歸之。(4) 於是孔甲為博士,卒與俱死。(5) 陳涉起匹夫,敺適戍以立號,不滿歲而滅亡,其事至微淺。(6) 然而搢紳先生負禮器往委質為臣者,何也?以秦禁其業,積怨而發憤於陳王也。(7)

(1) 〔注〕師古曰:「燔,焚也。今新豐縣溫湯之處,號愍儒鄉,溫湯西南三里有馬谷,谷之西岸有阬,古老相傳以爲秦阬儒處也。衛宏〈詔定古文尚書序〉云:『秦既焚書,患苦天下不從所改更法,而諸生到者拜爲郎,前後七百人。迺密令多種瓜於驪山阬谷中溫處,瓜實成,詔博士諸生說之,人人不同。迺命就視之,爲伏機,諸生賢儒皆至焉,方相難不決,因發機,從上填之以土,皆壓,終迺無聲。』此則阬儒之地,其不謬矣。燔音扶元反。」

〔補注〕周壽昌曰:「經術之士稱術士,猶別傳中有道之人稱道人也。」

〔疏證〕《史記》:「秦始皇兼天下」作「秦之季世」;「燔」作「焚」;「殺」作「阬」。秦兼天下在西元前 221 年;燔《詩》《書》在西元前 213 年;殺術士在西元前 212 年。秦以法治致富強,自商君爲政,已目《詩》《書》《禮》《樂》爲六蝨,而不欲民之貴學。謂民不貴學則愚,愚則無外交,國安不殆。《韓非·五蠹篇》云:「明主之國,無書簡之文,以法爲教;無先王之語,以吏爲師。」然則燔書之議,商君發之,韓非煽之久矣。及始皇統一天下,三十四年,置酒咸陽宮,博士淳于越所議異趣。丞相李斯乃上言曰:「史官非秦紀皆燒之;非博士官所職,天下敢有藏《詩》、《書》、百家語者,悉詣守、尉雜燒之。有敢偶語《詩》《書》棄市,以古非今者族;吏見知不舉者與同罪。令下三十日不燒,黥爲城旦。所不去者,醫藥、卜筮、種樹之書。若欲有學法令,以吏爲師。」細按〈秦本紀〉所載此議,並不以禁書爲首要,令下三十日不燒,僅刺面爲備虜治城之卒役;官書猶存不焚,

而最要者乃以古非今，其罪至於滅族。次則偶語《詩》《書》，情篤古籍，不免有以古非今之嫌，故罪亦至死。而談論涉及百家，則未列禁令焉。始皇既可李斯之議，收去民間《詩》《書》以愚黔首；其在朝廷，猶有藏書之所，博士官之所職，柱下史之所主者是也。漢高入關，蕭何但知收秦丞相、御史律令圖書藏之，以具知天下阨塞戶口；而未遑收《詩》《書》。及項羽引兵西屠咸陽，燒秦宮室，火三月不滅，于是秘府之書俱燼矣。「術士」即「儒」也。《說文》：「儒為術士之稱。」〈秦本紀〉載扶蘇之諫曰：「諸生皆誦法孔子，今上皆重法繩之，臣恐天下不安。」其事則緣於侯生、盧生不為始皇求仙藥而亡起。後世因有謂術士為方術之士者，實誤會也。〈本紀〉述始皇之言曰：「盧生等吾賜之甚厚，今乃誹謗我，以重吾不德也。諸生在咸陽者，吾使人廉問，或為訞言以亂黔首。」所謂「誹謗」「訞言以亂黔首」，亦猶「偶語」「以古非今」之比也。〈本紀〉又云：「於是使御史悉案問諸生，諸生傳相告引，乃自除犯禁者四百六十餘人，皆阬之咸陽，使天下知之以懲。後益發讁徙邊。」然則咸陽一地所阬，即得四百六十餘人；發讁徙邊者，更不知凡幾矣！

(2)　〔補注〕周壽昌曰：「『學』《史記》作『藝』，本書述〈武紀・敘〉云，憲章《六學》，統壹聖真。述〈藝文志・敘〉云，《六學》既登，遭世周宏。述〈儒林傳・敘〉云，漢存其業，《六學》析分。皆稱《六學》。」

〔疏證〕《六學》者，《詩》《書》《禮》《易》《樂》《春秋》也。下文云：「秦時燔書，伏生壁藏之，其後兵大起流亡。漢定，伏生求其《書》，亡數十篇。」是《書》因秦火而缺也。下文又云：「《禮》固自孔子時，而其經不具。及至秦焚書，書散亡亦多，於今獨有《士禮》，高堂生能言之。」是《禮》因秦火而缺也。又〈六國表〉曰：「秦既得意，燒天下《詩》《書》，諸侯史記尤甚。為其有所刺譏也。」夫《春秋》亦諸侯史記之一，是《春秋》因秦火而缺也。《隋書・經籍志》曰：「及秦焚書，《周易》獨以卜筮得存，唯失〈說卦〉三篇。」是《易》亦因秦火有缺矣。《詩》之諷誦，不獨在竹帛；然笙詩六篇，毛《傳》謂有其義而亡其辭。鄭康成《箋》云：「遭秦之世而失之，其義則與眾篇之義合編，故存。」是《詩》亦因秦火有缺矣。《隋書・經籍志》：「《樂》者，先王所以致神祇，和邦國，諧百姓，安賓客，悅遠人，所從來久矣。周人存六代之樂，曰〈雲門〉、〈咸池〉，〈大韶〉、〈大夏〉、〈大濩〉、〈大武〉。其後衰微崩壞，及秦而頓滅。」是《樂》因暴秦而頓滅，亦有缺矣。《六藝》皆缺，斯其明證。《六藝》之外，若諸子之學，則似未絕。

趙岐〈孟子題辭〉云：「孟子既沒之後，大道遂絀。逮至亡秦，焚滅經術，
坑戮儒生，孟子徒黨盡矣。其書號為諸子，故篇籍得不泯絕。」此秦時諸
子尚不缺也。

（3）〔疏證〕陳涉，名勝，涉其字也，陽城（今河南登封縣，於漢屬潁川，非屬
汝南之陽城也。）人。二世元年（西元前209年）七月，發閭左適戍漁陽，
九百人屯大澤鄉。陳勝為屯長，會雨失期，法當斬。勝乃殺尉而起事，稱
張楚王。後為秦將章邯所敗，同年臘月被殺。

（4）〔補注〕錢大昭曰：「而歸，南監本、閩本並作往歸。」先謙曰：「官本作往。」
〔疏證〕《史記》：「魯」上有「而」字；「禮器」上有「之」字；「歸之」作
「歸陳王」。《禮記・樂記篇》曰：「簠簋俎豆，制度文章，禮之器也。」《左
傳・定四年》記祝佗言伯禽封魯之事曰：「使之職事於魯，以昭周公之明德，
分之土田陪敦，祝宗卜史，備物典策，官司彝器。」是以魯多禮器。曰孔
氏之禮器者，禮器賴孔子而不絕，而魯諸儒皆遵孔子之業也。孔子之時，
諸侯紛爭，禮器將墜，賢如子貢，亦欲去告朔之餼羊。孔子力挽狂瀾，其
對衛靈公之問陣，則曰：「俎豆之事，則嘗聞之矣；軍旅之事，未之學也。」
其言於子貢，則曰：「爾愛其羊，我愛其禮！」故禮器獨存於孔氏之門也。

（5）〔注〕師古曰：「〈孔光傳〉云：『鮒為陳涉博士，死陳下。』今此云孔甲，將
名鮒而字甲也。」
〔補注〕先謙曰：「錢東垣云，自陳涉之王也，至發憤於陳王，大約皆本於
《鹽鐵論》之〈褒賢篇〉。〈孔子世家〉云，慎年五十七生鮒，為陳王涉博
士。《孔叢・答問篇》，子魚名鮒甲，陳人，或謂之子鮒。或稱孔甲獨樂先
王之道，講習不倦。陳勝起兵於陳，陳魚以鮒賢說陳王往聘之。陳王乃遣
使者，齎千金，加束帛，以車三乘聘焉，張耳亦謂子魚宜速來以佐王業，
子魚遂往。至，陳王郊迎，而執其手，與議世務。子魚以霸王之業勸之，
王悅其言，遂尊為博士，為太傅，凡仕六旬，老於陳。又載其將沒，戒弟
子語，據此，《孔叢》謬也。」
〔疏證〕《史記》「與」下有「涉」字。楊樹達《漢書窺管》卷九：「鮒字子
魚，名字相應，無緣更字甲，顏說非也。蓋班於此偶失其名，而以甲字為
代，猶〈石奮傳〉之次甲次乙也。至《孔叢》謂名鮒甲，尤謬。蓋作偽者
見〈孔光傳〉稱鮒死陳下，而此傳稱甲，遂合之為鮒甲之名以為彌縫耳。」
按，〈孔子世家〉：孔子生鯉字伯魚；伯魚生伋字子思；子思生白字子上；
子上生求字子家；子家生箕字子京，子京生穿字子高，子高生子慎；子慎

生鮒。為陳王博士，死於陳下，年五十七。然則孔鮒為孔子八世孫，生於周赧王五十年（西元前265年）；卒於秦二世元年（西元前209年）也。

(6)　〔疏證〕《史記》「毆適戍以立號」作「驅瓦合適戍旬月以王楚」。「歲」上有「半」字；「而」作「竟」。《史記‧陳涉世家》云：「陳涉少時嘗與人傭耕。輟耕，之壟上，悵悵久之。曰：『苟富貴，無相忘。』傭者笑而應曰：『若為傭耕，何富貴也？』陳涉太息曰：『嗟乎！燕雀安知鴻鵠之志哉！』」是陳涉初乃為人傭耕之匹夫也。二世元年七月陳涉偕戍卒起事，同年臘月兵敗被殺，是不滿歲而滅亡也。

(7)　〔疏證〕《史記》「先生」下有「之徒」；「負」下有「孔子」；「禁」作「焚」。搢紳，儒服也。《莊子‧天下篇》，「其在《詩》《書》《禮》《樂》者，鄒、魯之士，縉紳先生，多能明之。」成玄英《疏》：「搢，笏也，亦插也；紳，大帶也。言仁義名法，布在《六經》者，鄒、魯之地儒服之人能明之也。」委質，委死質於君，示必忠也。服虔《左傳注》：「古者始仕，必先書其名於策，委死之質於君，然後為臣；示必死節於君也。」

第四節　漢高祖時代之經學

及高皇帝誅項籍，引兵圍魯，(1) 魯中諸儒尚講誦習禮，弦歌之音不絕，豈非聖人遺化，好學之國哉？(2) 於是諸儒始得修其經學，講習太射鄉飲之禮。(3) 叔孫通作漢禮儀，因為奉常。(4) 諸弟子共定者，咸為選首，然後喟然興於學。(5) 然尚有干戈，平定四海，(6) 亦未皇庠序之事也。(7)

(1)　〔疏證〕《史記》「引」作「舉」；高皇帝，劉邦也，字季，沛（江蘇沛縣）人。生於周赧王五十九年（西元前256年）。秦二世三年（西元前207年）十月率軍至霸上，奉降。因為漢之元年（西元前206年）正月。十二年（西元前195年），崩，年六十二。項籍，字羽，楚下相（江蘇宿邊）人。生於秦始皇十五年（西元前232年）；漢高祖五年（西元前202年），兵敗自殺，年方三十一歲。〈項羽本紀〉云：「項王已死，楚地皆降漢，獨魯不下，漢乃引天下兵欲屠之。為其守禮義，為主死節，乃持項王頭示，魯父兄乃降。」

(2)　〔補注〕先謙曰：「《史記》『遺』上有『之』字，『學』作『禮樂』。」
　　〔疏證〕《史記》「禮」下有「樂」字。《論語‧陽貨篇》記「子之武城，聞弦歌之聲。」朱熹《集註》云：「時子游為武城宰，以禮樂為教，故邑人皆

弦歌也。」故魯弦歌之音不絕，是聖人遺化也。

（3）〔疏證〕《史記》在「好禮樂之國哉」下更有：「故孔子在陳，曰：『歸與！歸與！吾黨之小子狂簡，斐然成章，不知所以裁之。』夫齊、魯之間於文學，自古以來，其天性也。故漢興，」班固作《漢書》皆刪去。又《史記》「於是」作「然後」；「學」作「藝」。大射，所以觀羣臣之禮也。《儀禮》有〈大射儀篇〉。賈公彥《疏》引鄭《目錄》云：「名曰大射者，諸侯將有祭祀之事，與其羣臣射，以觀其禮。數中者得與於祭，不數中者不得與於祭。」鄉飲，所以尊賢能也。《儀禮》有〈鄉飲酒篇〉。《疏》引鄭《目錄》云：「諸侯之鄉大夫三年大比，獻賢者能者於其君。以禮賓之，與之飲酒。」大射、鄉飲，於五禮皆屬嘉禮。

（4）〔疏證〕《史記》「奉」作「太」。叔孫通，薛（今山東滕縣東南薛城是其故地）人。名通字何。秦時以文學徵爲待詔博士，後亡去。漢興，說高祖定朝儀，采古禮與秦儀雜用之。漢高祖七年（西元前200年），長樂宮成，羣臣依通所制儀入賀。高祖大悅，遂拜通爲太常。後徙太子太傅。高祖欲易太子，通諫止之。惠帝立，通重爲奉常，定宗廟儀法。生、卒年均未詳。奉常，官名，即太常也，秩二千石。《漢書·百官公卿表》云：「奉常，秦官，掌宗廟禮儀。景帝中六年更名太常。」王先謙《補注》云：「齊召南曰：『《唐六典》：漢高名曰太常，惠帝復曰奉常，景帝又曰太常。』與此表異。據《史記·叔孫通列傳》：『高帝拜通爲太常。』《漢官典職》亦云：『惠帝改太常爲奉常。』則《六典》所云自確；班〈表〉蓋祇標其大略耳。」按：《史記·儒林、叔孫通》二傳作「太常」者，班氏皆改爲奉常，與其所著〈百官公卿表〉合，似非偶然，當有所據。王說非也。

（5）〔注〕師古曰：「喟然，歎息貌，音丘位反。」

〔疏證〕《史記》：「弟子」上有「生」字，「然後」作「於是」，「喟然」下有「歎」字。據《史記·叔孫通傳》，與通共定漢禮儀者，計有三類：即魯所徵諸生三十人，通之弟子百餘人，及高祖左右爲學者。《史記》言「諸生弟子」而不及高祖左右者，蓋上左右已仕也。《漢書》刪「生」字，則誤遺魯所徵儒生矣。又「喟然」爲歎息貌，下刪「歎」字，亦誤。〈叔孫通列傳〉云：「竟朝置酒，無敢讙譁失禮者。於是高帝曰：『吾迺今日知爲皇帝之貴也！』迺拜通爲太常，賜金五百斤。叔孫通因進曰：『諸弟子儒生隨臣久矣，與共爲儀，願陛下官之。』高帝悉以爲郎。」是其事也。張森楷《史記新校注》曰：「選首者，選官在前，猶後世之特旨班或儘先班，以優之也。與

舉首用各不同。」按「咸爲選首」即〈叔孫通傳〉「悉以爲郎」之意也。

（6）〔注〕師古曰：「言陳狶、盧綰、韓信、鯨布之徒，相次反叛征伐也。」

〔疏證〕漢高祖十年（西元前 197 年），趙相國陳狶反；十二年冬，兵敗被殺。燕王盧綰以通計謀於狶，十二年，亡入匈奴。淮陰侯韓信於高祖十一年爲呂后所擒。淮南王鯨布反亦在高祖十一年，次年兵敗被誅。又梁王彭越於高祖十一年謀反，廢遷蜀，復欲反，遂夷三族。

（7）〔注〕師古曰：「皇，暇也。」

〔疏證〕《史記》「皇」作「遑暇」。

第五節　漢孝惠、高后、文、景時代之經學

孝惠、高后時，公卿皆武力功臣。（1）孝文帝時，頗登用。（2）然孝文本好刑名之言。（3）及至孝景不任儒，（4）竇太后又好黃、老術，（5）故諸博士具官待問，未有進者。（6）

（1）〔疏證〕《史記》「高」作「呂」；「功臣」作「有功之臣」。孝惠帝名盈，高祖之子，呂后所出。生於秦始皇三十七年（西元前 210 年）。十六歲（西元前 194 年）即帝位。惠帝四年，除挾書律。乃儒林一大事也。《史記·孔子世家》：「鮒弟子襄嘗爲孝惠皇帝博士，遷爲長沙太守。」此惠帝時博士之僅見者。劉歆〈移太常博士〉曰：「至孝惠之世乃除挾書之律；然公卿大臣絳灌之屬，咸介冑武夫，莫以爲意。蓋其時三公九卿多爲武力功臣也，其中能明經藝者，叔孫通、張蒼、劉郢客三人而已。七年（西元前 188 年）帝崩，年僅二十三歲。於是呂后臨朝，諸呂用事，殆無學術可言也。

（2）〔注〕師古曰：「言少用文學之士。」

〔疏證〕「登」《史記》作「徵」。師古注之「少用」，猶「稍用」也。《史記正義》云：「言孝文帝稍用文學之士居位。」孝文帝，名恆，高帝子，薄夫人所出。生於漢高祖四年（西元前 203 年）初封代王，及呂后崩，丞相陳平、太尉周勃迎立爲帝。在位二十三年，即西元前 179 年至 157 年。崩年四十七歲。文帝時，張蒼以精於《春秋》、曆算，官至丞相，封北平侯。賈誼少通諸子百家之書，文帝徵爲博士，一歲中超遷至大中大夫。文帝又詔太常使掌故鼂錯往伏生處受《尚書》。聞申公爲《詩》精，以爲博士；又以韓嬰爲博士。趙岐〈孟子題辭〉云：「孝文皇帝欲廣遊學之路，《論語》、《孝

經》、《孟子》、《爾雅》，皆置博士。」皆文帝頗徵用儒者之事也。

（3）〔疏證〕劉向《別錄》云：「刑名者，以名責實，尊君卑臣，崇上抑下。」《史記》多以「刑名」與「黃、老」對文並舉，如〈老莊申韓列傳〉，一則曰：「申子之學，本於黃、老，而主刑名。」再則曰：「韓非喜刑名法術之學，而其歸本於黃、老。」班固〈儒林傳〉多用《史記》文，言孝文好刑名，與下文「竇太后又好黃、老術」亦對舉也。蓋黃、老者，刑名之本；刑名者，黃、老之用。本師瑞安林先生《中國學術思想大綱》云：「高祖入關，當秦政苛虐之餘。惠帝之時，人心初定。文、景繼位，乃求所以安居樂業，休養生息之道。故黃、老刑名之術，亦為當時所崇好。黃、老之術，蓋漢初道家之言，以清靜無為為主，以刑名法術為用。」最能推明、文景時崇尚黃、老之原因，與乎黃、老刑名之關係。錢穆〈兩漢博士家法考〉云：「張歐孝文時以治刑名得侍太子。晁錯上書言皇太子應深知術數，文帝善之，拜太子家令。術數即刑名也。」是文帝好刑名之證也。

（4）〔疏證〕《史記》「儒」下有「者」字。孝景帝，名啟，字開，文帝子，竇太后所出。生於漢惠帝七年（西元前188年）。三十二歲即帝位，在位十六年，即西元前156年至141年，崩年四十八歲。孝景以母竇太后好黃、老之故，少任儒者，然其時儒者亦頗有登用者。如丁寬為梁孝王將軍，作《易說》三萬言；申公弟子蘭陵·王臧以魯《詩》為太子少傅；齊·轅固生以《詩》為博士，拜為清河王太傅；胡毋生、董仲舒以《公羊》為博士；韓嬰為常山王太傅，作《韓詩內、外傳》數萬言，皆其例也。

（5）〔疏證〕下文云：「竇太后好《老子》書，召問固。固曰：『此家人言耳！』太后怒曰：『安得司空城旦書乎！』乃使固入圈擊彘。」《漢書·外戚傳》：「竇太后好黃帝、老子言，景帝及諸竇不得不讀《老子》，尊其術。」皆竇太后好黃、老之徵也。

（6）〔注〕師古曰：「具官，謂備官而已。」
〔疏證〕孝文時博士可考者，有申培、韓嬰，皆以《詩》為博士，見下文。賈誼通諸家之書，文帝詔以為博士，晁錯受《尚書》伏生所，還，詔遷博士。皆見其本傳。又魯人公孫臣，言五德終始為博士，見〈張蒼傳〉及〈成帝紀〉。孝景帝時博士有轅固生、胡毋生、董仲舒、田王孫，皆見下文。又伏生教濟南·張生，為博士。歐陽和伯事伏生，《歐陽修外集》二十一謂為漢博士。又高堂生，《儀禮·士冠禮》疏謂其為博士，未知其在文帝抑景帝時也。應劭《漢舊儀》：「文帝時，博士七十餘人，朝服玄端章甫冠，為待

詔博士。」劉歆〈移太常博士書〉：「漢興，至孝文帝，天下眾書往往頗出，皆諸子傳說，猶廣立學官，為置博士。」然則孝文博士，非僅《六藝》一端矣。錢穆〈兩漢博士家法考〉云：「史遷謂文帝本好刑名，良為不誣。然其時博士既不限於儒生，則諸博士之具官待問未有進，不得全以文、景之不好儒說之。蓋其時漢廷自蕭、曹以下，皆以兵革汗馬功封侯為相。漢約非有功不得侯，又非侯不為相。故宰相一職，遂為功臣階級所獨擅。彼輩皆質多文少。即張良以下，陸賈、婁敬諸文人，尚不得大用，何論新起之士？故賈誼卒抑鬱以死，晁錯進言，遽自見殺。此寧得以文、景不好儒說之？」其說頗是。

第六節 漢武帝時代之經學

漢興。(1) 言《易》，自淄川・田生。(2) 言《書》，自濟南・伏生。(3) 言《詩》，於魯則申培公；(4) 於齊則轅固生；(5) 燕則韓太傅。(6) 言《禮》，則魯・高堂生。(7) 言《春秋》，於齊則胡毋生；(8) 於趙則董仲舒。(9) 及竇太后崩，武安君田蚡為丞相，(10) 黜黃、老刑名百家之言；延文學儒者以百數。(11) 而公孫弘以治《春秋》為丞相封侯，天下學士靡然鄉風矣。(12)

(1) 〔疏證〕《史記》無「漢興」；而作「及今上即位，趙綰、王臧之屬明儒學；而上亦鄉之。於是招方正賢良文學之士，自是之後。」視此為詳也。以下言《五經》，《漢書》以《易》、《書》、《詩》、《禮》、《春秋》為序；《史記》以《詩》、《尚書》、《禮》、《易》、《春秋》為序。蓋《史記》之前，《六經》次第以內容淺深為先後，《論語・述而篇》言「《詩》《書》執禮」，以及《禮記・經解》，《荀子・儒效》，《莊子・天運、天下》諸篇言《六經》次序皆然。《漢書》以後，則以《六經》產生時代之先後為序，《說文解字・序》，《後漢書・儒林傳》，《釋文・序錄》，《隋書・經籍志》皆然。

(2) 〔疏證〕淄川，《史記》作「菑川」，於戰國為齊地，其地在今山東東北部壽光縣一帶。田何，字子莊，生卒年史未詳。

(3) 〔疏證〕「書」《史記》作「尚書」，濟南，漢郡名，其地在今山東省西北部之歷城、德縣、德平、臨邑、泰安、章丘、鄒平、淄川一帶。伏生，名勝，漢文帝十年伏生年已九十餘。

(4) 〔疏證〕魯地，約在今山東滋陽縣東南迄於江蘇沛縣、安徽泗縣一帶。申公

約生於秦始皇二十六年（西元前 221 年），約卒於漢武帝建元之末（西元前
135 年）。

（5）〔注〕師古曰：「培、固者，其人名；公、生者，其號也。它皆類此。培音陪。」
〔補注〕先謙曰：「官本此下有『韋昭曰培公之名也』八字。」
〔疏證〕齊地，約在今山東省益都以西至歷城、聊城之間，及河北景、滄二
縣東南至海一帶。轅固生，一作袁固。約生於秦始皇二十六年（西元前 221
年）；漢武帝元光五年（西元前 130 年），公孫弘再徵，固亦徵，蓋其時尚
健在也。

（6）〔注〕師古曰：「名嬰也。」
〔疏證〕燕地，約在今河北省西北部，遼寧三省，及朝鮮北部一帶。韓嬰，
約生於秦皇、漢高之間，其卒年，據賴炎元博士考證，約在漢武帝太初元
年（西元前 104 年。）

（7）〔補注〕先謙曰：「《索隱》謝承云，秦氏季代有魯人高堂伯，則伯其字。」
〔疏證〕高堂，複姓；據《索隱》，字伯，而王應麟《漢書藝文志考證》引
《史記正義》謝承云：「秦代有魯人高堂伯人。」則似字伯人。其生卒，史
未詳，《三國志‧魏志‧高堂隆傳》：「泰山平陽人，魯‧高堂生後也。」泰
山，故齊地，蓋高堂生之後遷居泰山也。

（8）〔疏證〕「母」當作「毋」，《史記》《漢書》殿本皆誤，「胡毋」為複姓也。《史
記》《漢書》皆謂胡毋生齊人而未著郡名，據《古佚叢書》本《文館詞林》
後漢‧李固〈祀胡毋先生教〉曰：「太守以不材，嘗學《春秋胡毋章句》，
每讀其書，思覬其人，不意千載來臨此邦，是乃太守之先師。」云云，按
李固嘗為泰山太守，見《後漢書‧李固傳》，則胡毋生為齊之泰山郡人也。
今山東泰安、萊蕪、新泰、東阿、東平、滋陽、寧陽，皆其地。胡毋生，
字子都，詳見下文。

（9）趙地，在今河北省南部，與山西省東部，及河南省黃河以北地。董仲舒為廣
川溫城（今河北景縣西北）人，《春秋繁露‧五行對》：「河間獻王問溫城‧
董君」是也，其地故屬趙。仲舒生卒，史未詳，蘇輿作《董子年表》，起漢
文帝元年（西元前 179 年）；止武帝太初元年（西元前 104 年）。見蘇輿《春
秋繁露義證》。

（10）〔疏證〕「竇太后」當作「竇太皇太后」，《史》《漢》並誤，其崩在建元六年
（西元前 135 年）。田蚡，漢‧長陵（陝西咸陽）人，武帝母舅也。建元元
年為太尉，六年為丞相，元光四年（西元前 139 年）卒。為人多欲尊大，初

喜黃帝、盤盂之學，雜家之說，及武帝即位，迎上好倡儒學，司馬遷深貶之。
丞相，秦官，漢承之，掌丞天子助理萬機。

（11）〔補注〕先謙曰：「《史記》作『數百人』。」

〔疏證〕《史記》「黜」作「絀」；「以百數」作「數百人」。竇太皇太后崩，
田蚡為相，次年即元光元年（西元前 134 年），令郡國舉孝廉各一人，詔舉
賢良，於是公孫弘、董仲舒等出焉。

（12）〔注〕師古曰：「『鄉』讀曰『嚮』。」

〔疏證〕《史記》「公孫弘以治《春秋》為丞相封侯」作「公孫弘以《春秋》
白衣為天子三公封以平津侯」。視此為詳。公孫弘，菑川薛縣（今山東滕縣）
人。生於漢高祖七年（西元前 200 年），建元元年（西元前 140 年）徵為博
士，元光五年（西元前 130 年）為左內史。元朔三年（西元前 126 年）為御
史大夫。元朔五年乃為丞相封侯矣。元狩二年（西元前 121 年），弘卒。《史
記》本傳謂弘「為人意忌，外寬內深。」〈儒林傳〉亦載其「側目視固」、「嫉」
仲舒之事。儒者得政，丞相封侯，皆自公孫弘始，而後天下學者靡然嚮風，
此史遷所以為之「廢書而歎」乎？班固〈贊〉云：「蓋祿利之路然也！」

第七節　公孫弘興學議

弘為學官，(1) 悼道之鬱滯，迺請曰：「丞相、御史言：(2) 制曰：(3)『蓋聞
導民以禮，風之以樂。(4) 婚姻者，居室之大倫也。(5) 今禮廢樂崩，朕甚愍焉。
(6) 故詳延天下方聞之士，咸登諸朝。(7) 其令禮官勸學，講議，洽聞，舉遺，
興禮，以為天下先。(8) 太常議，予博士弟子，崇鄉里之化，以屬賢材焉。』(9)
謹與太常臧、博士平等議曰：(10)『聞三代之道，鄉里有教。夏曰校，殷曰庠，
周曰序。(11) 其勸善也，顯之朝廷；其懲惡也，加之刑罰。(12) 故教化之行也，
建首善自京師始，繇內及外。(13) 今陛下昭至德，開大明，配天地，本人倫，
勸學興禮，崇化屬賢，以風四方，太平之原也。(14) 古者政教未洽，不備其禮，
請因舊官而興焉。(15) 為博士官置弟子五十人，復其身。(16) 太常擇民年十八
以上儀狀端正者，補博士弟子。(17) 郡國縣官，(18) 有好文學，敬長上，肅政
教，順鄉里，出入不悖所聞，(19) 令、相、長、丞，上屬所二千石。(20) 二千
石謹察可者，常與計偕，詣太常，(21) 得受業如弟子。(22) 一歲皆輒課，(23) 能
通一藝以上，補文學掌故缺，其高第可以為郎中，太常籍奏。(24) 即有秀才異
等，輒以名聞。(25) 其不事學，若下材，及不能通一藝，輒罷之，而請諸能稱

者。』(26) 臣謹按：詔書律令下者，(27) 明天人分際，通古今之誼。(28) 文章爾雅，訓辭深厚，(29) 恩施甚美。小吏淺聞，弗能究宣，亡以明布諭下。(30) 以治禮掌故，以文學禮義為官，遷留滯。(31) 請選擇其秩比二百石以上，(32) 及吏百石通一藝以上，(33) 補左、右內史、大行卒史。(34) 比百石以下，補郡太守卒史，皆各二人，(35) 邊郡一人，先用誦多者。(36) 不足，擇掌故以補中二千石屬；(37) 文學掌故補郡屬；備員。(38) 請著功令，(39) 它如律令。」(40) 制曰：「可！」自此以來，公卿大夫士吏，彬彬多文學之士矣。(41)

（1）〔疏證〕《史記》「弘」上有「公孫」。學官者，本指黌舍而言，《漢書·循吏傳》：「文翁又修起學官於成都市中，招下縣子弟以為學官弟子。」師古《注》：「學官，學之官舍也。」而後以「學官」為「太學」，因此於大學建博士任教座曰「列於學官」，劉歆〈移書讓太常博士〉：「欲親近欲建立左氏《春秋》，及毛《詩》、逸《禮》，古文《尚書》，皆列于學官。」是也。為學官者，為興起太學也，即下文奏請為博士設弟子員之事。為，應讀去聲。

（2）〔注〕師古曰：「自此以下皆弘奏請之辭。」
　　〔補注〕宋祁曰：「景德本無『悼』字。《刊誤》據《史記》作『悼道』，據南本作『以道』。」先謙曰：「官本『曰』作『白』。」
　　〔疏證〕漢時上書例皆先言己之職銜，弘上書自稱「丞相御史」者，蓋為丞相兼御史大夫也。《漢書·百官表》：「元朔五年十一月乙丑，丞相澤免，御史大夫公孫弘為丞相；四月丁未，河東太守九江·番係為御史大夫。」漢初以十月為歲首，弘蓋以丞相兼御史凡五閱月也。此議必係其時所上，〈武帝紀〉載此詔於元朔五年（西元前 124 年）六月，年是而月非。

（3）〔疏證〕君命曰制，即詔令也。楊樹達《漢書窺管》卷九：「此詔在元朔五年，見〈武紀〉。」《文獻通考》卷四十：「此武帝制也，而其建請之議，條畫之目，則公孫丞相實發之。」

（4）〔注〕師古曰：「風，化也。」

（5）〔注〕師古曰：「倫，理也。」
　　〔疏證〕《漢書·武帝紀》元朔五年載此詔，無「婚姻」以下九字。張森楷《史記新校注》云：「此言興學，于婚姻無關，即原文所有，亦當在避免冗敘之例。」

（6）〔疏證〕〈武紀〉「廢」作「壞」，「愍」作「閔」。

（7）〔注〕師古曰：「詳，悉也。方，道也，有道及博聞之士也。」

〔補注〕宋祁曰：「延字《刊誤》據史館本添入。」齊召南曰：「案《史記》
作『詳延天下方正博聞之士』，義甚明皙，當是《漢書》寫本脫『正博』二
字，而師古因曲爲之說耳。」沈欽韓曰：「方、旁古今字，《廣雅》：旁，廣
也，於義亦通。」

〔疏證〕「方聞」，《史記》作「方正博聞」；「登」〈武紀〉作「薦」。王念孫
《讀書雜志》：「方聞之士即博聞之士也。《廣雅》：『博、方、廣，大也。』
是方與博同義。上言禮壞樂崩；下言勸學、講議、洽聞、舉遺、興禮，是
武帝欲舉博聞之士以興禮樂，非舉賢良方正也。若舉賢良方正，則建元元
年已有詔矣。《史記》有正博二字者，後人襲取顏《注》增成意義耳。《漢
書》兩載此詔皆作方聞之士，且皆本《史記》，則《史》《漢》皆無正博二
字明矣。」

（8）〔注〕師古曰：「舉遺，謂經典遺逸者求而舉之。」

〔疏證〕《史記》「洽聞」下脫「舉遺」；〈武紀〉有之。洽聞，博聞也。洽
有徧意，《後漢書・杜林傳》「咸推其博洽」，注：「洽，徧也。」舉遺，求
遺書之類。

（9）〔注〕師古曰：「厲，勸勉之也，一曰砥厲也。自此以上，弘所引詔文。」

〔補注〕先謙曰：「予、與同，《史記》作『與』。」

〔疏證〕《史記》「予」作「與」；「厲」作「廣」。〈武紀〉「常」下有「其」
字；「里」作「黨」。予博士弟子者，爲博士設弟子員也。

（10）〔注〕師古曰：「臧，孔臧也。」

〔補注〕周壽昌曰：「《文選・兩都賦》李《注》引《孔臧集》曰：『臧，仲尼
之後，少以才博知名，稱遷御史大夫，辭曰：「臣代以經學爲家，乞爲太常，
專修家業。」武帝遂用之。』《通鑑》於元朔二年載此條，並云臧辭御史大
夫，乞爲太常，典臣家業，與從弟侍中安國綱紀古訓，使永垂來嗣，上乃以
臧爲太常，其禮賜如三公云。」

〔疏證〕《文獻通考》卷四十注曰：「臧，孔臧；平，博士之長也。博士，太
常之屬。」《漢書・藝文志・儒家》有「《太常蓼侯孔臧》十篇」。王國維〈漢
魏博士題名考〉則以「平」爲博士名。

（11）〔注〕師古曰：「教，效也，言可效道藝也。」

〔補注〕先謙曰：「官本《考證》云，《史記》作『殷曰序，周曰庠』，與《孟
子》同。」

〔疏證〕《孟子・滕文公篇》：「設爲庠序學校以教之；庠者養也，校者教也，

序者射也。夏曰校，殷曰序，周曰庠。學則三代共之。」《史記正義》：「校，教也，可教道藝也；庠，詳也，言詳審經典；序，舒也，言舒禮義。」

（12）〔疏證〕此《韓非・二柄篇》意耳！「二柄者，刑、德也。何謂刑、德？殺戮之謂刑，慶賞之謂德。爲人臣者，畏誅罰而利慶賞，故人主自用其刑、德，則羣臣畏其威而歸其利矣。」《論語》云：「道之以政，齊之以刑，民免而無恥；道之以德，齊之以禮，有恥且格。」漢儒於斯義已不復講究矣！

（13）〔注〕師古曰：「繇音由。由，從也。」
〔疏證〕此所以京師巨邑有「首善之區」名也。「繇」《史記》作「由」。

（14）〔注〕師古曰：「風，化也。」
〔補注〕宋祁曰：「姚本改『厲賢』作『屬賢』。」
〔疏證〕「興」《史記》作「修」。屬賢，獎勵賢良也。

（15）〔疏證〕《文獻通考》卷四十：「舊官爲博士舊授徒之黌舍也。至是官置弟子員，來者既眾，故因舊黌舍而興修之。」

（16）〔注〕師古曰：「復音方目反。」
〔疏證〕復，免除其賦役也。《漢書・刑法志》：「中試則復其戶。」《注》：「師古曰：『復，謂免其賦稅也。』」

（17）〔補注〕周壽昌曰：「《漢官儀》舉博士狀有「身無金銖痼疾」一條，《藝文類聚》《御覽・職官部》引同。」
〔疏證〕《史記》「以」作「已」，通用。《文獻通考》卷四十：「此太常所補也，詔書既曰崇鄉里之化，則太常所補弟子不過取諸關中而已。」又曰：「太常弟子止取儀狀端正者，蓋太常，天子近臣，常以儒宗爲之。任其選擇，不必立法也。」

（18）〔補注〕齊召南曰：「案《史記》作『郡國縣道邑』是也，此文有脫誤也。縣有蠻夷曰道，列侯公主所食曰邑，謂屬於郡或國之縣，及道與邑也，漢時稱朝廷曰縣官，故凡言令、長，不曰縣官也。」

（19）〔注〕師古曰：「悖，乖也，音布內反。」
〔疏證〕《史記》「所聞」下有「者」字，以上屬爲句。班省一「者」字，顏《注》遂於「不悖」絕句矣。

（20）〔注〕師古曰：「聞謂聞其部屬有此人也。令，縣令。相，侯相。長，縣長。丞，縣丞也。二千石謂郡守及諸王相也。」
〔補注〕劉攽曰：「所聞當屬上句讀之，則亦不煩訓詁矣。」何焯曰：「《史記》『聞』下有一『者』字，自當屬上出入不悖爲句。」王鳴盛曰：「案當作上

所屬二千石。」先謙曰：「《史記》亦作『屬所二千石』，王說非，自二千石下言之，則曰『所屬』，自令、相、長、丞上言之，則曰『屬所』，屬所與在所義同。」

〔疏證〕漢縣滿萬戶以上爲令，秩千石至六百石；減萬戶爲長，秩五百石至三百石。皆有丞尉，秩四百石至二百石。相，侯相也。《前漢書・百官表》、《後漢書・百官志》有王國相而無侯國相，然王國相秩二千石，不得在「令、長」間，下更不得云「上屬所二千石」，故必非王相而爲侯相也。張森楷《史記新校注》云：「晉、宋《地志》皆明著云：某公相，某侯相，則其位固在令、長間，官志不載，蓋偶略之。」

（21）〔注〕師古曰：「隨上計吏俱至京師。」

〔補注〕先謙曰：「《史記》『常』作『當』，宜依此訂。」

〔疏證〕顏《注》於「計偕」句絕。按：「計偕」又見於〈武帝紀〉，顏《注》云：「計者，上計簿使也，郡國每歲遣詣京師之上。偕者，俱也；令所徵之人，與上計者俱來，而縣次給之食。」視此爲詳。杜佑《通典》：「漢制：郡守歲盡，遣上計、掾吏各一人，條上郡內眾事，謂之計簿。」

（22）〔疏證〕按：太常所擇，取諸關中，爲博士弟子；此二千石所擇，取諸郡國，受業「如」弟子。《漢書》：「兒寬以郡國選，詣博士，受業孔安國。」「終軍選爲博士弟子，至府受遣。」「蕭望之以令詣太常受業。」皆見其本傳。又〈循吏傳〉「文翁乃選郡縣小吏開敏有材者張叔等十餘人，親自飭厲遣詣京師，受業博士。」皆郡國所選見於《漢書》者也。

（23）〔疏證〕《史記》「課」作「試」。《通考》四十：「太常所補，郡國所擇，雖有兩途，至於受業一年而後試，則考察無二法也。」

（24）〔注〕師古曰：「爲名籍而奏。」

〔補注〕宋祁曰：「注文『爲』字下疑有『之』字。」先謙曰：「宋說非，《史記》『郎中』下有『者』字。」

〔疏證〕孫星衍《校衛宏漢舊儀補遺》卷上：「博士取學通行修，博識多藝，曉古文爾雅，能屬文章者，爲高第。」又曰：「太常博士弟子試射策，中甲科補郎，中乙科補掌故。」據《漢書》：馬宮、翟方進、何武、王嘉，並以射策甲科爲「郎」，召信臣以明經甲科爲「郎」，皆見其本傳；房鳳以射策乙科補掌故，見〈儒林傳〉。是也。此作「郎中」者，「中」似爲衍文。蓋因《漢儀》：「弟子射策，甲科百人補郎，中乙科二百人補太子舍人，皆秩二百石；次郡國文學，秩百石也。」《漢儀》「甲科」上奪一「中」字，本應據《漢舊

儀》補。疑後人不知,乃以「中乙科」之「中」上屬「郎」作「郎中」,並
據以改〈儒林傳〉文,致有此衍誤也。〈儒林傳〉:孟喜、梁丘賀、殷嘉、姚
平、乘弘、京房、費直、高康,並以通《易經》爲「郎」;蔡千秋以明《穀
梁》爲「郎」;申公弟子爲博士者十餘人,其學官弟子以《詩》至於大夫、「郎」、
掌故者以百數。又高帝時,與叔孫通共定禮儀者百三十餘人,悉以爲「郎」。
是西漢時諸儒高第入仕初皆爲「郎」,非「郎中」。應劭《漢官儀》:「尚書郎
初上詣臺,稱守尚書郎;滿歲,稱尚書郎中;三年,稱侍郎。」準此,則由
郎而郎中而侍郎,次第分明。據《漢儀》,「郎」之秩比二百石;據《漢書‧
百官公卿表》:郎中秩比三百石,侍郎秩比四百石,侍郎之上更有議郎、中
郎,秩比六百石。亦井然有序,與郎、郎中、侍郎、議郎、中郎之次第悉合
也。〈儒林傳〉有王駿嘗爲郎中,有申輓、伊推、宋顯、許廣,皆爲侍郎,
又尹更始爲議郎,王亥爲中郎,即依此次第升遷者。此射策中甲科爲郎,秩
比二百石,即下文「選擇其秩比二百石以上」補「左右內史、大行卒史」者。
於注34、注40當續詳之。

(25)〔疏證〕秀才異等,謂才學優秀異於等儕者,得隨時以其名奏上也。

(26)〔注〕師古曰:「謂列其能通藝業而相稱其任者,奏請補用之也。」

〔補注〕齊召南曰:「案《史記》作『而請諸不稱者罰』,此文衹換一『不』
字,省一『罰』字,義遂不同,《史記》言懲徼濫舉,此文言登進賢才也。」
沈欽韓曰:「《史記》所云,當是兼坐舉主也。《通考》四十云:『諸不稱者,
謂太常之謬選,博士之失教,及郡國之濫以充賦也,〈功臣表〉山陽侯張當
居坐爲太常,擇博士弟子,故不以實元爲城旦,則其罰可知。』」先謙曰:「官
本注無『相』字,此文依《史記》,義自貫串,疑本書傳寫脫誤,非班氏改
《史記》也。」

〔疏證〕「能」《史記》作「不」;「者」下有「罰」字。依《史記》訂補。自
「聞三代之道」至「而請諸不稱者罰」,乃公孫弘與太常臧博士平所共議。

(27)〔注〕師古曰:「下謂班行也。」

〔補注〕先謙曰:「謂平時所班下者,不蒙上言。」

(28)〔注〕師古曰:「分,音扶問反。」

〔補注〕先謙曰:「官本注在上句下。」

〔疏證〕《史記》「誼」作「義」,通用也。司馬遷〈報任少卿書〉:「究天人
之際,通古今之變。」句法與此同。

(29)〔注〕師古曰:「爾雅,近正也,言詔辭雅正而深厚也。」

〔疏證〕爾、邇通，故有「近」義；雅、夏一字，皆有「古」意。呂思勉《秦漢史》第十章〈秦漢學術〉，曰：「爾雅之辭，實多近古，故吏弗能通。雅、夏一字，漢人好古，辭以近古者爲正，而爾雅之義，遂由近古變爲近正矣。」

（30）〔補注〕先謙曰：「明通宣布，使下諭其意，非俗吏所能。」

〔疏證〕《史記》「亡」作「無」。《文獻通考》卷四十：「欲爲學者開入仕之路，故以宣布詔書爲名，與三代賓興之意異矣。此俗儒之所喜，而高士所不屑也。」

（31）〔注〕師古曰：「言治禮掌故之官，本以有文學、習禮義而爲之，又所以遷擢留滯之人。」

〔補注〕劉敞曰「下『以』字衍，言治禮掌故，其遷常留滯，故請特選用以勸之。」先謙曰：「上『以』字衍，刪下『以』字，則義不可通，《史記》亦止有下『以』字。」

〔疏證〕「以治禮掌故」，《史記》作「治禮次治掌故」，《集解》徐廣一云：「次治禮學掌故」，疑《史記》本當是「次治禮掌故」，《漢書》「以」字乃爲「次」字之誤也。公孫弘請起用通經藝者，理由有二：一爲小吏不能究宣詔令；其次爲治禮、掌故遷留滯。「次」即「其次」之意。「治禮」「掌故」皆漢官名，《漢書‧平當傳》：「當少爲太行治禮丞。」又〈蕭望之傳〉亦有大行治禮丞。《漢書‧兒寬傳》：「以射策爲掌故。」《史記‧鼂錯傳》：「錯以文學爲太常掌故。」大行治禮丞以禮儀爲官，掌故以文學爲官，其升遷皆極滯緩，故弘請擇用之。

（32）〔疏證〕即前所謂「其高第可以爲郎」者，秩比二百石，俸略少於秩二百石。

（33）〔疏證〕吏乃以百石擇用者，所以示優渥也。

（34）〔注〕師古曰：「左、右內史後爲左馮翊、右扶風，而大行後爲大鴻臚也。」

〔疏證〕左、右內史掌治京師；後改爲左馮翊、京兆尹，師古云「右扶風」，非也。大行掌諸歸義蠻夷。卒史秩二百石，《漢書‧循吏傳》：「黃霸補左馮翊二百石卒史。」是也。〈兒寬傳〉：「兒寬以射策爲掌故，功次補廷尉文學卒史。」《注》：「臣瓚曰：『《漢注》，卒史秩百石。』」此百石者實「文學卒史」，非「卒史」也。顏師古謂「瓚說是也」，《西漢會要》據之，以爲左、右內史、大行卒史秩皆百石，大謬。據孫星衍《校集漢官》：廷尉員吏有十六人二百石廷吏，文學十六人百石。大鴻臚員吏有二人二百石，文學六人百石。百石者即文學卒史，二百石即卒史，可爲參證。

（35）〔注〕師古曰：「內地之郡，郡各補太守卒史二人也。」

〔疏證〕《後漢書・百官志》受奉表無「比百石」之奉，或兩漢官奉稍有更異也。郡太守卒史，秩百石，《後漢書・百官志》州郡目下引《漢官》曰：「百石卒吏二百五十人。」者是也。楊樹達《漢書窺管》卷九引強汝詢曰：「郡諸曹卒史，皆太守自辟署，未有由尚書調補者。弘所言郡太守卒史，必文學掾也。」

（36）〔補注〕先謙曰：「以上言它途選補之法如此。」

〔疏證〕按：以上所言，首舉秩比二百石，即前所謂「高第可以爲郎」者，非盡它途也。王說非。

（37）〔注〕蘇林曰：「屬亦曹史，今縣令，文書解言屬某甲也。」

〔補注〕先謙曰：「官本注『曹』作『禮』。引宋祁曰：注文『禮史』，姚本作『曹史』。先謙案：《史記》『不足』上有『若』字，下有『乃』字，文義尤晰。」

〔疏證〕《史記》「不足」上有「若」，下有「乃」，又「掌故」下無「以」字。《文獻通考》卷四十：「中二千石屬，即左、右內史、大行卒史也。」就邏輯言：左、右內史、大行皆中二千石；然中二千石非僅三輔大行而已。故亦有補他中二千石屬，《漢書・張湯傳》「請博士弟子治《尚書》《春秋》補廷尉史」者是也。又卒史爲「屬」；然「屬」非僅卒史而已。故兒寬以射策爲掌故，功次補廷尉百石文學卒史者是也。

（38）〔注〕師古曰：「云備員者，示以升擢之，非籍其實用也。」

〔補注〕劉攽曰：「尋此文意，本緣小吏弗能究宣詔書，故使文學士布在州郡也。然顏解未甚悉，今區別言之。治禮掌故以文學禮義爲官，遷留滯者：言故治禮掌故令在它官，而遷常留滯，今遷之。請選擇其秩比二百石以上，及吏百石通一藝以上，補左、右內史、大行卒史：言文學掌故留滯在比二百石以上，又百石通一藝，皆補爲左、右內史、大行卒史也。吏乃以百石用者，爲其曉事優之也。比百石以下補郡太守卒史，皆各二人，邊郡一人：言故文學掌故在留滯及吏比百石皆補郡卒史也，不言文學掌故之在百石者，與吏百石同也。先用誦多者，此數品先用誦多者也。不足擇掌故，言此數品不足，則擇見方爲掌故也。以補中二千石屬，以與已同，言自比二百石至比百石爲卒史者，已而臨二千石屬也，有掾有屬，卒史遷而爲屬也。文學掌故補郡屬者：即不足所擇用，故但得爲郡屬也。備員者：總言此二者皆備員也。」錢大昕曰：「師古說非也，平津本意以詔書爾雅深厚，非俗吏所解，故選文學掌故補卒史，所謂以儒術緣飾吏事也，安得云不籍其實用乎？備員蓋蒙上不

足之文，謂如有不足，當以文學掌故充之，毋使缺額耳，中二千石屬，即謂內史、大行卒史，郡屬即謂郡卒史，劉謂卒史遷爲屬，亦非是。」

〔疏證〕《文獻通考》卷四十：「文學掌故即博士弟子通一藝所補也；郡屬即郡太守卒史也。」又云：「既無誦多者，故選掌故彼善於此者以充數。」按：匡衡以太常掌故「調補平原文學」，是其例也。《漢書》又有：梅福爲「郡文學」；鄭崇爲「郡文學史」；張敞、尹翁歸並補「太守卒史」；皆見其本傳。公孫此議全文大意詳注40。

（39）〔注〕師古曰：「新立此條，請以著於功令。功令，篇名，若今選舉令。」
〔補注〕沈欽韓曰：「《索隱》：功令，即今學令也。」

（40）〔注〕師古曰：「此外並如舊律令。」
〔疏證〕公孫弘之請止於此。綜觀其文，計分三節，茲述其大綱於后：
一、自「制曰」至「以廣賢材焉」，係引武帝詔，以爲其所請之依據。
二、自「謹與」至「不稱者罰」，係與太常、博士議定設弟子員及考核之法：
甲、設弟子員之法：
1. 太常所擇；
2. 郡國所選。
乙、考核之法：
1. 不能通一藝者——輒罷之；
2. 能通一藝以上——補文學掌故；
3. 高第——爲郎，由太常籍奏；
4. 秀才異等——輒以名聞。
三、自「臣謹案」至「他如律令」，係弘所議任用升遷之法：
甲、所議之理由：
1. 用無所學——小吏不能究宣詔令；
2. 學無所用——治禮掌故遷留滯。
乙、所議之辦法：
1. 秩比二百石（月受奉二十七斛）之郎，及吏百石通一藝以上者，皆補中二千石屬如左、右內史、太行卒史，秩二百石（月受奉三十斛）；
2. 如不足，擇掌故補文學卒史，秩百石；
3. 吏比百石以下（月受奉八斛至十一斛）通一藝者，補郡屬如太守卒史、郡文學，秩百石（月受奉十六斛）。
4. 若不足，以文學掌故補之，秩亦百石。

馬端臨《文獻通考》卷四十云：「竊詳此段自太常擇民年十八以下至請諸不稱，是指白身受業而通一藝者；自擇其秩比二百石至補郡屬備員，是指已仕受業而通一藝者。然則自身通藝者，可以爲郎中，則其秩反高；（原注：郎中秩比三百石。）已仕通一藝者，只可爲左、右內史、大行卒史，則其位反卑。（原注：佐史秩百石以下）殊不可曉，考訂精詳者，必能知之。」按：「郎中」當作「郎」，秩比二百石，說在註 24；「卒史」秩二百石，說在注 34。馬氏不知「中」字衍，又誤以「卒史」爲「佐史」，致有此誤也。其析此段爲「白身受業」「已仕受業」二節，亦非。蓋「秩比二百石」所謂「已仕受業」者，實即「白身受業」之「郎」也。公孫弘之請，於學術史有極重要地位，然自馬端臨以下，至於王氏先謙，所解均有未妥，茲釋其詞句之餘，特述其概要，如上列之大綱焉。

（41）〔注〕師古曰：「彬彬，文章貌。音斌。」

〔疏證〕《史記》「公卿」上有「則」字，「彬彬」作「斌斌」。方苞云：「古未有以文學爲官者，誘以利祿，儒之途通而其道亡。」見皮錫瑞《經學歷史》引。郭嵩燾云：「案武帝之興文學，主其議者田蚡；首膺經學之選爲三公者公孫弘。即所興之文學可知矣！此史公微旨。」見《史記札記》。

第八節　漢昭、宣、元、成、哀、平時代之經學

昭帝時舉賢良文學，增博士弟子員滿百人。(1) 宣帝未增培之。(2) 元帝好儒，能通一經者皆復。(3) 數年，以用度不足，更爲設員千人。郡國置《五經》百石卒史。(4) 成帝末，或言孔子布衣養徒三千人，今天子太學弟子少，於是增弟子員三千人，歲餘，復如故。(5) 平帝時王莽秉政，增元士之子得受業如弟子，勿以爲員。(6) 歲課甲科四十人爲郎中，乙科二十人爲太子舍人，丙科四十人補文學掌故云。(7)

（1）〔疏證〕此段乃《史記》所無。孝昭皇帝名弗陵，武帝少子，趙婕伃所出。八歲（西元前 86 年）即位，霍光輔政，修孝文之政，與民休息。昭帝始元元年（西元前 86 年）遣使持節行郡國，舉賢良。始元五年，下詔自謂通《保傅傳》、《孝經》、《論語》、《尚書》。令三輔太常舉賢良各二人，郡國文學高第各一人。始元六年詔有司問郡國所舉賢良文學。在位十三年，崩年二十一歲（西元前 74 年）。

(2) 〔補注〕沈欽韓曰：「并增博士秩六百石（續志本四百石），員十二人。」

〔疏證〕孝宣皇帝名詢，武帝曾孫，戾太子孫也。幼育於祖母史氏家。昭帝崩，霍光迎入爲帝。以生長民間，具知閭里姦邪及吏治得失，即位後即勵精圖治。在位二十五年，即西元前 73 年至前 49 年。崩年四十三歲。宣帝時儒林大事，當推甘露三年（西元前 51 年），詔諸儒講《五經》異同於石渠閣，上親稱制臨決，立梁丘《易》，大、小夏侯《尚書》，穀梁《春秋》博士，詳見第十一節注 5。〈傳〉云：宣帝末倍增博士弟子員，疑亦在此年。宣帝雖多立博士，然所用多文法吏，以刑名繩下。元帝時爲太子，嘗從容諫曰：「陛下持刑太深，宜用儒生。」宣帝作色曰：「漢家自有制度，本以霸、王道雜之，奈何純任德教，用周政乎？且俗儒不達時宜，好是古非今，使人眩於名實，不知所守，何足委任！」乃歎曰：「亂我家者，太子也。」事見《漢書‧元帝紀》。按：秦皇焚書，以古非今者罪最重，至於滅族。宣帝亦譏俗儒「好是古非今，使人眩於名實。」可見歷代帝王對儒生觀點之一斑。

(3) 〔注〕師古曰：「蠲其徭賦也。復音方目反。」

〔疏證〕孝元皇帝名奭之。宣帝在民間時所生。母曰共哀許皇后。二十七歲（西元前 48 年）即位，在位十六年而崩，壽四十三歲（西元前 33 年），元帝爲人柔仁，爲西漢唯一眞正之儒天子。在位時徵用儒生，委之以政。貢禹、薛廣德、韋賢、匡衡相迭爲相。唯元帝本人才學不足，西漢亦由是轉爲衰亂矣。〈傳〉云：元帝時通一經皆復。按〈元帝紀〉初元五年（西元前 44 年）：「博士弟子毋置員，以廣學者。」疑通一經皆復亦在此年。

(4) 〔補注〕沈欽韓曰：「此鄉學學官之始。」

〔疏證〕元帝既令博士弟子毋置員，而凡通一經者皆免其徭賦，如是行之數年，財政上皆感用度不足。故元帝更令設博士弟子員千人，郡國置《五經》百石卒史。而「通一經皆復」之制當同時廢止矣。〈元帝紀〉永光三年（西元前 41 年）：「冬，復博士弟子員。」班固自注：「以用度不足，民多復除，無以給中外繇役。」按：「復博士弟子員」之「復」謂「復置」；「民多復除」之「復」謂「蠲免徭賦」也。

(5) 〔疏證〕孝成皇帝，名驁，字太孫。元帝子，母爲王皇太后。年二十歲（西元前 32 年）即位。成帝荒淫奢侈，優柔寡斷。內寵趙飛燕，又信任外戚王家，王鳳四兄弟相繼以大司馬輔政。晚年任王莽爲大司馬。崩年四十五歲（西元前 7 年）。成帝增弟子員三千人，《資治通鑑》載於綏和元年（西元

前 8 年）。「歲餘復如故」下，胡三省《注》云：「元帝設弟子員千人。」意又刪減弟子員數，復如元帝時爲千人也。

（6）〔注〕師古曰：「常員之外更開此路。」

〔疏證〕孝平皇帝，名術，元帝庶孫，中山孝王子也，母曰衛姬。九歲（西元 1 年）即位，太皇太后王氏臨朝，以大司馬王莽秉政。納王莽女爲后，在位五年崩，年十四歲（西元 5 年）。《禮·王制》：「天子、三公、九卿、二十七大夫、八十一元士。」王莽法古禮更官制，九卿分屬三公，一卿置大夫三人，一大夫置元士三人。公卿大夫、元士之子，得詣博士受業如弟子，而博士原有之弟子員猶有千人也。又，平帝時鄉學大行，郡國曰學，縣道邑侯國曰校，校學置經師一人。鄉曰庠，聚曰序，序庠置《孝經》師一人。班固〈東都賦〉所謂「學校如林，庠序盈門」也。

（7）〔補注〕先謙曰：「官本下提行。」

〔疏證〕郎中之「中」字乃衍文，說見第七節注 24。《漢儀》：「弟子射策，甲科百人補郎，中乙科二百人補太子舍人，皆秩比二百石；次郡國文學，秩百石也。」科名與此同，人數則異於此，蓋法有更改也。又衛宏《漢舊儀》：「中甲科補郎，中乙科補掌故。」視此少一科。《漢書》：馬宮、翟方進、何武、王嘉皆以射策中甲科爲郎；其他中甲科者有蕭望之、匡衡、召信臣等。射策中乙科者有房鳳；而朝錯、袁良、聞人通漢等皆以明經爲太子舍人。射策丙科者，《漢書》未見其人；蓋非高第，史籍略之也。

第二章 《易》之傳受

第九節 田 何

自魯‧商瞿子木受《易》孔子。(1) 以授魯‧橋庇子庸。(2) 子庸授江東‧馯臂子弓，(3) 子弓授燕‧周醜子家，(4) 子家授東武‧孫虞子乘，(5) 子乘授齊‧田何子裝。(6) 及秦禁學，《易》為筮卜之書，獨不禁，故傳受者不絕也。(7) 漢興，田何以齊‧田徙杜陵號杜田生，(8) 授東武‧王同子中，雒陽‧周王孫、丁寬、齊服生，皆著《易傳》數篇。(9) 同授淄川‧楊何，字叔元。(10) 元光中徵為太中大夫；(11) 齊‧即墨成至城陽相；(12) 廣川‧孟但為太子門大夫；(13) 魯‧周霸、(14) 莒‧衡胡、(15) 臨淄‧主父偃，皆以《易》至大官。(16) 要言《易》者本之田何。(17)

(1) 〔注〕師古曰：「商瞿，姓也。瞿，音衢。」

〔補注〕沈欽韓曰：「商瞿字子木。《索隱》商姓瞿名。《廣韻》『商』字下注云：姓。《家語》有商瞿，未有以商瞿為複姓者。」

〔疏證〕孔子之於商瞿，其關係史籍殊多異說。《史記‧仲尼弟子列傳》有商瞿，曰：「商瞿，魯人，字子木，少孔子二十九歲，孔子傳《易》於瞿。」是商瞿為孔子弟子也。然《易緯乾坤鑿度》曰：「孔子附仲尼，魯人，生不知《易》本，偶筮其命得旅，請益於商瞿氏。」是商瞿為孔子之先輩也。按：《易》言性與天道，子貢猶歎不可得聞，商瞿之名不見於《論語》，蓋非孔門巨子，何以獨得受《易》於孔子也！

(2) 〔注〕師古曰：「姓橋，名庇，字子庸。它皆類此。庇音必寐反。」

〔補注〕宋祁曰：「蕭該案：《史記》，橋音矯。」

〔疏證〕「弓」《史記》作「弘」，楊樹達《漢書窺管》卷九：「弘當讀爲肱。弘字从厶，古肱字。以其名臂，故字爲肱。肱與弓音相近，故或爲小弓耳。」

（3）〔注〕師古曰：「馯，姓也，音韓。」

〔補注〕先謙曰：「〈弟子傳〉作『瞿傳楚人馯臂子弘，弘傳江東人矯子庸疵。』」

〔疏證〕《荀子·非十二子篇》，孔子、子弓名並列。應劭云：「子弓，子夏門人。」江東，楚地，今湘、鄂、江、浙諸省皆其地。

（4）〔疏證〕「醜」，《史記·仲尼弟子列傳》作「豎」。醜、豎皆齒音字，蓋同位雙聲也。

（5）〔疏證〕《史記·仲尼弟子列傳》作「豎傳淳于人光子乘羽。」按：東武於漢屬琅邪郡，地在今山東省諸城縣；淳于，春秋古國，於漢設縣，屬北海郡；地在今山東安邱縣。二縣皆在魯東，其地相鄰，當是漢建郡縣時，劃淳于古國部份地入東武故也。「孫虞」，《史記·仲尼弟子傳》作「光羽」者，蓋傳說異聞也。

（6）〔補注〕齊召南曰：「案《史記》祇云：『商瞿傳《易》，六世至田何』，未嘗詳六世姓字也，自橋庇子庸，至孫虞子乘，皆班氏所補。又田何子裝，《史記》作『子莊』，班氏當以避明帝諱，而改曰『裝』耳。」先謙曰：「〈弟子傳〉作『庇傳燕人周子家豎，豎傳淳于人光子乘羽，羽傳齊人田子莊何。』」

〔疏證〕《史記·仲尼弟子傳》與《漢書·儒林傳》言孔門傳《易》，不但姓名里居不同，傳授先後亦互異。崔適《史記探源》云：「瞿少孔子二歲，是生於魯昭公十九年（西元前 523 年）。至漢高九年（西元前 198 年），徙齊·田氏關中，計三百二十六年。而商瞿至田何止六傳，是師弟子之中，皆相去五十四五，師必年踰七十而傳經，弟子皆十餘歲而受業，乃能幾及，其可信耶？」

（7）〔補注〕宋祁曰：「越本無『也』字。」

〔疏證〕李斯焚書議：「所不去者，醫藥、卜筮、種樹之書。」

（8）〔注〕師古曰：「高祖用婁敬之言徙關東大族，故何以舊齊·田氏見徙也。初徙時未爲杜陵，蓋史家本其地追言之也。」

〔疏證〕杜陵，地在今長安市東郊之霸陵。《漢書·宣帝紀》：「元康元年，更名杜縣爲杜陵。」田何號杜田生，蓋亦後世追號以別於田王孫也。王應麟《漢書藝文志考證》引晁氏曰：「漢之《易》家，蓋自田何始，何而上未嘗有書。」引艾軒林氏曰：「先秦之爲《易》者未有及義理也，自田何而後

章句傳說多矣。」又傳說謂漢惠帝親幸田何廬受業,見皇甫謐《高士傳》,
及《藝文類聚・隱逸門》。

(9)　〔注〕師古曰:「田生授王同、周王孫、丁寬、服生四人,而四人皆著《易傳》
也。子中,王同字也。中讀曰仲。」

　　　〔補注〕朱一新曰:「〈藝文志〉注,服生,名光。」

　　　〔疏證〕《漢書・藝文志》著錄有:《易傳周氏》二篇,注:「字王孫也」;《服
氏》二篇,師古曰:「劉向《別錄》云:服氏,齊人,號服光」;《王氏》二
篇,注:「名同」;《丁氏》八篇,注:「名寬,字子襄,梁人也」。

(10)　〔補注〕王文彬曰:「『字』字當衍,通傳前後附入者。字綴名下,皆不以『字』
字表之,此不得獨異,觀顏《注》於子庸下標『它皆類此』可知。」

　　　〔疏證〕楊樹達《漢書窺管》卷九:「司馬談受《易》於何,見〈司馬遷傳〉。
何有弟子京房,見下文。」

(11)　〔補注〕先謙曰:「《史・儒林傳》云:元光中徵,官至中大夫。〈弟子傳〉云,
元朔中爲中大夫,則『太』字當衍。」

　　　〔疏證〕中大夫後更名光祿大夫,秩比二千石。元光,漢武帝年號,時當西
元前 134 年至 129 年。楊何以《易》徵,當與公孫弘以《春秋》徵,轅固生
以《詩》徵同在元光五年也。

(12)　〔注〕師古曰:「姓即墨,名成。」

　　　〔疏證〕城陽,本齊地。文帝時別分爲城陽王國。其地在今山東莒縣、沂水
一帶。王國相,掌統眾官羣卿,秩二千石。

(13)　〔疏證〕廣川,地在今河北棗強縣東。太子門大夫,太子少傅之屬官,職比
郎將,秩六百石。

(14)　〔補注〕周壽昌曰:「霸與議封禪,見〈郊祀志〉;以議郎在軍中,見〈衛青
傳〉;後官至膠西內史。」

　　　〔疏證〕周霸爲魯申公弟子,習魯《詩》,又頗能言《尚書》事,《易》蓋其
所尤長。《史記・項羽本紀・贊》:「吾聞之周生」,疑周生即周霸也。霸與議
封禪,在武帝元鼎六年(西元前 111 年),以謹守舊聞,不事阿合,遂以見
斥,蓋仍是申公純謹遺風也。

(15)　〔注〕師古曰:「莒人姓衡,名胡也。」

　　　〔補注〕錢大昭曰:「《廣韻》:衡,姓。《風俗通》云:阿衡,伊尹之後;又
云,衡,魯公字,後乃氏焉,《隸釋》有衛尉衡方。」

　　　〔疏證〕莒,嬴姓國,少昊之後,周武王所封。於漢爲縣,屬城陽,地在今

山東莒縣。

（16）〔補注〕周壽昌曰：「《史記》『大官』作『二千石』。」

〔疏證〕周霸官至膠西內史，主父偃官至齊相，皆二千石；衡胡官位俸祿皆不詳。自楊何至主父偃，皆王同所授，《漢書藝文志考證》引晁氏曰：「《易》家著書自王同始。」《漢書》卷六十四有〈主父偃傳〉，《藝文志・諸子略・從橫家》有《主父偃》二十八篇。

（17）〔補注〕先謙曰：「《史記》作『然要言《易》者本於楊何之家』。」

〔疏證〕〈太史公自序〉：「受《易》於楊何」故《史記・儒林傳》言《易》「本於楊何之家」；而楊何《易》學實出於田何，班改「楊」為「田」，是也。

第十節　丁　寬

丁寬字子襄，梁人也。初，梁・項生從田何受《易》，(1)時寬為項生從者，讀《易》精敏，材過項生，遂事何。學成，何謝寬。(2)寬東歸，何謂門人曰：「《易》以東矣」。(3)寬至雒陽，復從周王孫受古義，號《周氏傳》。(4)景帝時，寬為梁孝王將軍，距吳、楚，號丁將軍。(5)作《易說》三萬言，訓故舉大誼而已，(6)今《小章句》是也。寬受同郡碭・田王孫；(7)王孫授施讎、孟喜、梁丘賀，繇是《易》有施、孟、梁丘之學。(8)

（1）〔補注〕錢大昭曰：「『一王』二字誤，閩本作『也初』。」先謙曰：「官本作『也初』。」

〔疏證〕漢時有梁縣，屬河南郡；又有梁國，漢文帝封其子於此。此云「梁人」，蓋指梁國也。地當今江蘇碭山，河南商邱、虞城，山東之曹縣一帶。

（2）〔注〕師古曰：「告令罷去。」

（3）〔注〕師古曰：「言丁寬行其法術以去。」

〔補注〕宋祁曰：「『《易》以東矣』或無『以』字。注文『法』字當刪。」

（4）〔補注〕周壽昌曰：「周王孫故與寬同學，是轉相師授也。〈藝文志・易傳〉，《周氏》二篇。」

〔疏證〕朱彝尊《經義考》引胡一桂曰：「丁寬師田何而復師其同門之友以受古義，可謂見善如不及者矣。」按：周氏《易傳》號稱「古義」，則田何所授為今義可知矣，《漢書・藝文志》以周氏列〈易傳〉之首者，非無故也。〈藝文志〉又有《蔡公》二篇，注：「衛人，事周王孫。」則王孫子弟除寬

外尚有人。唐晏《兩漢三國學案》卷一：「周生獨號古義，豈周氏別有所得乎？商瞿之傳，至周王孫、丁寬又一變矣。」

（5）〔疏證〕梁孝王，名武，景帝同母弟，竇太后深愛之，每欲景帝立其爲嗣。武於孝文二年（西元前 178 年）立爲代王，孝文四年徙爲淮陽王，孝文十二年徙爲梁王。孝景帝三年（西元前 154 年）吳、楚七國亂起，先擊梁，梁孝王城守睢陽，厥功極偉。景帝中六年（西元前 144 年），王病薨。丁寬爲梁孝王將軍，距吳、楚，當在孝景帝三年也。

（6）〔注〕師古曰：「故謂經之旨趣也，它皆類此。」

〔補注〕先謙曰：「『故』『詁』字同。」

〔疏證〕朱彝尊《經義考》引何喬新曰：「丁寬作《易說》三萬言，而訓詁之學興。」馬國翰輯有《周易丁氏傳》二卷，《玉函山房》本。

（7）〔注〕師古曰：「碭者，梁郡之縣也，音唐，又音宕。」

〔補注〕周壽昌曰：「梁國未爲郡，顏《注》誤。〈傳〉稱同郡者，以未便云同國，故變文書之。《越絕書》云：『吳西城屬小城到平門，丁將軍築治之。』此亦寬逸事也。」先謙曰：「官本『碭』並作『碭』。」

〔疏證〕云「同郡」，則寬爲梁國人明矣，王先謙《補注》於〈地理志〉「梁國縣八」下列「國人丁寬」；又在「河南郡雒陽」下列「縣人丁寬」。前者是，後者蓋誤列也。官本「碭」作「碭」，偶誤也，《漢書·地理志》：梁國縣人，有碭。不誤。茲訂作「碭」。地在江蘇碭山縣南。

（8）〔注〕師古曰：「『繇』與『由』同，後類此。」

〔疏證〕施讎、孟喜，二氏《易》，皆早立於學官，獨梁丘《易》於宣帝甘露三年（西元前 51 年）始得立。《漢書·藝文志》有《易經》施、孟、梁丘三家各十二篇。《章句》施、孟、梁丘各二篇。

第十一節　施　讎

施讎字長卿，沛人也，沛與碭相近。(1) 讎爲童子，從田王孫受《易》。後讎徙長陵，田王孫爲博士，復從卒業；(2) 與孟喜、梁丘賀並爲門人。謙讓，常稱學廢，不教授。及梁丘賀爲少府，事多，迺遣子臨分將門人張禹等從讎問。(3) 讎自匿不肯見，賀固請，不得已，迺授臨等。於是賀薦讎：「結髮事師數十年，賀不能及。」詔拜讎爲博士。(4) 甘露中與《五經》諸儒雜論同異於石渠閣。(5) 讎授張禹、琅邪·魯伯。伯爲會稽太守，禹至丞相。(6)

禹授淮陽・彭宣、沛・戴崇子平。崇為九卿，宣大司空。禹、宣等有傳。（7）
魯伯授太山・毛莫如少路，琅邪・邴丹曼容，著清名，莫如至常山太守。（8）
此其知名者也。繇是施家有張、彭之學。（9）

（1）〔疏證〕沛，漢郡名，今安徽省蒙城、鳳臺、懷遠、五河以北，至江蘇沛縣、
　　　豐縣，北迄於山東滕縣，皆其地。治相，今安徽宿縣，其地與碭（江蘇碭
　　　山縣）僅一縣之隔也。《漢書・藝文志》有《施氏易經》十二篇，《章句》
　　　二篇。其《章句》有馬國翰輯本，《玉函山房》本。自許慎《五經異義》引
　　　錄得其一節，自《釋文》《漢上易》引得其二事。又唐晏《兩漢三國學案》
　　　錄李鼎祚《周易集解》引《施氏易說》二條。

（2）〔注〕師古曰：「卒，終也。」
　　　〔疏證〕長陵，漢高祖陵也，在陝西咸陽之東。《關中記》：「漢諸陵，皆高
　　　一十二丈，方一百二十步；惟茂陵高一十四丈，方一百四十步。徙民置縣
　　　凡七，長陵、茂陵萬戶，餘五陵各五千戶。」王國維〈漢魏博士題名考〉
　　　曰：「王孫師丁寬，景帝時人；弟子施讎、孟喜、梁丘賀，皆宣帝時人；則
　　　王孫為博士當在武帝之世。蓋建元中置《五經》博士，始為《易》博士者
　　　即王孫也。」

（3）〔疏證〕梁丘賀為少府，在宣帝神爵三年（西元前 59 年）。《漢書・百官公卿
　　　表》：「少府，掌山海池澤之稅，以給共養。」秩中二千石。

（4）〔注〕師古曰：「言從結髮為童丱，即從師學，著其早也。」
　　　〔疏證〕言施讎從童子時即從田王孫受《易》也。施讎為博士，時蓋在宣帝
　　　神爵三年（西元前 59 年）之後，甘露三年（西元前 51 年）之前也。

（5）〔注〕師古曰：「《三輔故事》云，石渠閣在未央殿北，以藏密書也。」
　　　〔疏證〕石渠，閣名，蕭何所造，藏秘書。宣帝甘露三年（西元前 51 年）
　　　詔諸儒講《五經》同異於石渠閣，太子太傅蕭望之等平奏其議，上親稱制
　　　臨決焉。乃立梁丘《易》，大、小夏侯《尚書》，穀梁《春秋》博士，事見
　　　〈宣帝紀〉。此所謂石渠議奏也。時與議者，《易》：施讎、梁丘臨；《書》：
　　　歐陽地餘、林尊、周堪、張山拊、段倉；《詩》：韋玄成、張長安、薛廣德；
　　　《禮》：戴聖、通漢；《公羊》：嚴彭祖、申輓、伊推、宋顯、許廣；《穀梁》：
　　　尹更始、劉向、丁姓、周慶、王亥。可考者凡二十三人。其奏議見於《漢
　　　書・藝文志》者，有《書》四十二篇，《禮》三十八篇，《春秋》三十九篇，
　　　《論語》十八篇，《五經雜議》十八篇，凡一百六十五篇。《易》、《詩》皆

無奏議。錢穆云：「疑因《易》家與議者惟施氏；《詩》家惟魯《詩》，並事王式；故無異同之對。」

（6）〔疏證〕張禹，字子文，河內軹（河南濟源）人，至禹父徙居蓮勺（今陝西渭南縣）。壯至長安，從沛郡・施讎受《易》，從琅邪・王陽、膠東・庸生問《論語》，蕭望之以禹經學明習，有師法，可試事，久之爲博士。成帝河平四年（西元前 25 年）爲丞相封安昌侯；鴻嘉元年（西元前 20 年）賜金安車駟馬免。哀帝建平二年（西元前 5 年）卒。《漢書・藝文志》《論語魯安昌侯說》二十一篇，《孝經安昌侯說》一篇。魯伯，琅邪人，今山東省萊陽、即墨、高密、安邱、臨朐以南，至江蘇贛榆縣，皆故琅邪地。官至會稽太守，會稽地當今江蘇南部至浙江北部，太守秩二千石。

（7）〔補注〕錢大昕曰：「〈公卿表〉無崇名，據〈張禹傳〉：崇任少府也。」
〔疏證〕《漢書・張禹傳》：「禹成就子弟尤著者：淮陽・彭宣至大司空，沛郡・戴崇至少府九卿。宣爲人恭儉有法度，而崇愷悌多智，二人異行，禹心親愛崇，敬宣而疏之。」陸德明《經典釋文》，彭宣、戴崇二人皆作《易傳》。清・王仁俊輯有《周易彭氏義》一卷，《續玉函山房》本。按：彭宣淮陽陽夏人，淮陽，地在今河南省東境鹿邑、淮陽、太康、扶溝、杞、拓城一帶。陽夏故城即今太康縣治也。宣以禹薦，歷任東平太傅、右扶風、廷尉、大司農。哀帝元壽元年（西元前 2 年）八月，爲御史大夫；元壽二年五月改爲大司空；同年八月以王莽秉政專權，上書乞骸骨歸。戴崇，沛人，世傳施氏《易》。《後漢書・儒林傳》：「劉昆受施氏《易》於沛人戴賓，」清・唐晏作《兩漢三國學案》，謂賓爲崇子也。言禹、宣等有傳者，謂張禹、彭宣於《漢書》另有傳敘之也。按〈張禹傳〉在《漢書》卷八十一，〈彭宣傳〉在《漢書》卷七十一。

（8）〔注〕師古曰：「姓毛，名莫如，字少路。」
〔補注〕宋祁曰：「蕭該案：《漢書》眾本悉作毛字，《風俗通・姓氏篇》：渾屯氏，太昊之良佐，漢有屯莫如爲常山太守。又有毛姓云毛伯，文王子之子也。音徒本反，今人相承呼爲毛，忽聞爲屯，驚怪者多，毛屯相似，容是傳寫誤矣。應劭解《漢書》，世人皆用，何爲在《風俗通》而不信！」錢大昭曰：「據此則顏《注》非矣。顏采集注漢家，獨未見《蕭該》音義，故有此失。」沈欽韓曰：「《廣韻》：屯，姓。《後蜀錄》，有法部尚書屯度。《隋・地理志》，館陶縣舊置毛州，乃屯氏河誤爲毛，因置州，與此同誤。」先謙曰：「莫如又見〈杜欽、李尋傳〉。」

〔疏證〕屯莫如，字少路，泰山人。泰山，漢郡，今山東省泰安、萊蕪、新泰、東阿、東平、滋陽、寧陽一帶，是其地也。莫如官至常山太守，常山亦郡名，今河北省西部曲陽、靈壽、正定、高邑、邢臺一帶，是其地也。又爲光祿大夫，見〈李尋傳〉。邴丹，字曼容，琅邪人，《漢書・二龔傳》云：「邴漢兄子曼容，亦養志自修，爲官不肯過六百石，輒自免去，其名過出於漢初。」鄭樵《通志・氏族略》：「漢有博士邴丹。」云。

（9）〔疏證〕《後漢書・儒林列傳》：「劉昆字桓公，陳留東昏人，梁孝王之胤也。少習禮容，平常時受施氏《易》於沛人戴賓。子軼字君文，傳昆業，門徒亦盛。」云。按戴崇、戴賓皆沛人習施氏《易》者，疑爲父子也。清・唐晏《兩漢三國學案》於「戴崇」下注「子賓」，亦以崇、賓爲父子。《隋書・經籍志》：「施氏亡於西晉。」

第十二節　孟　喜

　　孟喜字長卿，東海蘭陵人也。(1) 父號孟卿，善爲《禮》《春秋》，授后蒼、疏廣。世所傳《后氏禮》，《疏氏春秋》，皆出孟卿。(2) 孟卿以《禮經》多，《春秋》煩雜，迺使喜從田王孫受《易》。(3) 喜好自稱譽，得《易》家候陰陽災變書，詐言師田生且死時，枕喜桼，獨傳喜。諸儒以此耀之。(4) 同門梁丘賀疏通證明之，(5) 曰：「田生絕於施讎手中，時喜歸東海，安得此事？」(6) 又蜀人趙賓好小數書，後爲《易》，飾《易》文。(7) 以爲「箕子明夷，陰陽氣亡箕子；箕子者，萬物方荄茲也。」(8) 賓持論巧慧，《易》家不能難，皆曰非古法也。(9) 云受孟喜，喜爲名之。(10) 後賓死，莫能持其說。喜因不肯仞，(11) 以此不見信。喜舉孝廉，爲郎，曲臺署長。(12) 病免，爲丞相掾。博士缺，眾人薦喜，上聞喜改師法，(13) 遂不用喜。喜授同郡白光少子，沛・翟牧子兄，(14) 皆爲博士。繇是有翟、孟、白之學。(15)

（1）〔疏證〕東海，郡名，今山東省南部嶧縣、臨沂、郯城、費等縣以南，至江蘇東海縣，是其地。縣三十八，有蘭陵，地在今山東嶧縣東。《漢書・藝文志》有《孟喜易經》十二篇，《章句》二篇。其《章句》有馬國翰輯，《玉函山房》本，序云：「《孟氏章句》唯《釋文》及《正義》《集解》間引之。《唐大衍曆議》云：十二月卦出於《孟氏章句》，其說《易》本於氣而後以人事明之。亦引孟說震、坎、離、兌四卦義及六十卦用事配七十二候圖。

又《說文・序》：《易》用孟氏；而所著《五經異義》引孟、京說。又虞翻自言五世傳孟氏《易》，則許、虞二家所引與今《易》異者，皆孟氏佚說也。又蔡邕所引《易》，並據輯錄，釐爲二卷。」又唐晏《兩漢三國學案》錄李鼎祚《周易集解》引《孟氏易說》八條。王謨則自《說文》、《釋文》、《集解》、《詩正義》、《禮記疏》共鈔出四十一條。清・孫堂亦有《周易孟氏章句》、《漢魏二十一家易注》本。

(2) 〔疏證〕孟卿、后蒼、疏廣之學，皆見於下文。「蒼」下文作「倉」；「疏」或又作疎」。

(3) 〔疏證〕《淮南子・要略》謂「墨子學儒者之業，受孔子之術，以爲其禮煩擾而不悅。」《宋史・王安石傳》：「黜《春秋》之書，不使列於學官，至戲目爲斷爛朝報。」孟卿以《禮經》多，《春秋》煩雜，亦此意乎？

(4) 〔注〕師古曰：「用爲光榮也。」
〔疏證〕且死，謂將死也。郄，當作「膝」。

(5) 〔注〕師古曰：「同門，同師學者也。疏通，猶言分別也。證明，明其僞也。」
〔補注〕沈欽韓曰：「包氏《論語注》，同門曰『朋』。《周禮・司徒注》，同師爲『朋』，是同門者同師之謂。」

(6) 〔疏證〕漢呼「先生」曰「生」，故梁丘賀稱其師爲「生」，與今呼「學生」曰「生」意迥異。

(7) 〔疏證〕蜀，漢時郡，今四川西南由灌縣、汶川，至成都、郫、新繁、崇慶、華陽、邛崍，以迄於西康省之雅安、天全，皆其地也。小數書，其義未詳，疑兼小學、數術二類而言。《漢書・藝文志》有「小學」書，又有「數術」書。小學指文字訓詁；數術爲史卜之職。下文敘趙賓以「荄茲」釋《易》「箕子」之意，正以小學之文字訓詁釋術數之《易經》卦象也。

(8) 〔注〕師古曰：「《易・明夷卦・彖》曰：『內文明而外柔順，以蒙大難。文王以之，利艱貞，晦其明也。內難而能正其志，箕子以之。』而六五〈爻辭〉曰：『箕子之明夷，利貞。』此箕子者，謂殷父師說〈洪範〉者也，而賓妄爲說耳。荄茲，言其根荄方滋茂也。荄音該，又音皆。」
〔補注〕沈欽韓曰：「此說在當時爲怪，班意亦以爲非。案《易釋文》蜀才『箕』作『其』。劉向云：『今《易》箕子作荄滋。』鄒湛云：『訓箕爲荄，詁子爲滋，漫衍無經，不可致詰。』以譏荀爽。然則荀氏《易》仍同趙賓也。此爲〈明夷〉六五爻辭，文王重《易》六爻，作上、下篇，時箕子未蒙其難，何得如馬融云：『紂奴之』乎？（見《周易集解》）《史記・律書》：

『亥者，荄也；子者，滋也。』〈明夷〉本九月卦，侯在九月，五出成既濟，
既濟侯在十月。京房《易傳》：『明夷積陰滔陽，變陽如純陰。』故趙賓云：
『陰陽氣窮，未有萌兆。』《太玄》：『晦，上九，晦冥冥，利於不明之貞，
待困剝已極，則陰氣方消，陽臧於靈，始有成形耳。』《淮南・時則訓》：『爨
箕燧火。』高誘《注》：『其讀該備之該。』箕、其同有荄音久矣。」
〔疏證〕〈明夷〉，卦名。夷者，傷也。〈明夷〉之卦，坤上離下。坤爲地，
離爲日，日在地下，明受挫傷，故謂之明夷。施之人事：闇主在位，明臣
在下，不敢顯其明哲，亦明夷之義。故〈彖辭〉以紂王在位，文王蒙難，
箕子韜光以釋之。王弼《注》，孔穎達《疏》，程伊川《易傳》，莫不皆然。
而趙賓以荄滋釋箕子，荄、滋疊韻，滋、子亦疊韻，段玉裁〈六書音韻表〉
四字皆在古音第一部，於訓詁言之，固可通叚。觀沈欽韓之言，趙賓蓋亦
頗能自圓其說也。其是非長短，下注當續論之。

（9）〔注〕師古曰：「心不服。」
〔疏證〕宋翔鳳《過庭錄》曰：「荀氏注《易》，遠合趙賓；劉向所據，亦同
賓說。賓之所學，實爲有本。〈傳〉謂賓持論巧慧，《易》家不能難。夫憑
肛巧辨，必有時而窮。至於不能難而徒以非古法斥之，豈信讞乎？案賓以
陰陽氣言，即是孟喜候陰陽之學，讀箕子爲荄茲，當據古文。蜀才姓范名
長生，蜀人，其所述當即趙賓之《易》，故與賓同。其學實合古文。」按：
不能難而以非古法斥之，固不可；然賓說亦非不可難者。張澍《蜀典》曰：
「若箕子爲荄滋，則文王又何解乎？」即是其例。錢穆〈兩漢博士家法考〉：
「此亦具文飾說。箕子與陰陽氣無關，說之不能通，又不肯略去不說，必
具文，則陷於飾說也。」

（10）〔注〕師古曰：「名之者，承取其名，云實授也。」

（11）〔注〕師古曰：「仞亦名也，仞音刃。」
〔補注〕錢大昕曰：「仞古認字，《說文》無認。」沈欽韓曰：「《列子・天瑞
篇》：『認而有之皆惑也。』唐・盧重元本作『仞』。《淮南・人間訓》：『非其
事者勿仞也，仞人之事者敗。』今俗通作『認』。」
〔疏證〕認、仞皆由「刃」得聲。故得通用也。

（12）〔注〕師古曰：「曲臺，殿名。署者，主供其事也。」
〔疏證〕《文選・鄒陽上書吳王》，李善《注》引《三輔黃圖》曰：「未央有
曲臺殿。」《漢書・藝文志》《曲臺後倉》九篇，《注》引晉灼曰：「天子之射
宮也，西京無太學，於此行禮也。」

（13）〔補注〕沈欽韓曰：「《荀子・儒效篇》，有師法者，人之大寶也；無師法者，人之大殃也。」

〔疏證〕下文云：「劉向校書：考《易》說，以爲諸《易》家說皆祖田何、楊叔、丁將軍，大誼略同；唯京氏爲異，黨焦延壽獨得隱士之說，託之孟氏。」此孟氏《易》改師法，不與眾同之證。按：經學家喜言師法、家法。師法者，魯丕所謂：「說經者傳先師之言，非從己出，法異者，各令自說師法，博觀其義。」是也。家法者，范曄所謂：「專相傳祖，莫或訛雜，繁其章條，穿求崖穴，以合一家之說。」是也。師法、家法，名可互施；然學必先有所師，而後能成一家之言。若論其審：則師法者溯其源，家法者流其衍，其間蓋微有不同。今以〈儒林傳〉證之：凡言某經有某氏之學者，大抵皆指師法；凡言某家有某氏之學者，大抵皆指家法。如《易》有施、孟、梁丘之學，此師法也。施氏有張、彭之學，孟氏有翟、白之學，梁丘有士孫、鄧、衡之學則家法也。《書》、《詩》、《禮》、《春秋》四經，亦復如是，不另贅述。

（14）〔注〕師古曰：「兄讀曰況。」

〔疏證〕孟喜東海蘭陵人，白光爲其同郡，則亦東海郡人也。〈朱雲傳〉：「從博士白子友受《易》。」齊召南《考證》云：「白子友當即白光。」王國維〈兩漢博士題名攷〉以爲：「子友爲博士，亦在宣帝時，蓋孟氏初置博士即以子友爲之也。」白子友授魯・朱雲；雲又授九江・嚴望及望兄子元，皆爲博士。又蓋寬饒之學亦出孟喜，見下文。

（15）〔補注〕錢大昕曰：「當云『孟家有白、翟之學』，文有脫誤。」

〔疏證〕錢說是也。王鳴盛《十七史商榷》亦曰：「以上下文例之，此當云『繇是孟有白、翟之學。』」案：《漢書・儒林傳》有南陽・洼丹、中山・觟陽鴻、廣漢・任安，皆世傳孟氏《易》。《隋書・經籍志》云：西晉時孟氏《易》有書無師。

第十三節　梁丘賀

梁丘賀字長翁，琅邪諸人也。(1) 以能心計，爲武騎，從太中大夫京房受《易》。房者，淄川・楊何弟子也。(2) 房出爲齊郡太守，賀更事田王孫。宣帝時，聞京房爲《易》明，求其門人，得賀。賀時爲都司空令，(3) 坐事，論免爲庶人，待詔黃門，數入說教侍中，(4) 以召賀。賀入說，上善之，(5) 以賀爲郎。會八月飲酎，行祠孝昭廟，(6) 先敺旄頭劍挺墮墜，首垂泥中，(7)

刃鄉乘輿車，馬驚。於是召賀筮之，有兵謀，不吉。（8）上還，使有司侍祠。
（9）是時霍氏外孫代郡太守任宣坐謀反誅，（10）宣子章為公車丞，（11）亡在渭
城界中。夜玄服入廟，居郎閒，（12）執戟立廟門，待上至，欲為逆；發覺，
伏誅。故事，上常夜入廟，其後待明而入，自此始也。（13）賀以筮有應，繇
是近幸，為太中大夫，給事中，至少府。（14）為人小心周密，上信重之。年
老終官。（15）傳子臨，亦入說，為黃門郎。甘露中，奉使問諸儒於石渠。臨
學精孰，（16）專行京房法。琅邪・王吉通《五經》，聞臨說，善之，時宣帝選
高材郎十人從臨講，吉迺使其子郎中駿上疏從臨受《易》。（17）臨代五鹿充宗
君孟，為少府；（18）駿御史大夫，自有傳。（19）充宗授平陵・士孫張仲方，（20）
沛・鄧彭祖子夏，齊・衡咸長賓。（21）張為博士，至楊州牧，光祿大夫給事
中，家世傳業；彭祖，真定太傅；咸，王莽講學大夫。（22）繇是梁丘有士孫、
鄧、衡之學。（23）

（1）〔疏證〕琅邪，郡名；轄縣五十一，諸即其一也。諸地在今山東諸城縣西南。
　　　《漢書・藝文志・六藝略・易類》有《梁丘賀易經》十二篇，《章句》二篇。
　　　其《章句》有馬國翰輯本，蓋從〈宣元六王傳〉得王駿引《易》一節，〈王
　　　莽傳〉引《易》六節，〈范升傳〉引二節，蔡引七節，並據合輯為一卷。〈序〉
　　　曰：「其《易》盛于東漢，張興傳其學，弟子著錄萬有餘人，至西晉永嘉之
　　　亂，與施氏《易》並亡矣。」

（2）〔注〕師古曰：「自別一京房，非焦延壽弟子為課吏法者，或書字誤耳，不當
　　　為京房。」
　　　〔補注〕周壽昌曰：「漢時同名姓者多，不必是書字誤也。」
　　　〔疏證〕武騎，太中大夫，皆屬於光祿勳（即郎中令）。《漢書・百官表》有
　　　「建章營騎」，後更名「羽林騎」，武騎蓋其類也。司馬相如亦嘗為「武騎
　　　常侍」，秩或云六百石，或云八百石。太中大夫，秩比千石。云：「房者淄
　　　川・楊何弟子也」者，蓋別於下焦延壽弟子京房也。按《漢書・京房傳》
　　　謂延壽弟子京房「本姓李，推律自定為京氏。」蓋李房有意冒京房名耳。
　　　非同名姓，亦非書字誤也。

（3）〔補注〕先謙曰：「〈百官表〉，都司空令，宗正屬官。」
　　　〔疏證〕秩六百石，如淳云：「律：司空主水及罪人。」

（4）〔疏證〕《漢書・百官公卿表》：「侍中、左右曹、諸吏、散騎、中常侍，皆
　　　加官。所加或列侯、將軍、卿大夫、將、都尉、尚書、太醫、太官令至郎

中。無員，多至數十人。侍中、中常侍得入禁中。」應劭曰：「入侍天子，故曰侍中。」杜佑《通典・職官典》：「往來殿內東廂奏事，故謂之侍中。」禁中爲黃門，《通典・職官典》又云：「凡禁門黃闥，故號黃門。」

（5）〔注〕師古曰：「說於天子之前。」

（6）〔注〕師古曰：「行謂天子出。」

〔疏證〕《說文》：「酎，三重醇酒也。」《禮・月令》：「天子飲酎。」梁・吳均《西京雜記》：「漢制，宗廟人月飲酎，用九醞太牢，皇帝侍祠，以正月旦作酒，八月後成，名曰酎。」蓋亦古禮之遺。衛宏《漢官舊儀》：「大祠曰飲酎。」

（7）〔注〕師古曰：「擬，引也，劍自然引拔出也。墜，古地字。」

〔補注〕宋祁曰：「『垂』字當作『舀』字。」先謙曰：「宋說是也，泥中可言『舀』不可言『垂』，說詳〈劉向傳〉。」

〔疏證〕毆，古文驅；劍，籀文从刀；墜，籀文地；並見許慎《說文》。旄頭，天子出行先驅之羽林騎，應劭《漢官儀》：「舊選羽林爲旄頭，被髮先驅。」是也。楊樹達《漢書窺管》卷九：「《史記・陳涉世家》：『尉劍挺』徐廣《注》云：『挺猶脫也』。」按：張衡〈舞賦〉：「珠簪挺兮緇髮亂。」挺亦脫意，挺、脫皆「定」母字，雙聲故得通叚也。「垂」當作「舀」，蓋形似而譌。

（8）〔疏證〕楊樹達《漢書窺管》卷九述《開元占經》引《地鏡》曰：「刃劍無故自拔出，憂兵傷，君有血污。」

（9）〔疏證〕本應皇帝親侍祠，以筮不吉而罷，而使有司代侍祠也。有司，司其事者。《漢書・百官公卿表》：「太常，掌宗廟禮儀。」其時蒲侯・蘇昌爲太常，當是蘇昌侍祠也。

（10）〔注〕師古曰：「〈霍光傳〉云，任宣，霍氏之壻，此云外孫，誤也。」

〔補注〕周壽昌曰：「顏《注》是也，然此以外孫直貫下宣子章，如〈義縱傳〉：『捕案太后外孫修成子中。』修成太后女，其子中太后外孫也。《左傳・二十四年傳》：『得罪於母弟之寵子帶』與此文法微同。」

〔疏證〕楊樹達《漢書窺管》卷九：「周說近是，而未盡也。此班書自注之例。本文當云：『是時霍氏外孫代郡太守任宣子章爲公車丞。』；『坐謀反誅』四字，乃自注之文；下『宣』字乃後人不得其解而妄增者。」

（11）〔補注〕先謙曰：「〈百官表〉，公車司馬丞屬衛尉。」

〔疏證〕應劭《漢官儀》云：「公車司馬掌殿司馬門，夜徼宮中，天下上事及

四方貢獻闕下，凡所徵召，皆總領之。令秩六百石。」

（12）〔注〕師古曰：「郎著皁衣，故章玄服以廟也。」

〔補注〕沈欽韓曰：「祭服皆袀玄也。」

〔疏證〕渭城於漢屬右扶風，蓋亦三輔之地也。故城在陝西長安縣西北。渭城近京畿；任章爲公車丞，嘗掌殿門，於宗廟極諫，故得夜入廟也。

（13）〔疏證〕「事」，段借爲「祀」，見《說文通訓定聲》。《周禮・天官・宮正》：「邦之專蹕」，注：「事，祭事也」。是其例。

（14）〔疏證〕任宣坐謀反誅，事在宣帝志節四年（西元前661年）七月；任章欲爲逆在同年八月，上文云「會八月」是也。然則梁丘賀爲郎，必在是年八月前；爲太中大夫當在八月後也。給事中，加官也，《漢書・百官公卿表》：「所加爲大夫博士。」賀爲太中大夫，故得加給事中也。其所以名給事中者，杜佑《通典・職官典》：「諸給事中，日上朝，謁平尙書奏事，分爲左、右曹，以有事殿中，故曰給事中。」梁丘賀爲少府，則在宣帝神爵三年（西元前59年）。據《漢書・百官公卿表》，賀爲少府前，任光祿大夫。光祿大夫，掌論議，秩比二千石也。楊樹達《漢書窺管》卷九：「賀爲少府，問匡衡《詩》義。嚴延年疑賀毀己，見〈嚴延年傳〉。」

（15）〔疏證〕楊樹達《漢書窺管》卷九：「賀圖象麒麟閣，見〈蘇武傳〉。」

（16）〔補注〕沈欽韓曰：「《通典》七十七：『漢石渠議，宣帝甘露三年三月，黃門侍郎臨奏經曰：「鄉射合樂，大射不合樂，何也？」戴聖、聞人通漢、韋元成各云云。』此即問諸儒於石渠事。杜氏注云：『臨失其姓。』未之考耳。」

（17）〔疏證〕王吉，字子陽，琅邪皐虞（今山東即墨縣東北）人也。少好學明經，舉孝廉爲郎，舉賢良爲昌邑中尉。昭帝崩，亡嗣，大將軍霍光迎立昌邑王。即位二十餘日，以行淫亂廢。昌邑郡臣皆坐陷王大惡下獄，唯吉與龔遂以忠直數諫得減死。吉兼通《五經》，能爲騶氏《春秋》，以《詩》《論語》教授云。《漢書》與貢禹、兩龔、鮑宣合傳。

（18）〔補注〕劉奉世曰：「臨代五鹿充宗，代當爲授，後人誤改之。代充宗者召信臣，亦非臨也。」沈欽韓曰：「上不敘充宗《易》所始，而下云梁丘有士孫、鄧、衡之學，則授《易》者梁丘臨，不可言充宗。陸德明〈序錄〉云：『臨傳少府五鹿充宗，及琅邪・王駿，充宗授平陵・士孫張等』，以〈朱雲傳〉證之，陸序是也。」先謙曰：「〈藝文志〉有《五鹿充宗略說》三篇。」

〔疏證〕楊樹達《漢書窺管》卷九：「劉校意是，而改代爲授，則非。代乃傳之形近壞字耳。」所言是也。五鹿，複姓，應劭《風俗通》：「晉公子重耳封

舅犯於五鹿，子孫氏焉。」充宗其名，君孟其字也。元帝建昭元年（西元前38 年）爲少尉，竟寧元年（西元前 33 年）貶爲玄菟太守。〈朱雲傳〉云：「少府五鹿充宗貴幸，爲梁丘《易》。自宣帝時善梁丘氏說，元帝好之，欲考其異同，令充宗與諸《易》家論。充宗乘貴辯口，諸儒莫能與抗，皆稱疾不敢會。有薦雲者，召入攝齋登堂，抗首而請，音動左右。既論難，連拄五鹿君，故諸儒爲之語曰：『五鹿嶽嶽，朱雲折其角。』」少府，九卿之一，掌山海地澤之稅以給供養。《漢書・藝文志》有《五鹿充宗略說》三篇，姚振宗謂其本其師梁丘臨之書云。

(19) 〔疏證〕王駿字偉山，以孝廉爲郎，受梁丘《易》，經明行修，累官諫大夫，京兆尹。成帝鴻嘉元年（西元前 20 年）爲御史大夫。永始二年（西元前 15年），駿卒。《漢書》王駿與父吉、子崇合傳，在卷七十二。《漢書・藝文志》有《論語魯王駿說》二十篇。按王吉傳齊《論》，而其子乃爲魯說者，猶劉向治《穀梁》，而子歆治《左氏》也。

(20) 〔注〕師古曰：「姓士孫，名張，字仲方。
〔疏證〕平陵，屬右扶風，昭帝之陵，地在今陝西咸陽縣西北。士孫，複姓，《春秋》有士孫之里，見《左傳・襄公二十五年》；東漢有士孫奮、士孫瑞，並扶風人，見《後漢書・梁冀傳》與〈王允傳〉。

(21) 〔補注〕宋祁曰：「蕭該案：《風俗通・姓氏篇》云，衡，阿衡也，伊尹官也，見《詩傳》。漢有衡咸，講學祭酒。」
〔疏證〕鄭樵《通志・氏族略》：「衡氏，《風俗通》：伊尹爲湯阿衡，子孫以衡爲氏。一云：魯公子衡之後，以王父字爲氏。」按：五鹿充宗之弟子，除上述士孫張、鄧彭祖、衡咸外，猶有馮商字子高者，見於劉歆《七略》，曰：「商，陽陵人，治《易》，事五鹿充宗，後事劉向，能屬文，博通強記，與孟柳同待詔。」陽陵，今陝西咸陽縣東，馮商嘗續《太史公書》七篇，撰賦九篇，並見《漢書・藝文志》。

(22) 〔疏證〕《後漢書・百官志》：「秦有監御史監諸郡。漢興，省之；但遣丞相史分刺諸州，無常官。孝武帝初置刺史十三人，秩六百，成帝更爲牧，秩二千石。」楊州牧，楊當作揚，《釋名・釋州國》：「揚州，州界多木，木波揚也。」今江蘇、浙江、安徽、江西、福建是其地也。眞定，武帝封常山憲王子劉平於此，今河北省正定、藁城、獲鹿三縣是其地。王國太傅，秩二千石。

(23) 〔疏證〕《後漢書・儒林傳》：有楊政，從代郡・范升受梁丘《易》；張興習梁丘《易》以教授，傳子魴，其弟子著錄萬有餘人。至西晉永嘉之亂，與施

氏《易》並亡矣。

第十四節　京　房

　　京房受《易》梁人焦延壽。(1) 延壽云，嘗從孟喜問《易》。會喜死，房以為延壽《易》即孟氏學；翟牧、白生不肯，皆曰非也。(2) 至成帝時，劉向校書，考《易》說，以為諸《易》家說皆祖田何、(3) 楊叔、丁將軍，大誼略同；唯京氏為異。(4) 黨焦延壽獨得隱士之說，託之孟氏，不相與同。(5) 房以明災異得幸，為石顯所譖誅，自有傳。(6) 房授東海‧殷嘉，(7) 河東‧姚平，(8) 河南‧乘弘，(9) 皆為郎、博士。(10) 繇是《易》有京氏之學。(11)

(1)　〔注〕師古曰：「延壽其字，名贛。」

　　　〔補注〕先謙曰：「互見〈房傳〉。」

　　　〔疏證〕此京房本姓李，推律自定為京氏，字君明，東郡頓丘人。東郡，地當在山東省西部及河北省南部一帶；頓丘，今河北省清豐縣西南。京房生平著述，詳於注 6。《漢書‧京房傳》謂焦延壽字贛，師古《注》名字互誤也。據《太平御覽‧職官部》引《陳留風俗傳》曰：「昭帝時蒙人焦貢為小黃令。」則焦贛為梁國蒙縣人。（焦贛作焦貢，猶子贛作子貢）地在今河南商邱縣東北。贛貧賤，以好學得幸梁王，王供其資用。既成，為郡吏，察舉補小黃令。受養吏民，極得民心。贛常曰：「得我道以亡身者，京生也。」其說長於災變，分六十卦更直日用事，以風雨寒溫為候，各有占驗云。詳見《漢書‧京房傳》。《隋書‧經籍志》有《易林》十六卷，《易林變占》十六卷，並題焦贛撰。《四庫提要》曰：「《易》於象數之外，別有占侯一派，實自贛始，所撰有《易林》十六卷，又《易林變占》十六卷，並見《隋志》，《變占》佚，惟《易林》尚存。其書以一卦變六十四卦，六十四卦之變共四千九十有九，參繫以詞，皆四言韻語。」朱彝尊《經義考》云：「李鼎祚《易集解》於隨卦采贛之說，當屬《變占》中語。」又云：「《開元占經》引焦延壽說二十餘條，皆非贛語，疑亦《變占》中文。」

(2)　〔疏證〕《四庫提要‧術數占卜類》附案曰：「陰陽災異之說，始於孟喜別得書而託之田王孫，焦延壽又別得書而託之孟喜，其源實不出于經師。」

(3)　〔疏證〕劉向校中秘書，在成帝河平三年（西元前 26 年），見〈成帝紀〉。《漢書‧藝文志》云：「劉向以中《古文易經》校施、孟、梁丘經，或脫去無咎、

悔亡。」中古文即中秘書，蓋天子秘府所藏古文《易經》也。

（4）〔補注〕先謙曰：「上文云『楊何字叔元』，〈藝文志〉班自注同，此脫『元』字。」

〔疏證〕「誼」，今皆作「義」。

（5）〔注〕師古曰：「黨讀曰儻。」

〔補注〕先謙曰：「惠棟云：『案文義當以黨字屬上句，異黨猶言異類也。』錢大昭云：『荀《紀》以黨字絕句。』」

〔疏證〕師古蓋以「黨」下屬為句。王引之《經傳釋詞》：「儻，或然之詞也，字或作黨，或作當，或作尚。」《史記·伯夷傳》：「儻所謂天道，是邪？非邪？」《正義》：「儻，未定之詞。」按：上文敘延壽自云嘗從孟喜問《易》，房以為延壽《易》即孟喜《易》，而翟牧、白生不肯。孟堅因以延壽或獨得隱士之說託之孟氏，故不相與同也。然則「黨」正或然之詞，宜下屬也。王先謙引惠棟、錢大昭言，謂「黨」字當屬上句，非也。

（6）〔疏證〕〈京房傳〉在《漢書》卷七十五。永光、建昭間（西元前43～前37年），西羌反，日蝕，又久青亡光，陰霧不精，房數上疏先言其將然，所言屢中，天子說之。其時中書令石顯專權，顯友人五鹿充宗為尚書令，與房同經，論議相非。京房嘗以宴見之便，免冠諫天子曰：災異盡備，宜退為亂者，蓋指石顯、充宗也。顯因潛房非謗政治歸惡天子，房終棄市。時元帝建昭二年（西元前37年），房年四十一年。《漢書·京房傳》載房上疏，多言陰陽卦氣災變。《漢書·藝文志》有《易傳孟氏京房》十一篇，《易傳災異孟氏京房》六十六篇。皮錫瑞《經學通論》云：「漢初說《易》皆主義理，切人事，不言陰陽術數。」而以「陰陽災變為《易》之別傳。」「孟氏為京氏所託。」云。武進·張惠言《易義別錄》則曰：「此京氏注孟也。」姚振宗《漢書藝文志條理》云：「漢人注釋，各自為書，不連本文。此殆據孟氏，而並其所自得者合為一編。」今輯本以清·王保訓輯，嚴可均校者為備，木犀軒本。敘曰：「《易》以道陰陽，有陰陽即有五行。孟喜受《易》家陰陽，立十二月辟卦，其說本於氣以準天時，明人事。授之焦贛，焦贛又得隱士之說五行消受，授之京房，京房兼而用之，長于災變，布六十四卦于一歲中，卦直六月七分，迭更用事，以風雨寒溫為候，各有占驗，獨成一家。」云。別有馬國翰、黃奭、孫堂、王仁俊輯本。

（7）〔補注〕先謙曰：「《藝文志》及《經典釋文》作『段嘉』，『殷』字誤。」

〔疏證〕東海，郡名，注已見第十二節注1。史籍「殷」「段」多互譌，梁玉

繩《史記志疑》嘗舉多例以證之。《漢書·藝文志》有《京氏段嘉》十二篇，
師古曰：「嘉即京房所從受《易》者也。見〈儒林傳〉及劉向《別錄》。」

（8）〔補注〕先謙曰：「平見〈房傳〉。」

〔疏證〕〈京房傳〉，元帝欲房上弟子試事，房薦弟子中郎任良、姚平云。
河東，郡名。地在今山西省西南部，汾水之南，中條山之西，西南皆黃河
圍繞。包括安邑、夏、平陸、猗氏、臨晉、芮城、聞喜、解、絳、臨汾、
洪桐、曲沃等縣地。

（9）〔注〕師古曰：「乘，姓也，音食證反。」

〔補注〕劉敞曰：「今有乘姓，音如乘黎之乘。」錢大昭曰：「案《廣韻·十
六蒸》，言乘又姓，〈四十七證〉，不言姓。」

〔疏證〕今乘作名詞，如車乘、上乘、千乘、大乘，皆讀去聲，音「剩」，
則師古云食證反者是也。按：王國維手寫法國巴黎國民圖書館所藏敦煌發
見之《切韻》第三種本，王仁昫《刊謬補缺切韻》敦煌本及故宮本，於〈蒸
韻〉「乘」字下僅注「駕」字，為動詞；而證韻「乘」字下，王仁昫《刊謬
補缺切韻》敦煌本與故宮本，及吳縣·蔣斧所藏唐寫本之《唐韻》皆注有
「車乘」，為名詞。是乘字名詞讀去聲，動詞讀平聲，《切韻》《唐韻》皆與
師古同，本不誤也。《廣韻》於〈蒸韻〉「乘」下妄增「又姓」，大誤。錢大
昭不以師古注訂《廣韻》之誤，而以《廣韻》之誤改師古《注》，王先謙亦
遽引之，蓋皆有未審也。河南，郡名，今河南省沿黃河南岸之洛陽、汜水、
滎陽、偃師、孟津、中牟、鄭、密、新鄭、臨汝等縣，及今北岸之孟、陽
武、原武等縣，皆其地也。

（10）〔疏證〕王國維〈漢魏博士題名考〉：「〈傳〉言嘉、平、弘三人皆為郎博士，
不知三人皆由郎為博士與？抑或為郎或為博士與？未能詳也。〈京房傳〉言
上令房上弟子曉知考工課吏事者，欲試用之，房上中郎任良、姚平，欲以為
刺史，是姚平曾為郎之證。又《易》京氏之立在房用事之時，其廢即在房獲
罪之後，其間不過數年，未必有三人為博士，然〈儒林傳〉語未分析，無由
質言之矣。」按：「房上中郎任良、姚平」，是從房受業者有任良；〈房傳〉：
「淮陽憲王舅張博從房受學，以女妻房。」是從房受業者更有張博，茲並補
之於此。

（11）〔疏證〕西漢更有谷永，精京氏《易》。東漢立十四博士，有京氏。又《後漢
書·儒林傳》，汝南·戴憑、濟陰·孫期皆習京氏《易》云。

（12）此下應補：「涿郡·韓生者，韓嬰之後也。韓嬰傳《詩》，亦以《易》授人，

推《易》意而爲之傳。燕、趙間好《詩》，故其《易》微，唯韓氏自傳之。
武帝時嬰嘗與董仲舒論於上前。其人精悍，處事分明，仲舒不能難也。孝宣
時，韓生以《易》徵，待詔殿中，曰：所受《易》即先太傅所傳也；嘗受韓
《詩》，不如韓氏《易》深，太傅故專傳之。司隸校尉蓋寬饒本受《易》於
孟喜，見涿・韓生說《易》而好之，即更從受焉。」參閱二十八節正文及注。
清・馬國翰輯有《周易韓氏傳》二卷，《玉函山房》本。

第十五節　費　直

　　費直字長翁，東萊人也。(1) 治《易》爲郎，至單父令。(2) 長於卦筮，亡
章句，徒以〈彖〉〈象〉〈系辭〉十篇文言解說上、下經。(3) 琅邪・王璜平中
能傳之，(4) 璜又傳古文《尚書》。(5)

(1)　〔注〕師古曰：「費音扶味反。」
　　　〔疏證〕費今音「閉」。東萊，郡名。今山東半島東端，自掖縣、平度以東，
　　　包括萊陽、黃縣、文登，皆其地也。按：《隋書・經籍志》云：「漢初又有
　　　東萊・費直傳《易》，其本皆古字，號曰古文《易》。」然則費直爲漢初人
　　　也。宋・晁公武《郡齋讀書志》曰：「《易》自商瞿受於孔子，六傳至田何
　　　而大興，爲施讎、孟喜、梁丘賀。其後焦贛、費直始顯，而傳受皆不明，
　　　由是分爲三家。漢末田、焦之學微絕，而費氏獨存。其學無章句，惟以〈彖〉、
　　　〈象〉、〈文言〉等十篇解上、下經。凡以〈彖〉、〈象〉、〈文言〉等參入卦
　　　中者，皆祖費氏。」朱彝尊《經義考》引明・錢一本曰：「《周易》漢・費
　　　直本畫一全卦，繫以〈彖辭〉；再畫本卦，繫以〈爻辭〉；又畫覆卦，繫以
　　　用九、用六之辭；後以一傳字加〈象傳〉之首。鄭康成本省去費本六爻之
　　　畫，又省用九、用六覆卦之畫云云。」〈儒林傳〉謂費直無《章句》，《釋文・
　　　序錄》引《七錄》則以「《費直易章句》四卷殘缺。」張惠言《易義別錄》
　　　云：「蓋僞托不足信，或者費氏本無訓說，諸儒斟酌各家以通之。」今有馬
　　　國翰輯，《玉函山房》本。至於《隋書・經籍志》有《易林》二卷，《易內
　　　神筮》二卷，《周易筮占林》五卷，題費直撰，疑皆僞托也。
(2)　〔注〕師古曰：「單音善，父音甫。」
　　　〔疏證〕單父，縣名，漢屬山陽郡，故城在今山東單縣之南。縣令、長，掌
　　　治其縣，萬戶以上爲令，秩千石至六百石。按：費直治《易》爲郎，至單

　　　　父令，此公孫弘〈議立博士弟子書〉所謂：「補中二千石屬」及「郡屬」。蘇林曰：「屬亦曹吏，今縣令。」蓋有徵也。而「高第者」爲「郎」非「郎中」，亦益可信矣。

（3）〔疏證〕楊樹達《漢書窺管》卷九：「許桂林《易確》云：『〈文言〉「文」字，爲「之」字傳寫之誤。』按許說是也，〈文言〉惟乾、坤二卦有之，不得言以〈文言〉解說上、下經也。」按：宋・馮椅《厚齋易學》引正作「十篇之言」。

（4）〔注〕師古曰：「中讀曰仲。」

　　　〔補注〕先謙曰：「官本《考證》云：『案王璜〈溝洫志〉作王橫。』案《後書》亦作『橫』。」

　　　〔疏證〕〈溝洫志〉記「王莽時，徵能治河者以百數。」有「大司空掾王橫。」顏師古《注》謂即〈儒林傳〉王璜，王先謙《補注》云〈河水注〉作王璜。荀悅《漢紀》繫此事於王莽始建國三年（西元 11 年）。

（5）〔疏證〕王璜從徐敖受古文《尚書》，見下文。《漢書・藝文志》云：「劉向以中《古文易經》校施、孟、梁丘經，或脫去無咎、悔亡，唯費氏經與古文同。」是王橫傳《易》與《書》，皆古文也。按：此下應有「繇是《易》有費氏之學。」《後漢書・儒林傳》：「陳元、鄭眾皆傳費氏《易》，其後馬融亦爲其傳，融授鄭玄，玄作《易注》，荀爽又作《易傳》，自是費氏興。」《隋書・經籍志》云：「魏代王肅、王弼並爲之注。」今《十三經注疏》本之《易經》蓋本於費氏也。王應麟《漢書藝文志考證》引呂氏曰：「漢興，言《易》者六家，獨費氏傳古文《易》，而不立於學官。費氏《易》在漢諸家中最近古，最見排擯。千載之後，巋然獨存，豈非天哉！」

第十六節　高　相

　　高相，沛人也。治《易》，與費公同時。其學亦亡章句，專說陰陽災異，自言出於丁將軍。(1) 傳至相，相授子康，及蘭陵・毋將永。(2) 康以明《易》為郎；永至豫章都尉。(3) 及王莽居攝，東郡太守翟誼，謀舉兵誅莽，事未發，(4) 康候知東郡有兵，私語門人，門人上書言之。(5) 後數月，翟誼兵起。(6) 莽召問，對受師高康。莽惡之，以為惑眾，斬康。繇是《易》有高氏學。高、費皆未嘗立於學官。(7)

（1）〔補注〕周壽昌曰：「言其學所從出。」

〔疏證〕《隋書・經籍志》云：「漢初又有東萊・費直傳《易》，其本皆古字，號曰古文《易》，以授琅邪・王璜，璜授沛人高相，相以授子康及蘭陵・母將永，故有費氏之學。」又云：「費氏大興，高氏遂衰。」言高相出於王璜，與此「自言出於丁將軍」者不同。朱睦㮮《授經圖》調和〈傳〉、〈志〉，云：「高相，沛人，治《易》，與費公同時。其學亦亡《章句》，專說陰陽災異，受之王璜，傳子康及蘭陵・母將永。」按：《隋志》、朱《圖》說皆可疑。費直爲西漢初年人，王璜爲西漢末年人，相去兩百年，何得授受？可疑者一也。高相既傳費氏《易》，而費《易》據〈志〉更別無他授，則高《易》即費《易》，下文何得云「費氏大興，高氏遂衰」邪？可疑者二也。朱《圖》謂高相「與費公同時」，則高相爲漢初人；又謂高相「受之王璜，則高相壽當二百餘歲，豈可信耶！此可疑者三也。下文云康候知東郡有兵，私語門人，門人上書言之，蓋王莽居攝時事。則高康之門人與王璜時代相當，高相爲康父，豈有從璜受《易》之理？此可疑四也。《隋志》言「璜授沛人高相」，蓋誤也。今文家如康有爲每謂高氏《易》乃古文家僞造，其故亦在此。

（2）〔疏證〕母將，複姓，見鄭樵《通志・氏族略》。王先謙《補注》本作「母」，非也；官本作「毋」不誤。

（3）〔疏證〕漢時，南方初闢，地廣人稀，豫章郡奄有今江西省全境，然人口僅三十五萬。都尉，本名郡尉，掌佐守典武職甲卒，秩比二千石，景帝中二年更名都尉。漢時豫章都尉設新淦縣，今清江縣也。《名勝志》：「清江縣有清江鎮，鎮北有漢都尉城。」《清江縣志》：「在今縣東北三十里。」

（4）〔補注〕先謙曰：「官本《考證》云：『案本傳作「翟義」，義、誼古字通用，蔡義亦或作蔡誼。』」

〔疏證〕翟義，漢・上蔡（河南汝南縣北）人，字文仲，翟方進子。王莽居攝二年（西元7年），義舉兵討莽，立劉信爲天子，自稱大司馬，柱天大將軍。移檄郡國三輔，豪傑多起應之。旋敗死。

（5）〔疏證〕候，占也。見《列子・周穆王》「夢者六候」《注》。

（6）〔疏證〕翟義起兵在九月，則高康占知當在六、七月時也。

（7）〔疏證〕《隋書・經籍志》：「梁丘、施氏、高氏，亡於西晉；孟氏、京氏，有書無師。」蓋《易》諸家，唯費氏傳至今也。

第三章 《尚書》之傳受

第十七節 伏 生

伏生，濟南人也，(1) 故為秦博士。(2) 孝文時，求能治《尚書》者，天下亡有，(3) 聞伏生治之，欲召。(4) 時伏生年九十餘，老不能行，(5) 於是詔太常，使掌故朝錯往受之。(6) 秦時禁《書》，伏生壁藏之，(7) 其後大兵起，流亡。(8) 漢定，伏生求其《書》，亡數十篇，獨得二十九篇。(9) 即以教於齊、魯之間，齊學者由此頗能言《尚書》。(10) 山東大師亡不涉《尚書》以教。(11) 伏生教濟南・張生及歐陽生，(12) 張生為博士。而伏生孫以治《尚書》徵，弗能明定。(13) 是後魯・周霸，雒陽・賈嘉頗能言《尚書》云。(14)

(1) 〔注〕張晏曰：「名勝，〈伏生碑〉云也。」

〔補注〕錢大昭曰：「《後漢・伏湛傳》云：九世祖勝，字子賤，所謂濟南・伏生者也。」

〔疏證〕崔東壁《考古續說》卷之二曰：「欲求堯、舜之道，非《尚書》無由知之也。《尚書》誰傳之？伏生傳之也。使無伏生，則二十八篇之《書》不傳；二十八篇之《書》不傳，則地平天成之業不著於世；而禹、湯、文、武之事亦莫得其詳，聖道幾何而不晦也。由是言之，伏生之功大矣。」按：〈儒林傳〉於伏生名字里居，皆語焉不詳。張晏《注》始云名勝；《索隱》注始引《漢紀》云字子賤；范曄《後漢書》乃稱勝字子賤，且指明濟南・伏生以實之矣。然伏生為宓不齊之後，《史記・仲尼弟子列傳》：「宓不齊，字子賤。」《正義》引《頻氏家訓》云：「兗州永郡城，舊單父縣地也，東

有〈子賤碑〉，世所立，乃云濟南・伏生即子賤之後。」是字子賤者爲伏生之祖宓不齊，非伏勝也。詳見陳蟄聲《伏乘》一書。錢大昕引《後漢書》云伏生字子賤，王先謙亦取之，非也。伏生里居，在今山東鄒平縣。於漢爲濟南郡屬也。《鄒平縣志》云：「其故里在今縣治東北十八里，舊口鎮東南，曰伏生鄉是也。」伏生之後有伏理，傳齊《詩》，見下文；及至東京，理子湛，少傳父業，官至大司徒。湛二子：隆、翁。翁子光，光子晨，皆好學。晨女孫爲順帝貴人，子無忌作《伏侯注》，其書見行於今。無忌子質，官至大司農。質子完尚公主；女爲獻帝后。《後漢書》卷五十六有〈伏湛傳〉。

（2）〔疏證〕錢穆〈兩漢博士家法考〉：「秦博士掌承問對，如羣臣上尊號，稱謹與博士議（二十六年）。始皇渡湘江，逢大風，問博士，曰湘君何神（二十八年）。夢與海神戰，如人狀，問占夢博士（三十七年）。及陳勝起，二世召博士諸生問之。皆是。」伏生爲秦博士，疑在焚書之前。

（3）〔疏證〕《史記》「孝文」下有「帝」字；「求」上有「欲」字；「亡」作「無」。呂思勉《燕石札記・漢人說尚書傳授之誣篇》曰：「天下無有，天下無治《尚書》者，乃謂漢朝求之他方，皆未得其人，而獨聞濟南有伏生也。天下豈眞無儒？漢朝自不聞耳。山東之儒，豈止伏生一人？舉尊宿，故言伏生耳！不云漢人不聞，而云天下無有；不云治《尚書》者伏生最爲大師，而云獨聞濟南・伏生。後人之誤會，皆此等疏略之辭啓之也。」

（4）〔疏證〕《史記》「聞」上有「乃」字；「治」上有「能」字；「治」下無「之」字；而「召」下有「之」字。

（5）〔疏證〕《史記》「時」上有「是」字。按：王益之《漢帝年紀》稱錯受《書》在文帝十年，即西元前 170 年，上推九十年，爲西元前 260 年，約當於周赧王五十五年。疑伏生生於是年。其卒年未詳，鄭康成〈尚書大傳序〉（見《漢書藝文志條理》所引）謂伏生「年且百歲」云。

（6）〔注〕師古曰：「衛宏〈定古文尚書序〉云：伏生老，不能正言，言不可曉也。使其女傳言教錯，齊人語多與潁川異，錯所不知者凡十二三，略以其意屬讀而已。」

〔補注〕劉臺拱曰：「伏生傳言，所謂受讀也。漢初音讀訓詁學者，以口相傳，周田觀文王之德，讀爲厥亂勸寧王之德，其一事也；鄭賈受《周禮》讀，馬融受《漢書》讀，東京猶然，馬、鄭後就經爲注，口說絕矣。」

〔疏證〕《史記》「詔」上有「乃」字。按：伏生不能雅言，使其女傳言教錯事，近人呂思勉、楊樹達多持異說。然《漢書・藝文志》云：「《書》者，

古之號令，號令於眾，其言不立具，則聽受施行者弗曉，古文讀應爾雅，故解古今語而可知也。」錢穆氏據此，其〈兩漢博士家法考〉乃曰：「《六藝》中惟《書》最難讀。因其為朝廷當時之號令，以告於眾人之前，故近語體，其文不雅，非以今語解古語不可曉也。晁錯受讀，即以今語易定，如《史記》載《尚書》文，亦多以訓詁代經也。錯既不解齊語，以意屬讀，故多有誤者。」由是觀之，伏女傳言尚可信也。又按：晁錯，漢潁川（今河南省中部禹、葉、許昌、舞陽、長葛、扶溝、襄城、登封、鄢陵、臨潁、臨汝一帶）人。孝文帝時以文學為太常掌故，累遷至太子家令，見知於太子。景帝即位，為御史大夫，權傾九卿。議削諸侯而致吳、楚七國之變，景帝三年（西元前154年）朝衣斬東市。晁錯習申、商刑名，《尚書》非其專業。西漢以《尚書》聞者，皆伏生另授。

(7) 〔疏證〕「禁」字《史記》作「焚」。伏生壁藏，或有疑之者，日人本田成之《支那經學史》言：「秦博士官之《書》特別不禁，伏生為秦博士，不必壁藏也。」按：此未必。錢穆〈兩漢博士家法考〉云：「伏生治《尚書》為秦博士，此當在始皇三十四年前；及焚書議起，偶語《詩》《書》有禁，豈伏生尚得以《尚書》學而為秦博士哉！」既不得博士而歸魯，壁藏《尚書》，亦人情之常也。

(8) 〔補注〕先謙曰：「《史記》作『兵大起』是也，此誤倒。」

(9) 〔補注〕先謙曰：「此〈藝文志〉所云『經二十九卷也』，今文本有〈太誓〉，董仲舒、司馬相如所引是也，馬、鄭諸人以為民間後得〈太誓〉者非。」
〔疏證〕伏壁藏《書》，言人人殊。或以《史記》《漢書》，皆未及〈太誓〉後得事；而諸家徵引，在向、歆所謂後得之前者甚多。故主伏壁實得二十九篇。王引之、王先謙之屬是也。或以馬融之《書》與鄭玄《書》論，謂〈太誓〉得自民間；其得《書》之時，據《別錄》云：為武帝末年；司馬遷見〈太誓〉而入於伏生所傳內，而伏生所得，實僅二十八篇。此說有孔穎達〈書序〉疏倡之於前；王應麟《漢書藝文志考證》和之於後；近人呂思勉更推其波瀾，其《燕石札記》有〈大誓後得〉一篇，謂「古人經、傳不別，後得以前，〈大誓〉固不存於經，然未嘗不見於傳。」故漢人徵引〈大誓〉在後得之前者，未足怪也。或以伏生壁藏，並無亡失，清‧劉光蕡《漢書藝文志注》云：「始皇三十四年焚書，三十七年崩，二世立三年，秦亡，又五年，天下定於漢。伏生自藏之，自啟之，何至遺失？且失亡即俱失亡，何獨得二十八篇？」因謂「二十八篇即夫子所手定。」或以伏生

之《書》，皆係口授，〈僞孔安國尚書序〉所謂：「濟南・伏生，年過九十，失其本經，口以傳授，裁二十餘篇，以其上古之書，謂之《尚書》。」四說互異，莫衷一是。竊以古事有不可盡知者，此其一例，故備引四說，存而勿論也。伏勝之《書》，今有《尚書大傳定本》五卷，附《敘錄》一卷《辨僞》一卷，舊題伏勝撰，清・陳壽祺輯，《左海全集》本，最爲完備。別有任兆麟、王謨、王仁俊輯本，虞文弨、孫之騄、袁鈞、袁堯年、孔廣林、黃奭輯注本。

（10）〔補注〕齊召南曰：「案《史記》但云『學者由此頗言《尚書》』，此文似衍『齊』字，然以上下文推之，又似『齊』字下脫『魯』字，如云『齊、魯學者』，於文甚順也。」

（11）〔疏證〕《史記》於「山東」上有「諸」字；「亡」作「無」。按：申培公以魯《詩》名於時，而其弟子孔安國、周霸皆通《尚書》者，即此之故也。

（12）〔疏證〕《隋書・經籍志》曰：「伏生作《尚書傳》四十一篇，以授同郡張生，張生授千乘・歐陽生，歐陽生授同郡倪寬。」與此不同。按：《釋文・序錄》，及鄭康成〈尚書大傳序〉皆言歐陽生爲伏生弟子，盛百二謂《隋志》誤衍「張生授」三字，是也。《史記》此下敘兒寬行事，班固別有〈兒寬傳〉，故皆省去。

（13）〔疏證〕「弗能明定」《史記》作「不能明也」。弗能明定者，亦衛宏〈詔定古文尚書序〉所云：「錯所不知者，凡十二三，略以其意屬讀而已」之意也。

（14）〔注〕師古曰：「嘉者，賈誼之孫也。」

〔補注〕先謙曰：「閻若璩云：《史記》云『自此之後，魯・周霸、孔安國，洛陽・賈嘉頗言《尚書》事。』此指安國通今文；下別敘孔氏有古文起自安國。班於三人去孔安國專歸古文，則安國非伏生一派，而史及之爲贅，甚失遷意。兒寬事歐陽生，又事孔安國，則安國先通今文明矣。古文不列學官，若安國不通今文，無由爲博士教授也。」

〔疏證〕《漢書窺管》卷九：「樹達按：閻說見《古文尚書疏證》卷二。『兒寬』以下云云，閻書無之，蓋《補注》於閻說乃據沈欽韓《漢書疏證》轉引，此爲沈氏說也。王氏未檢原書，並以爲閻說，誤矣。『兒寬』上當補『沈欽韓曰』四字。」按：周霸以《易》至大官，已見上文；賈嘉爲賈誼之孫，《史記・屈賈列傳》云：武帝舉賈生孫二人至郡守，而賈嘉最好學，世其家，與司馬遷通書云。王仁俊輯有《書賈氏義》，題漢・賈誼撰，《續玉函山房》本。

第十八節 歐陽生

歐陽生字和伯，千乘人也。(1) 事伏生，授兒寬。寬又受業孔安國，(2) 至御史大夫，自有傳。(3) 寬有俊才，初見武帝，語經學，上曰：「吾始以《尚書》為樸學，弗好，及聞寬說，可觀。」迺從寬問一篇。(4) 歐陽、大小夏侯氏學皆出於寬。(5) 寬授歐陽生子，世世相傳，至曾孫高子陽，為博士。(6) 高孫地餘長賓以太子中庶子授太子。(7) 後為博士，論石渠。(8) 元帝即位，地餘侍中貴幸，至少府。(9) 戒其子曰：「我死，官屬即送汝財務。(10) 慎毋受。汝九卿儒者子孫，以廉絜著，可以自成。」(11) 及地餘死，少府官屬共送數百萬，(12) 其子不受。天子聞而嘉之，賜錢百萬。地餘少子政為王莽講學大夫，(13) 由是《尚書》世有歐陽氏學。(14)

(1) 〔疏證〕《漢書窺管》卷九：「惠棟云：『歐陽欽字子敬，生三子，曰容，曰述，曰興，同受業於伏生。容為博士，生子曰巨，巨生遠，遠生高，高生仲仁，仲仁生地餘，地餘生政，政生歙。』歐陽修云：『漢世以歙為和伯八世孫，今譜無生而有容。疑漢世所謂歐陽生者，以其經師謂之生，如伏生之類，而其實名容。容字和伯，於義為通。』樹達按：《論衡・書解篇》作歐陽公孫，與此字和伯不同，豈公孫為歐陽生子之字歟！」千乘郡，地在今山東高苑、青城、蒲臺、博興諸縣一帶；轄千乘縣，地在今山東高苑縣北。《漢書・藝文志》有《歐陽經》三十卷，《歐陽章句》三十一卷，莊述祖《載籍足徵錄》曰：「其一卷無章句，蓋序也。」又有《歐陽說義》二卷。今有王謨輯本，〈敘錄〉曰：「《漢志》《歐陽生尚書章句》三十一卷，《說義》二卷，其軼，猶時時見于他說。今並鈔出《書正義》五條，《左傳疏》一條，《周禮疏》二條，《禮記疏》二條，《史記注》七條，《三國志注》一條，《書鈔》一條，《文選注》一條，《困學紀聞》三條，《石經》四條。」馬國翰、黃奭亦各有輯本一卷。按：漢儒喜言陰陽五行，歐陽《尚書》亦不能免乎此？其說如：「肝，木也；心，火也；脾，土也；肺，金也；腎，水也。」又：「六宗者，上不及天，下不及地，傍不及四時，居中央恍惚，無有神助，陰陽變化，有益於人，故郊祭之。」皆是其例也。

(2) 〔補注〕何焯曰：「倪寬受今文於安國，其古文之學自授都尉朝也。」先謙曰：「案官本『倪』作『兒』。」
〔疏證〕何焯之意，蓋以孔安國既以今文《尚書》為博士授兒寬等，又得古文《尚書》以傳授都尉朝；恐讀者未明兒寬所受究是今文抑古文，故特書

孔安國以今文授兒寬，以古文授都尉朝也。《史記・儒林列傳》謂兒寬「詣博士受業，受業孔安國。」是兒寬所受爲今文也；《漢書・儒林傳》下文謂：孔氏有古文《尚書》，「授都尉朝」，是孔安國古文之學自授都尉朝也。唯何焯之語未晰，唐晏作《兩漢三國學案》，竟以「何焯以爲寬授今文於安國，授古文於都尉朝，似出於肛說，別無考見。」蓋未解何焯之意，且並〈儒林傳〉文而不「見」，何其陋至此也！

（3）〔疏證〕《漢書》卷五十八〈倪寬傳〉云：「武帝欲放古巡狩封禪之事，諸儒對者五十餘人，未能有所定。以問寬，寬對曰：『陛下躬發聖德，統楫羣元，宗祀天地，薦禮百神，精神所鄉，徵兆必報，天地並應，符瑞昭明。其封泰山，禪梁父，昭姓考瑞，帝王之盛節也。然享薦之義，不著於經，以爲封禪告成，合祛於天地神祇。祇戒精專以接神明，總百官之職，各稱事宜，而爲之節文，唯聖主所由，制定其當，非羣臣之所能列。今將舉大事，優游數年，使羣臣得人自盡，終莫能成。唯天子建中和之極，兼總條貫，金聲而玉振之，以順成天慶，垂萬世之基。』上然之，乃自制儀，采儒術以文焉。既成，將用事，拜寬爲御史大夫。」時在武帝元封元年（西元前 110 年）。至太初二年（西元前 103 年）寬卒。《漢書・藝文志・儒家》有《兒寬》九篇；〈詩賦〉有《兒寬賦》二篇。

（4）〔疏證〕《史記・儒林列傳》言寬「敏於文，口不能發明也。」似寬不善於言辭；唯亦記「湯爲御史大夫，以兒寬爲掾，薦之天下，天子見問，說之。」似又頗能說經者。

（5）〔疏證〕下文云：「寬授歐陽生子，世世相傳，至曾孫高子陽，爲博士。」是《尚書》歐陽學出於寬。又云：「勝又事同郡蕳卿，蕳卿者，兒寬門人。勝又傳兄子建，由是《尚書》有大、小夏侯之學。」是大、小夏侯氏皆出於寬也。

（6）〔注〕師古曰：「名高，字子陽。」

〔疏證〕《經典釋文・序錄》：「歐陽氏世傳業，至曾孫高作《尚書章句》，爲歐陽氏學。」案：《說文解字・內部・离》下引歐陽喬說。段玉裁《注》云：「許云歐陽喬者，蓋即高，古喬、高通用。」又《歐陽修外集・歐陽氏譜圖序》曰：「容生子曰巨，字孝仁；巨生子曰遠，字叔游；遠生子曰高，字彥士。」師古曰「名高字子陽。」與歐陽修所述者異。

（7）〔疏證〕〈歐陽氏譜圖序〉曰：「高生子亡其名，字曰仲仁，仲仁生子曰地餘。」太子中庶子，太子少傅屬官，員五人。職掌侍太子左右，贊導眾事，顧問

應對，秩六百石。其時太子爲元帝也。

（8）〔疏證〕論石渠在宣帝甘露三年（西元前 51 年）。詳見第十一節注 5。

（9）〔補注〕先謙曰：「〈百官表〉在永光元年。」

〔疏證〕《漢書·百官公卿表》：元帝永光元年（西元前 43 年）地餘爲少府；五年卒，然則地餘卒於建昭元年（西元前 38 年）也，〈百官表〉是年五鹿充宗爲少府。《漢書窺管》卷九：「樹達按：地餘爲少府，與議罷郡國廟，見〈韋玄成傳〉。」

（10）〔疏證〕即，即使也。段設之辭。

（11）〔疏證〕絜，今人皆作潔，《說文》「絜」字段《注》：「引申爲潔淨，俗作潔，經典作絜。」

（12）〔補注〕宋祁曰：「越本無『數』字。」

（13）〔疏證〕歐陽修〈歐陽氏譜圖序〉：「地餘生二子：曰崇，曰政。政字少翁，生子曰歙。」

〔補注〕沈欽韓曰：「《後漢書·儒林傳》，歐陽歙光武時爲大司徒。」

（14）〔疏證〕《後漢書·儒林傳》又有牟長、宋登，皆傳歐陽學。《隋書·經籍志》：「訖漢東京，歐陽最盛。及永嘉之亂，歐陽、大小夏侯《尚書》並亡。」

第十九節　林　尊

　　林尊字長賓，濟南人也，事歐陽高，爲博士，論石渠，後至少府、太子太傅。(1) 授平陵·平當，梁·陳翁生。(2) 當至丞相，自有傳；(3) 翁生信都太傅，家世傳業。(4) 由是歐陽有平、陳之學。翁生授琅邪·殷崇、楚國·龔勝。(5) 崇爲博士；勝右扶風，自有傳。(6) 而平當授九江·朱普公文，上黨·飽宣。(7) 普爲博士；宣司隸校對，自有傳。(8) 徒眾尤盛，知名者也。(9)

（1）〔補注〕先謙曰：「尊爲少府，不見〈公卿表〉，蓋長信少府。」

〔疏證〕《漢書·百官公卿表》：「長信詹事，掌皇太后宮。景帝中六年，更名長信少府；平帝元始四年，更名長樂少府。」一說：以太后所居爲名。居長信宮則曰長信少府；居長樂宮則曰長樂少府。見《漢書注》引張晏之言及杜佑《通典》。秩中二千石。

（2）〔疏證〕平陵，見第十三節注 20；梁，見第十節注 1。

（3）〔疏證〕平當爲丞相在孝哀帝建平二年（西元前 5 年）；次年三月，平當卒；

在位僅四月。〈平當傳〉在《漢書》卷七十一，載其上書一篇：「如有王者，必世而後仁。三十年之間，道德和洽，制禮興學，災害不生，禍亂不作。今聖漢受命而王，繼體承業二百餘年，孜孜不怠，政令清矣；然風俗未和，陰陽未調，災害數見；意者大本有不立與，何德化休徵不應之久也。禍福不虛，必有因而至者焉，宜深跡其道，而務修其本。昔者帝堯南面而治，先克明俊德，以親九族，而化及萬國。《孝經》曰：天地之性，人為貴，人之行莫大於孝，孝莫大於嚴父，嚴父莫大於配天，則周公其人也。夫孝子善述人之志，周公既成文、武之業，而制作禮樂，修嚴父配天之事，知文王不欲以子臨父，故推而序之，上極於后稷，而以配天，此聖人之德亡以加於孝也。高皇帝聖德，受命有天下，尊太上皇，猶周文、武之追王太王、王季也，此漢之始祖，後嗣所宜尊奉，以廣盛德，孝之至也。《書》曰，正稽古建功立事，可以永年，傳於無窮。」唐晏《兩漢三國學案》云：「西漢儒者奏議，皆可作經說讀。」故引之。

(4) 〔疏證〕信都，地在今河北冀縣。束鹿、棗強、故城、南宮、武邑等縣一帶。初名廣川，景帝封其子越於此，甘露四年（西元前 50 年）國除為郡。哀帝建平二年（西元前 5 年前），定陶王景徙封信都，翁生為信都太傅，必在哀、平之世也。

(5) 〔疏證〕琅邪已見十一節注 6。楚地在今山東嶧縣，江蘇銅山、邳縣及沛縣東南一帶，高祖封其弟交於楚，至六世以謀反誅；宣帝復封子囂於楚。龔勝，字君賓，楚之彭城（今江蘇銅山縣治）人，據《漢書》卷七十二〈龔勝傳〉，勝卒於王莽篡位「明年」之「後二年」，年七十九。則生於宣帝地節二年（西元前 68 年），卒於王莽三年（西元 11 年）也。

(6) 〔疏證〕右扶風，治內史右地，與左馮翊、京兆尹合稱三輔。《三輔黃圖》云：「長安以東為京兆，長陵以北為左馮翊，渭城以西為右扶風。」今陝西省咸陽、興平、鄠、盩厔、武功、郿、鳳翔、瀧、寶雞、邠、汧陽、麟遊、乾縣一帶，是漢右扶風地也。勝能直言，著名節，哀帝徵為諫大夫，數上書言百姓貧，盜賊多，吏不良，風俗薄，災異數見，不可不憂，制度泰奢，刑罰泰深，賦歛泰重云云。哀帝建平四年（西元前 3 年）為右扶風，帝知其非撥煩吏，數月即復還勝為光祿大夫，後告老歸鄉里。王莽篡國，遣使者拜為講學祭酒，辭不受，絕食四十日死。唐晏《兩漢三國學案》云：「龔勝，大儒也，傳伏氏《尚書》，以經學為諫書，惜班氏一字不能傳之。而勝之至死，不受莽命，此亦從經術中來。」云。按：勝與道家亦頗有關連。《漢

書》載勝死，有老父來弔，哭甚哀。既而曰：「嗟乎！薰以香自燒，膏以明自銷，龔生竟夭天年，非吾徒也。」遂趨而出，莫知其誰。蓋亦楚狂接輿、長沮桀溺之流也。

（7）〔疏證〕九江，郡名，地在今安徽省壽縣、鳳臺、合肥、霍邱、全椒、滁、定遠、懷遠一帶。上黨，亦郡名，地在今山西省長子、屯留、沁、武鄉、襄垣、長治、高平、潞城、沁源一帶。按：鮑宣爲渤海高成人，今河北鹽山縣東南；後徙家上黨長子，今山西長子縣西。其生平詳下。

（8）〔疏證〕《後漢書・桓榮傳》：「少學長安，習歐陽《尚書》，事博士九江・朱普。」又〈桓郁傳〉：「榮受《朱普學章句》四十萬言。」是朱普有《尚書章句》，劉勰《文心雕龍・論說篇》亦云：「朱普之解《尚書》，三十萬言，所以通人惡煩，羞學章句。」《漢書・藝文志》未錄，是其疏也。司隸校尉，武帝初置，捕巫蠱，督大姦猾，後以察三輔、三河、弘農。成帝時省。哀帝綏和二年（西元前 7 年）復置，但爲司隸，屬大司空，秩二千石。鮑宣字子都，好學明經，大司空何武薦之爲諫大夫。哀帝祖母傅太后欲稱尊號，封爵親屬。孔光、師丹、何武、傅喜以爲不可，失傅太后指，皆免官。丁、傅子弟並進，董賢貴幸。鮑宣上書諫曰：「竊見成帝時，外親持權，人人牽引所私，以充塞朝廷，妨賢人路，濁亂天下，奢泰亡度，窮困百姓，是以日蝕且十，彗星四起，危亡之徵，陛下所親見也。今奈何反覆劇於前乎？昔堯放四罪而天下服，今除一吏而眾皆惑！陛下上爲皇天下，下爲黎庶父母，爲天牧養元元，視之當如一，合〈尸鳩〉之詩。今貧民菜食不厭，衣又穿空，父子夫婦不能相保，誠可爲酸鼻，陛下不救，將安所歸命乎？奈何獨私養外親與貴幸董賢？」及郡國地震，民多訛言，明年正月朔日食，宣復上書諫：「陛下父事天，母事地，子養黎民，即位以來，父虧明，母震動，子訛言相驚恐。陛下深內自責，避正殿，舉直言，求過失，罷退外親及旁仄素餐之人。」哀帝大異，納之，拜宣爲司隸。宣後以「亡人臣禮」徙上黨長子。平帝即位，王莽以宣爲漢忠直臣不坿己繫獄，宣自殺。《漢書》卷七十二有傳。

（9）〔疏證〕謂平當一支，徒眾尤盛也。據《後漢書》卷五十九：鮑宣子永，少有志操，習夏侯《尚書》；永子昱，少傳父學，客授於東平。又《後漢書》卷六十七：桓榮同門生有彭閎、皋弘，蓋皆受業於朱普。而榮受漢明帝劉莊、胡憲、鮑駿、何湯、張酺、張禹、丁鴻；丁鴻尤爲大師。榮子郁、孫焉、曾孫鸞、玄孫典、彬，皆世傳業。范曄〈論〉曰：「伏氏自東、西京相

襲爲名儒以取爵位,中興而桓氏尤盛。自榮至典,世宗其道;父子兄弟,代作帝師。受其業者,皆至卿相,顯乎當世。孔子曰:『古之學者爲己,今之學者爲人。』爲人者,憑譽以顯物;爲己者,因心以會道。桓榮之累世見宗,豈其爲己乎!」

第二十節　大、小夏侯

夏侯勝,其先夏侯都尉,(1)從濟南‧張生受《尚書》,以傳族子始昌。(2)始昌傳勝,勝又事同郡蕑卿。(3)蕑卿者,兒寬門人。勝傳從兄子建,(4)建又事歐陽高。勝至長信少府,建太子太傅,自有傳。(5)由是《尚書》有大、小夏侯之學。(6)

（1）〔補注〕朱一新曰:「史失其名,蓋嘗爲都尉之官。《後書注》云:『都尉名』,殆誤也。〈百官表〉:『郡尉,秦官,景帝中二年更名都尉。』」
　　〔疏證〕都尉,掌佐郡守典武職甲卒,秩比二千石。見《漢書‧百官公卿表》。
（2）〔補注〕先謙曰:「互見兩〈夏侯傳〉。」
　　〔疏證〕《漢書》本傳云:夏侯始昌,魯人,通《五經》,以齊《詩》《尚書》教授。昌明於陰陽,先言柏梁臺災日,至期日果災。武帝時官至昌邑王太傅。傳夏侯勝,蓋其族子也。
（3）〔注〕師古曰:「蕑音姦。」
　　〔補注〕朱一新曰:「『簡』兩〈夏侯傳〉作『蕑』,蕑從艸,監本正作『蕑』。案古人從竹從艸多通用,《急就章》,凡從竹之字多從艸。《詩‧鄭風‧秉蕑》,《釋文》云:『本作簡。』」周壽昌曰:「明‧凌氏本作『蕑』,作『簡』者,誤也。《史記‧淮南傳》中尉蕑忌,《索隱》:蕑,姓也。與此同。」先謙曰:「官本作『蕑』。」
　　〔疏證〕《漢書‧夏侯勝》本傳云:勝少孤好學,從始昌受《尚書》及《洪範五行傳》說災異。後事蕑卿,又從歐陽氏問。爲學精孰,所問非一師也。勝喜說禮服,徵爲博士光祿大夫。會昭帝崩,昌邑王嗣立,數出。勝諫曰:「天久陰而不雨,臣下有謀上者,陛下出,欲何之?」霍光初以謀泄,召問勝。勝對言在〈洪範〉,光大奇之。蓋勝所尤長者,爲〈洪範〉五行也。又勝亦明《論語》。嘗受詔撰《尚書、論語說》,賜黃金百斤。
（4）〔補注〕周壽昌曰:「〈勝傳〉作『從父子建』。案勝稱大夏侯,建稱小夏侯,

疑建爲勝從子，此傳是也。」

〔疏證〕〈勝傳〉云：「勝從父子建，字長卿，自師事勝及歐陽高，左右采獲。又從《五經》諸儒問與《尚書》相出入者，牽引以次章句，具文飾說。勝非之，曰：『建所謂章句小儒，破碎大道。』建亦非勝爲學疏略，難以應敵。建卒自顓門名經。」

（5）〔補注〕錢大昭曰：「『建』當作『遷』，勝本傳云『爲長信少府，遷太子太傅』。〈劉向傳〉同，若建官至太子少傅，非太子太傅也，且建事附勝，傳不得云『自有傳』。」

〔疏證〕《漢書窺管》卷九：「樹達按：此文長信少府四字當作太子太傅，建太子太傅當作建太子少傅。建下當有至字，蒙上文而省。曹襄附〈曹參傳〉，韓說附〈韓王信傳〉。然〈霍去病傳〉末云：襄說自有傳。下文云：玄成及兄子賞以《詩》授哀帝，至大司馬車騎將軍，自有傳。按官至大司馬車騎將軍者乃韋賞，賞固附見〈韋賢傳〉也。錢謂建不得云自有傳，誤也。」按：本始元年（西元前 73 年）宣帝初立，霍光以爲羣臣奏事東宮，太后省政，宜知經術，白令勝用《尚書》授太后，遷長信少府。本始二年，議立五帝廟樂，勝以非毀先帝，下獄。本始四年，關東四十九郡同日地震，因大赦，以勝爲諫大夫。復爲長信少府，遷太子太傅。年九十卒官。（按：《漢書》未書夏侯勝卒年，以宣帝地節三年，即西元前 67 年，疏廣爲太子太傅計之，則勝當卒於此年或此前也。）勝從父子建爲議郎博士，至太子少傅。楊樹達云當作勝至太子太傅，建至太子少傅，是也。又按：勝子兼爲左曹太中大夫，孫堯至長信少府、司農、鴻臚，曾孫蕃郡守、州牧、長樂少府。勝同產弟子賞爲梁內史，賞子定國爲豫章太守。而建子千秋亦爲少府、太子太傅。以上並見《漢書》卷七十五。

（6）〔疏證〕《漢書·藝文志》：勝有《尚書大夏侯章句》二十九卷，《大夏侯解故》二十九篇，《論語魯夏侯說》二十一篇。建有《尚書小夏侯章句》二十九卷，《小夏侯解故》二十九篇。《後漢書·儒林傳》有張馴以大夏侯《尚書》教授。《隋書·經籍志》云：「及永嘉之亂，歐陽、大小夏侯《尚書》並亡。」馬國翰輯有《尚書》大、小夏侯《章句》各一卷，《玉函山房》本。

第二十一節　周　堪

　　周堪，字少卿，齊人也，與孔霸俱事大夏侯勝。(1) 霸為博士。(2) 堪譯官

令，(3) 論於石渠，經為最高，後為太子少傅，(4) 而孔霸以太中大夫授太子。(5) 及元帝即位，堪為光祿大夫，與蕭望之並領尚書事。(6) 為石顯等所譖，(7) 皆免官。望之自殺，(8) 上愍之，迺擢堪為光祿勳，語在〈劉向傳〉。(9) 堪授牟卿及長安·許商長伯。(10) 牟卿為博士。(11) 霸以帝師賜爵號褒成君，(12) 傳子光，亦事牟卿，至丞相，自有傳。(13) 由是大夏侯有孔、許之學。商善為算，著《五行論歷》，四至九卿，(14) 號其門人：沛·唐林子高為德行，平陵·吳章偉君為言語，重泉·王吉少音為政事，齊·炔欽幼卿為文學。(15) 王莽時，林、吉為九卿，(16) 自表上師冢，大夫博士郎吏為許氏學者，各從門人，會車數百輛，儒者榮之。(17) 欽、章皆為博士，徒眾尤盛，章為王莽所誅。(18)

(1) 〔疏證〕齊，郡名，地在今山東博興、臨淄、淄川、廣饒、益都、臨朐一帶。按：夏侯勝之弟子，除夏侯建、周堪、孔霸三人外，尚有黃霸、蕭望之二人。〈夏侯勝傳〉云：勝非議詔書，毀先帝不道；及丞相長史黃霸阿縱勝，俱下獄。勝、霸既久繫，霸欲從勝受經，勝辭以罪死，霸曰：「朝問道，夕死可矣。」勝賢其言，遂授之。又〈蕭望之傳〉云：嘗從夏侯勝問《論語》。而黃霸與議匈奴來朝之議引《詩》：「率禮不越，遂視既發，相土烈烈，海外有截。」亦見〈蕭望之傳〉。

(2) 〔疏證〕〈孔光傳〉：孔霸為延年子，字次儒，治《尚書》，事太傅夏侯勝，昭帝末年為博士。

(3) 〔補注〕先謙曰：「〈百官表〉，譯官令屬大鴻臚。」
〔疏證〕《漢書·百官表》，典屬國另有屬官九譯令，成帝河平元年（西元前 28 年）省，并大鴻臚。

(4) 〔疏證〕論石渠事在宣帝甘露三年（西元前 51 年），後二年，宣帝崩。周堪為太子少傅，必在甘露三年之後，元帝初元元年（西元前 48 年）之前也。

(5) 〔疏證〕〈孔光傳〉：「霸宣帝時為太中大夫，以選授皇太子經，遷詹事，高密相。」按：太中大夫掌論議，秩比千石；詹事掌皇后太子家，秩二千石；諸侯王相，統眾官羣卿，位在郡守上，秩二千石。

(6) 〔疏證〕杜佑《通典·職官》：「漢武帝時，左、右曹諸吏，分平尚書奏事，知樞要者，始領尚書事。張安世以車騎將軍，霍光以大將軍，王鳳以大司馬，師丹以左將軍，並領尚書事。」按：領尚書事多為輔幼主掌圖書祕記章奏及封奏宣示內外；至後漢則出納王命，敷奏萬機；為「尚書省」之濫

觴也。《漢書・蕭望之傳》：「宣帝寢疾，選大臣可屬者，引外屬侍中樂陵侯史高，太子太傅蕭望之，少傅周堪至禁中，拜高爲大司馬車騎將軍，望之爲前將軍光祿勳，堪爲光祿大夫。皆受遺詔輔政領尚書事。」

(7)〔補注〕宋祁曰：「越本、邵本無等字。」

〔疏證〕據《漢書・蕭望之傳》，譖望之與堪者，除石顯外，尚有伏恭、鄭明、華龍等，而史高、許史亦預其事。故「顯」下當有「等」字也。

(8)〔疏證〕據〈蕭望之傳〉：鄭明、華龍挾怨譖望之與周堪、劉向等朋黨擅權；伏恭、石顯因請謁者召致廷尉，上不知即下獄也，可其奏。及知堪等繫獄，大驚，以責恭、顯。史高言上新即位，既下之獄，宜免其職。帝爲挾持，遂免望之等官位。後望之子上書訟，恭、顯因勸帝頗詘望之於獄，以塞其快心，帝從之，望之遂自殺。上深悔，爲涕泣，哀慟左右云。

(9)〔疏證〕〈劉向傳〉：「望之自殺，天子甚憾恨之，乃擢周堪爲光祿勳，堪弟子張猛光祿大夫給事中，大見信任。」按：光祿勳即郎中令，武帝太初元年更名爲光祿勳，掌宮殿披門戶，秩中二千石。光祿大夫秩比二千石，爲光祿勳屬官，掌論議。

(10)〔補注〕宋祁曰：「舊本『卿』作『鄉』。」

〔疏證〕《漢書窺管》卷九：「樹達按：堪弟子又有張猛，見〈劉向傳〉；班伯嘗從商講異同，見〈敘傳〉。」按：張猛事見注9；班伯者，班固之伯祖也。

(11)〔疏證〕楊樹達《漢書窺管》卷九：「牟卿有《章句》。《後書・張奐傳》云：牟氏《章句》浮碎繁多，有四十五萬餘言，奐減爲九萬言。是也。〈藝文志〉不載。」錢大昭《補漢書藝文志》亦錄有：「牟卿《尚書章句》，凡四十五萬餘言，卿受歐陽《尚書》于周堪。」按：楊、錢二氏此說皆據章懷〈張奐傳注〉而誤。《後漢書・儒林傳》有牟長者，光武帝建武二年拜博士，著《尚書章句》，皆本之歐陽氏，俗號《牟氏章句》。牟氏乃牟長，非牟卿也。

(12)〔疏證〕〈孔光傳〉云：霸宣帝時爲太中大夫，以選授皇太子經，遷詹事，高密相。元帝即位，徵霸，以師賜爵關內侯，食邑八百戶，號褒成君。霸爲人謙退，不好權勢，常稱爵位泰過，何德以堪之。上欲致霸相位，霸讓位，自陳至三，上深知其至誠，乃弗用云。按：元帝爲人厚而懦，霸與望之，皆帝師，然望之受譖自殺，霸以謙退得全者，豈無故哉！

(13)〔補注〕宋祁曰：「光字下更有光字。」

〔疏證〕孔光爲孔霸少子，生於宣帝元康元年（西元前65年），經學尤明，

年未二十，舉為議郎。成帝初為博士選三科，高第者為《尚書》，次為刺史，其不通政事以久次補諸侯太傅。光以高第為《尚書》。歷成帝、哀帝、平帝三世，凡為御史大夫、丞相各再；為大司徒、太傅、太師各一，前後十七年。平帝元始五年（西元5年），光卒，年七十。《漢書》卷八十一有傳。光論議奏書，好引《詩》《書》。成帝無子，議立嗣，光以為禮立嗣以親，以《尚書·盤庚》之及王為比。哀帝時日蝕，光對引《詩》《書》者再。如《周書·洪範》：「羞用五事，建用皇極。」《商書·高宗肜日》：「天既付命正厥德。」《周書·大誥》：「天棐諶辭。」《詩·周頌》：「敬之敬之，天惟顯思，命不《易》哉！」「畏天之威，于時保之。」而以：「日者，眾陽之宗，人君之表，至尊之象，君德衰微，陰德盛彊，侵蔽陽明，則日蝕應之。」為說，欲哀帝「承順天戒，敬畏變異，勤心虛己，延見群臣，思求其故，然後救躬自約，總正萬事，放遠讒說之黨，援納斷斷之介，退去貪殘之徒，進用賢良之吏，平刑罰，薄賦斂，恩澤加於百姓，誠為政之大本，應變之至務也。」於此可見孔光經說之一斑也。

（14）〔補注〕錢大昕曰：「以〈公卿表〉考之，永始三年，詹事許商為少府；綏和元年，又由侍中光祿大夫為大司農；其年又遷光祿勳；當云三至九卿也。又據〈溝洫志〉商嘗為博士，將作大匠，河隄都尉，皆在未為詹事以前。」朱一新曰：「王應麟《藝文志考證》引此作『五行論』，蓋以歷字屬下讀。〈藝文志〉有《許商五行傳記》一篇，《算術》二十六卷。」

〔疏證〕《五行傳記》在〈藝文志·六藝略·尚書類〉；《算術》在〈數術略·歷譜類〉。

（15）〔注〕師古曰：「依孔子目弟子顏回以下為四科也。炔音桂。」

〔補注〕宋祁曰：「炔，《字詁》曰：今焃，姓也。韋昭音翁決反，非。」錢大昕曰：「班史書人名字例至精密，它傳已見字者不更書，唐林字子高，已見〈鮑宣傳〉，而又書者，因三人而類及之也。」朱一新曰：「炔欽上書請減師丹罪，見〈丹傳〉。」

〔疏證〕據《論語》，孔門四科為：德行：顏淵、閔子騫、冉伯牛、仲弓；言語：宰我、子貢；政事：冉有、季路；文學：子游、子夏。楊樹達《漢書窺管》云：「後漢·向栩弟子有顏淵、子貢、季路、冉有之輩，祖此。」按：四人之籍里：沛、平陵、齊，皆已見前。重泉，屬左馮翊，今陝西蒲城縣東南。

（16）〔疏證〕哀帝時，唐林上疏請復師丹邑爵。見〈師丹傳〉。王莽始建國三年（西

元 11 年）以唐林等為太子四友。天鳳四年封師友祭酒唐林為建德侯，位皆特進，見禮如三公。並見〈王莽傳〉。又〈鮑宣傳〉：自成帝至王莽時清名之士，沛郡則唐林子高。仕王莽，封侯貴重，歷公卿位。唐林數上疏諫正，有忠直節。《論衡·超奇篇》：唐林之〈宣言〉，與谷永〈陳說〉，劉向〈切議〉並列。

（17）〔疏證〕此段班氏行文不甚明暢，此句句讀尤費思量。茲依錢穆《劉向歆父子年譜》引文之標點以斷句。

（18）〔補注〕宋祁曰：「越本作『所誅也』。」先謙曰：「詳〈莽〉及〈云敞傳〉。」
〔疏證〕〈師丹傳〉：炔欽為博士，嘗上書言師丹經行無比。〈云敞傳〉：吳章為博士，弟子千餘人，云敞及王莽長子宇皆師事之。〈王莽傳〉：莽子宇非莽隔絕外戚衛氏，恐帝長大後見怨。與師吳章議，章以為莽不可諫而好鬼神，可為變怪以驚懼之。宇使呂寬夜持血灑莽門，吏覺，執之。宇飲藥死，連引死者百數，吳章、呂寬皆與焉。事在平帝元始三年（西元 3 年）也。

第二十二節 張山拊

張山拊，字長賓，平陵人也。(1) 事小夏侯建為博士。論石渠，至少府。(2) 授同縣李尋、(3) 鄭寬中少君、(4) 山陽·張無故子儒、(5) 信都·秦恭延君、(6) 陳留·假倉子驕。(7) 無故善修章句，為廣陵太傅，守小夏侯說文。(8) 恭增師法至百萬言，為城陽內史。(9) 倉以謁者論石渠，至膠東相。(10) 尋善說災異，為騎都尉，自有傳。(11) 寬中有雋材，(12) 以博士授太子。成帝即位，賜爵關內侯，食邑八百戶，遷光祿大夫，領尚書事，甚尊重。(13) 會疾卒，谷永上疏曰：(14)「臣聞聖王尊師傅，褒賢儁，顯有功。生則致其爵祿；死則異其禮諡。昔周公薨，成王葬以變禮，而當天心。(15) 公叔文子卒，衛侯加以美諡，著為後法。(16) 近事：大司空朱邑、(17) 右扶風翁歸，德茂夭年。(18) 孝宣皇帝愍冊厚賜，(19) 贊命之臣靡不激揚。(20) 關內侯鄭寬中有顏子之美質，包商、偓之文學。(21) 嚴然總《五經》之眇論，立師傅之顯位。(22) 入則鄉唐、虞之閎道，王法納乎聖德；(23) 出則參冢宰之重職，功列施乎政事。(24) 退食自公，私門不開。(25) 散賜九族，田畝不益。德配周、召，忠合〈羔羊〉。(26) 未得登司徒，有家臣，(27) 卒然早終，尤可悼痛！(28) 臣愚以為宜加其葬禮，賜之令諡，(29) 以章尊師褒賢顯功之德。」上弔贈寬中甚厚，由是小夏侯有鄭、張、秦、假、李氏之學。寬中授東郡·趙玄；(30) 無故授沛·唐尊；恭

授魯・馮賓。(31) 賓為博士；尊王莽太傅；(32) 玄哀帝御史大夫。(33) 至大官，知名者也。(34)

（1）〔注〕師古曰：「拊音膚。」

〔補注〕先謙曰：「官本注末有『韋昭，音杯，又音甫尤反』九字。」

〔疏證〕《切韻》殘卷第三種，王仁昫《刊謬補缺切韻》故宮本與敦煌本，《廣韻》，及今《國語》，拊均與撫同音。

（2）〔補注〕朱一新曰：「山拊爲少府亦不見〈百官表〉。」

〔疏證〕班書「長信少府」亦簡稱「少府」，林尊是其例也。疑張山拊亦長信少府，故不見於〈百官公卿表〉也。參閱第十九節注1。

（3）〔疏證〕李尋，字子長。已見〈李尋〉本傳。班書凡其人名字已見前者，例不再書字。

（4）〔疏證〕不書地名者，蓋亦與張山拊、李尋同爲平陵人也。

（5）〔疏證〕山陽郡，今山東省金鄉、魚臺、鄒、武城、鉅野、單、嘉祥、滋陽一帶。張無故子儒，依文例：張姓，無故名，子儒字也。〈李尋傳〉作張孺；陸德明《釋文・序錄》作子孺。

（6）〔疏證〕許慎《說文解字・敘》：「孝宣皇帝時，召通《倉頡》讀者，張敞從受之。涼州刺史杜業，沛人爰禮，講學大夫秦近，亦能言之。」段氏《注》云：「秦近，或曰即桓譚《新論》云：『秦近君說〈堯典〉篇目兩字，至十餘萬言；說曰若稽古，三萬言。』者也。」秦近君蓋即此秦延君也，近、延形似。參閱注9及注10。

（7）〔疏證〕陳留郡，轄今河南陳留、考城、甯陵、杞、延津、睢、封邱、尉氏、蘭封、通許、民權，及河北長垣一帶。

（8）〔疏證〕然則《尚書》當有《張無故章句》，《漢書・藝文志》不錄，是其疏也。楊樹達云：「〈李尋傳〉云：『尋治《尚書》，與張儒、鄭寬中同師，寬中等守師法教授。』守師法即此所謂守小夏侯說文也。」見《漢書窺管》卷九。

（9）〔注〕師古曰：「言小夏侯本所說之文不多，而秦恭又更贈益，故至百萬也。」

〔補注〕沈欽韓曰：「《御覽・學部》桓譚《新論》曰：『秦延君說曰若稽古至二萬言。』《文心雕龍・論說篇》：『秦延君注〈堯典〉十餘萬字。』」

〔疏證〕然則《尚書》當有秦氏《注》，〈藝文志〉未錄，是其疏也。參閱注6。

（10）〔疏證〕謁者掌賓讚受事，員七十人，秩比六百石。膠東，地在今山東平度、萊陽、即墨一帶。景帝封子康王寄於膠東，世襲。相已見前。

（11）〔疏證〕〈李尋傳〉云：尋獨好〈洪範〉災異，又學天文、月令、陰陽，事丞相翟方進，方進亦善為星歷，除尋為史。尋復以災異說王根，根薦尋，哀帝召尋待詔，每有非常事，輒問之。尋對屢中，遷黃門侍郎，以尋言且有水災，故拜尋為騎都尉，使護河堤。建平二年（西元前 5 年），以妄言欲變政事，徙敦煌郡。《漢書》卷七十五有傳。按：〈李尋傳〉載尋說根及對哀帝問之文，多引經為說，可見李尋經學之一斑。如引《尚書·皋陶謨》：「天聰明。」釋以：「蓋言紫宮極樞，通位帝紀；太微四門，廣開大道；《五經》《六緯》，尊術顯士；翼張舒布，燭臨四海；少微處士，為比為輔；故次帝廷，女宮在後。聖人承天，賢賢易色，取法於此。」引《尚書·堯典》：「歷象日月星辰。」釋以：「此言仰視天文，俯察地理，觀日月消息，候星辰行伍，揆山川變動，參人民繇俗，以制法度，考禍福。」引《易·繫辭》：「縣象著明，莫大乎日月。」釋以：「夫日者，眾陽之長，輝光所燭，萬里同晷，人君之表也。」引《尚書·舜典》：「三載考績，三考黜陟。」引《易·艮卦·象辭》：「時止則止，時行則行，動靜不失其時，其道光明。」引《尚書·堯典》：「敬授民時。」則引申以：「故古之王者尊天地，重陰陽，敬四時，嚴月令，順之以善政，則和氣可立致，猶枹鼓之相應也。」又其說：「水為準平，王道公正脩明，則百川理落脈通；偏黨失綱，則涌溢為敗。」則引《尚書·洪範》：「水曰潤下。」及《詩·十月之交》：「燁燁震電，不寧不令，百川沸騰。」為說。其論「朝廷亡人，」則引《詩·文王》：「濟濟多士，文王以寧。」及《論語》：「十室之邑，必有忠信。」為說。蓋尋喜以天文災異釋人事，故其說經如此也。

（12）〔補注〕先謙曰：「官本『儁』作『雋』。」
〔疏證〕雋，音俊，雋異也，與俊、儁通。楊樹達云：「寬中為博士，使行風俗，奏王尊治狀，見〈尊傳〉。薦言張禹善《論語》，見〈禹傳〉。」見《漢書窺管》卷九。

（13）〔疏證〕成帝即位在西元前 32 年。關內侯，言有侯號，而居京畿，無國邑也。見《漢書·百官公卿表》師古《注》。《漢書窺管》卷九：「樹達按：時寬中為成帝講《尚書》於金華殿，見〈敘傳〉。」

（14）〔疏證〕谷永字子雲，長安人也。於經書汎為通達，然不能治浹如劉向父子及揚雄也。其於〈天官〉京氏《易》最密，故善言災異。前後所上四十餘事，

略相反覆，專攻上身及後宮。而己黨於王氏，上亦知之，不甚親信也。以王根薦爲大司農，疾免，數月卒。

(15) 〔注〕師古曰：「周公死，成王欲葬之於成周，天迺雷雨以風，禾盡偃，大木斯拔，國大恐。王迺葬周公於畢，示不敢臣也。事見《尚書大傳》，而與古文《尚書》不同。」

〔補注〕先謙曰：「官本注國下有人字，與上無而字。」

〔疏證〕《漢書‧梅福傳》注引《尚書大傳》曰：「周公疾，曰：『吾死必葬於成周，示天下臣於成王也。』周公死，天乃雷雨以風，禾盡偃，大木斯拔，國恐。王與大夫開金縢之書，執書以泣曰：『周公勤勞王家，予幼人弗及知。』乃不葬之於成周，而葬之於畢，示天子不敢臣。」按此條，今本《大傳》佚，盧文弨採師古《注》以補遺。谷永疏所謂「變禮」者，言周公本爲諸侯，而變以天子之禮葬之也。「當天心」者，言合於天意，風雨乃息也。

(16) 〔注〕師古曰：「公叔文子，衛大夫公叔發也。文子卒，其子請謚於君，君曰：『昔者衛國凶飢，夫子爲粥與國之餓者，不亦惠乎？衛國有難，夫子以其死衛寡人，不亦貞乎？夫子聽衛國之政，修其班制，以與四鄰交，衛國社稷不辱，不亦文乎？謂夫子貞惠文子。』事見《禮記‧檀弓》。」

〔補注〕先謙曰：「官本『公叔發』作『公孫發』。」

〔疏證〕《禮記‧檀弓》鄭氏《注》：「文子，衛獻公孫，名拔，或作發。」孔穎達《疏》云：「案《世本》衛獻公生成子當，當生文子拔，拔是獻公孫也。或作發者，以《春秋左氏傳》作發，故云或作發。」按《通志‧氏族略》：「《春秋》時諸侯之孫，亦以爲氏者，曰公孫氏。」發爲衛獻公之孫，官本作「公孫」，蓋有據也。作「公叔」者，靈公亦獻公孫，尊稱文子爲「公叔」也。

(17) 〔補注〕劉敞曰：「『空』當爲『農』。」

〔疏證〕朱邑，字仲卿，廬江舒（今安徽盧江縣西）人，舉賢良爲大司農丞，遷北海太守，以治行第一，宣帝地節四年（西元前 66 年）入爲大司農；神爵元年（西元前 61 年）卒，家無餘財。宣帝下詔稱揚曰：「大司農邑，廉潔守節，退食自公；亡彊外之交，束脩之餽；可謂淑人君子。遭離凶災，朕甚閔之。其賜邑子黃金百斤，以奉其祭祀。」按大司農，即治粟內史，掌穀貨，景帝後元年（西元前 143 年）更名大農令，武初元年（西元前 104 年）更名大司農，秩中二千石。

(18) 〔疏證〕翁歸，姓尹，翁歸其名也，字子兄，河東平陽（山西臨汾縣西南）

人。少孤，習文法，喜擊劍。河東太守田延年器之，以爲督郵。徵拜東海太守，大治。宣帝元康元年（西元前 65 年）入守右扶風。治爲三輔最，神爵元年（西元前 61 年）卒，宣帝下詔賢之，曰：「朕夙興夜寐，以求賢爲右，不異親疏近遠，務在安民而已，扶風翁歸，廉平鄉正，治民異等，早夭不遂，不得終其功業，朕甚憐之，其賜翁歸子黃金百斤，以奉其祭祠。」

（19）〔疏證〕各賜黃金百斤，奉祭祀，詔稱揚之，參見 17、18 兩注。

（20）〔注〕師古曰：「贊，佐也。」

（21）〔注〕師古曰：「《論語》云：『文學：子游、子夏。』商，子夏名；偃，子游名。」

〔疏證〕顏子、顏淵，於孔門四科屬德行；商、卜商，偃、言偃，於孔門四科屬文學。

（22）〔注〕師古曰：「嚴與儼同。眇讀曰妙。」

〔補注〕錢大昭曰：「嚴與儼通，〈曲禮〉：『儼若思。』《釋文》云：『儼本又作嚴』〈無逸〉：『嚴恭寅畏。』馬融本作『儼』。」

〔疏證〕漢人眇、妙多通用。《易·說卦》：「神也者，妙萬物而爲言者也。」《釋文》：「妙，王肅本作眇。」《後漢書·班固傳》：「妙古昔而論功。」《注》：「妙或作眇。」《漢書·律歷志》：「究其微眇。」《注》：「眇讀曰妙。」

（23）〔注〕師古曰：「鄉讀曰嚮。閎，大也。言陳聖王之法，聞於天子。」

（24）〔疏證〕《書·周官》：「冢宰掌邦治，統百官，均四海。」孔穎達《疏》引馬融云：「冢，大也；宰，治也。大治者，兼萬事之名也。」按：成帝即位，鄭寬中領尚書事，輔成帝掌圖書秘記章奏及封奏宣示內外，故谷永謂其參冢宰之重職也。功列，列、烈、業皆通，朱駿聲《說文通訓定聲》：「烈叚借爲列。」《爾雅·釋詁》：「烈，業也。」故功列猶功烈、功業也。王先謙《詩三家義集疏》卷二第二十一葉引谷永此文正作「功烈施乎政事」。

（25）〔注〕師古曰：「『退食自公』，〈召南·羔羊〉詩之辭，言貶退所食祿，而從至公之道也。」

〔補注〕朱一新曰：「顏《注》蓋取毛《詩》鄭《箋》義。」

〔疏證〕「退食自公，私門不開。」，係《詩》魯說，谷永蓋學魯《詩》者也。《漢書·薛宣傳》谷永〈疏〉亦有「竊見少府宣材茂行絜，達于從政，有退食自公之節。」之語。王先謙《詩三家義集疏》曰：「退食自公者，自公朝退而就食，非謂退歸私家。永〈疏〉私門不開，正釋自公之義。卿大夫入朝治事，公膳於朝，不遑家食，故私門爲之不開也。〈漢衡方碑〉云：『褘隋在

公』，自公即在公也。」按：毛《詩》鄭《箋》釋退食為減膳；釋自為從；
釋公為事。曰：「退食謂減膳也；自，從也；從於公，謂正直順於事也。」
師古《注》大體與毛《詩》鄭《箋》義為近，取《毛詩箋》以解魯《詩》，
終不如取《魯詩說》之解魯《詩》為妥貼也。

（26）〔疏證〕〈羔羊〉，《詩・召南》篇名。《齊說》曰：「羔羊皮革，君子朝服，
輔政扶德，以合萬國。」《韓說》曰：「詩人賢士為大夫者，言其德能稱，有
絜白之性，屈柔之行，進退有度數也。」毛〈序〉曰：「鵲巢之功致也。召
南之國，化文王之政，在位皆節儉正直，德如羔羊也。」谷永學魯《詩》，
舉羔羊大義，以周召、羔羊對言，是羔羊美召公，《魯說》亦如此。

（27）〔注〕師古曰：「司徒掌禮教之官，言寬中學行堪為之也。家臣若今諸公國官，
及府佐也。」
〔補注〕王文彬曰：案家臣以治喪葬具也，《論語》：「子疾病，子路使門人為
臣，子曰：『由之行詐也，無臣而為有臣。』」
〔疏證〕仕於大夫者皆曰家臣，非僅治喪葬具而已。楊樹達云：「王說支離，
顏說是也。」見《漢書窺管》卷九。

（28）〔注〕師古曰：「卒讀曰猝。」

（29）〔注〕師古曰：「令，善也。」

（30）〔疏證〕東郡，地在今山東省西部堂邑、觀城、莘、聊城、范、朝城、茌平、
博平、陽穀、東阿、東平，及河北省南部清豐、濮陽、南樂一帶。鄭寬中除
授東郡趙玄外，尚授班伯，見《漢書・敘傳》。

（31）〔補注〕宋祁曰：「淳化本、越本『無故』字下更有『無故』二字，『馮賓』
字下更有一『馮』字。《刊誤》，謂當去『無故』二字，添一『賓』字。」

（32）〔疏證〕萬斯同〈新莽大臣年表〉：王莽地皇元年（西元 20 年）平晏死，唐
尊為太傅；地皇四年十月，尊卒。按：唐尊為清名之士，以明經飭行顯名於
世。見《漢書・鮑宣傳》。尊身短衣小袖，乘牝馬柴車，藉槀瓦器，又以歷
遺公卿。出見男女不異路者，尊自下車，以象形赭幡污染其衣。見〈王莽傳〉。
錢穆《劉向歆父子年譜》曰：「唐林、唐尊皆治今文《尚書》，均見尊禮，莽、
歆固非以古文易今文。」

（33）〔補注〕先謙曰：「趙玄見〈朱博傳〉。」

（34）〔疏證〕《漢書・百官公卿表》：趙玄於孝哀建平二年四月（西元前 5 年）為
御史大夫，同年九月下獄論。據〈朱博傳〉：博與玄承傅太后旨，並奏傅喜、
何武前在位皆無益於治，請皆免為庶人。上知之，以其結貴戚背君，下二人

獄，博自殺，玄減死罪三等云。

第二十三節　孔安國

孔氏有古文《尚書》，(1) 孔安國以今文字讀之，因以起其家。(2) 逸《書》得十餘篇，蓋《尚書》茲多於是矣。(3) 遭巫蠱，未立於學官。(4) 安國為諫大夫，授都尉朝。(5) 而司馬遷亦從安國問，故遷書載〈堯典〉〈禹貢〉〈洪範〉〈微子〉〈金縢〉諸篇，多古文說。(6) 都尉朝授膠東‧庸生。(7) 庸生授清河‧胡常少子。以明《穀梁春秋》為博士、部刺史，又傳《左氏》。(8) 常授虢‧徐敖。敖為右扶風掾，(9) 又傳毛《詩》。授王璜、(10) 平陵‧塗惲子真。(11) 子真授河南‧桑欽君長。(12) 王莽時，諸學皆立。(13) 劉歆為國師，璜、惲等皆貴顯。(14) 世所傳《百兩篇》者，出東萊‧張霸，分析合二十九篇以為數十。(15) 又采《左氏傳》、〈書敘〉，為作首尾，凡百二篇。(16) 篇或數簡，文意淺陋。(17) 成帝時求其古文者，(18) 霸以能為《百兩》徵。以中書校之，非是。(19) 霸辭受父，父有弟子尉氏‧樊並。(20) 時太中大夫平當、侍御史周敞勸上存之。(21) 後樊並謀反，迺黜其書。(22)

(1)　〔補注〕先謙曰：「詳〈藝文志〉。」

　　〔疏證〕〈藝文志〉：「武帝末，魯共王壞孔子宅，欲以廣其宮，而得古文《尚書》及《禮記》《論語》《孝經》凡數十篇，皆古字也。共王往入其宅，聞鼓琴瑟鐘磬之音，於是懼，乃止不壞。孔安國者，孔子後也。悉得其《書》，以考二十九篇，得多十六篇，安國獻之。遭巫蠱事，未列于學官。劉向以中古文校歐陽、大小夏侯三家經文：〈酒誥〉脫簡一，〈召誥〉脫簡二，率簡二十五字者，脫亦二十五字；簡二十二字者，脫亦二十二字。文字異者七百有餘，脫字數十。」此其事，然見疑於今也。按：此云孔氏有「古文《尚書》」，則伏生所傳非「古文」明矣。許慎《說文解字‧敘》：「魯恭王壞孔子宅，而得《禮記》、《尚書》、《春秋》、《論語》、《孝經》。又北平侯張蒼獻《春秋左氏傳》。郡國亦往往於山川得鼎彝，其銘即前代之古文。皆自相似。」又云：七國時「言語異聲，文字異形，秦始皇帝初兼天下，丞相李斯乃奏同之，罷其不與秦文合者。斯作《倉頡篇》，中車府令趙高作《爰歷篇》，太史令胡毋敬作《博學篇》，皆取史籀大篆，或頗省改，所謂小篆者也。」孔安國為孔子後，其所有者似為與「鼎彝」相似之「古文」；伏生

爲秦之博士，其所藏者似爲「頗有省改」之「小篆」。史遷故別稱孔氏所有者爲「古文《尙書》」也。參閱注6。

（2）〔補注〕何焯曰：「起其家謂別起家法，司馬貞云：『起者，謂起發以出也，則當屬下逸《書》讀。』」

〔疏證〕王引之云：「『因以起其家』爲句，『逸《書》』二字連下讀。起，興起也；家，家法也。謂古文家法自孔氏興起，非謂發《書》以出也。逸《書》已自壁中出，何又有『起發以出』邪？」茲從之。〈藝文志〉：「《書》者，古之號令，號令於衆，其言不立具，則聽受施行者弗曉。古文讀應爾雅。故解古文今語而可知也。」孔安國以今文讀《尙書》，亦猶史遷書〈五帝本紀〉引〈堯典〉文，皆以訓詁代之也。

（3）〔疏證〕自「孔氏」至「於是矣」，班用《史記》文，唯「孔安國」之「孔」，《史記》作「而」；「茲」，《史記》作「滋」。此下則班氏補書，《史記》皆無。

（4）〔疏證〕女能以舞降神爲巫，執左道以惑人爲蠱。《漢書・武帝紀》：「征和二年閏月。諸邑公主、陽石公主，皆坐巫蠱死。夏，行幸甘泉。秋七月，按道侯韓說、使者江充等，掘蠱太子宮。壬午，太子與皇后謀斬充，以節發兵。與丞相劉屈氂，大戰長安，死者數萬人。庚寅，太子亡，皇后自殺。八月辛亥，太子自殺於湖。」是謂巫蠱之變，事在西元前91年。

（5）〔注〕服虔曰：「朝名，都尉姓。」

〔補注〕周壽昌曰：「疑都尉官名，亡其姓，傳中以都尉傳經者不少。」

〔疏證〕周說是也。夏侯勝之先爲夏侯都尉，又李尋嘗爲騎都尉。《漢書・百官公卿表》有騎都尉、駿粟都尉、左右京輔都尉、水衡都尉、三輔都尉、奉車都尉、郡都尉、農都尉、屬國都尉。是以都尉名官非一，未悉朝爲何都尉也。按：《後漢書・孔僖傳》：「自安國以下世傳古文《尙書》。」則孔氏尙別有其家學。安國子邛、孫驩，當皆傳古文《尙書》也。

（6）〔疏證〕朱彝尊《經義考》曰：「班固謂遷書載〈堯典〉〈禹貢〉〈洪範〉〈微子〉〈金縢〉諸篇多古文說。考諸《史記》于〈武帝本紀〉載〈堯典〉〈舜典〉文；于〈夏本紀〉載〈禹貢〉〈皋陶謨〉〈益稷〉〈甘誓〉文；于〈殷本紀〉載〈湯誓〉〈高宗肜日〉〈西伯勘黎〉文；于〈周本紀〉載〈牧誓〉〈甫刑〉文；于〈魯周公世家〉載〈金縢〉〈無逸〉〈費誓〉文；于〈燕召公世家〉載〈君奭〉文；于〈宋微子世家〉載〈微子〉〈洪範〉文。凡此皆從安國問故而傳之者。乃孔壁之眞古文也。然其所載不出伏生口授二十八篇。

若安國增多二十五篇之事，《史記》未嘗載其片語；唯于〈湯誥〉載其辭，是則〈湯誥〉之眞古文也。合之安國作傳之《書》，其文迴別，何以安國作傳與授之史公者各異其辭，宜其滋後儒之疑矣。」按：今本《尚書》與漢時之孔安國《書》絕不相涉，閻若璩引經據古，一一陳其矛盾之故凡一百二十八條，見其所著《古文尚書疏證》。近人陳某以今本古文《尚書》爲晉武帝時孔融八世孫孔安國所傳。其人之字與漢武帝時孔安國全同也。《漢書・藝文志》又載漢・孔安國亦有古文《尚書》獻之漢武帝事，然《漢志》固未言其作「傳」也。及唐・陸德明作《經典釋文》，〈序錄〉乃稱〈藝文志〉云安國獻《尚書「傳」》。於是後人皆誤以晉武帝時孔安國所作之《尚書傳》爲漢武帝時孔安國作矣。其說甚巧，姑略記之以俟高明。今有《尚書孔傳》十三卷，題孔安國傳，宋孝宗時王朋甫刊本。

（７）〔補注〕周壽昌曰：「《後書》作『朝授膠東・庸譚』，是譚爲庸生名也。」

（８）〔注〕師古曰：「少子，亦常字也。」

〔補注〕先謙曰：「常見〈翟方進傳〉。」

〔疏證〕《漢書窺管》卷九：「樹達按：常授《穀梁》於江博士，受《左氏》於尹更始，見下文。部刺史者，刺州刺史，見〈翟方進傳〉。」按：胡常爲清河郡人，其地在今河北省清河、棗彊、景縣，及山東武城、平原、高唐、清平、恩、夏津一帶。〈翟方進傳〉：胡常與方進同經，常爲先進，名譽出方進下，心害其能。後常知方進宗讓己，遂相親友，及方進爲京兆尹，搏擊豪彊，京師畏之。時胡常爲青州刺史，與方進書謂有所不宜。意恐其犯貴戚而見毀也，方進心知所謂，其後少弛威嚴云。

（９）〔疏證〕虢縣屬右扶風，今陝西寶雞縣東是其地。右扶風掾，官名。《說文・掾》段《注》：「漢官有掾屬，正曰掾，副曰屬。《漢舊注》：東、西曹掾比四百石，餘掾比三百石，屬比二百石。」

（１０）〔補注〕周壽昌曰：「案《釋文》本王璜上有琅邪二字。」

〔疏證〕王璜又習費氏《易》，見上文。

（１１）〔疏證〕《漢書窺管》卷九：「樹達按：《後書・賈逵傳》云：父徽，受古文《尚書》於塗惲。」

（１２）〔疏證〕桑欽長於〈禹貢〉，故《水經》舊題桑欽作。姚振宗《漢書藝文志拾補》有《古文尚書桑氏說》一書，下錄許慎《說文》及班固《漢書・地理志》所引桑欽之說，多爲桑欽說〈禹貢〉之文也。

（１３）〔補注〕宋祁曰：「新本改『論』作『諸』。」先謙曰：「據宋說，所見本作『論』。」

（14）〔疏證〕王莽始建國元年（西元 9 年），拜劉歆爲國師，嘉新公。爲四輔之一，位上公。地皇四年（西元 23 年）歆與王涉、董忠謀反莽，事洩，忠被殺，歆、涉自殺。璜爲大司空掾，已見第十五節注 4，惲官位不詳。

（15）〔補注〕王引之曰：「合字與上下文意不相屬，蓋今字之誤。今謂伏生所傳之《書》也，分析今之二十九篇，以爲數十也，上文曰：『伏生求其《書》，亡數十篇，獨得二十九篇』是也。」

（16）〔補注〕沈欽韓曰：「《書正義》鄭作《書論》依《尙書緯》云：『孔子求《書》，得黃帝元孫帝魁之《書》，迄於秦穆公凡三千二百四十篇。斷遠取近，定可以爲世法者百二十篇。以百二篇爲《尙書》，十八篇爲《中候》，去三千一百二十篇。』」

〔疏證〕爲，讀曰僞，爲作猶僞作也。王充《論衡・佚文篇》：「孝成皇帝時讀百篇《尙書》，博士郎吏莫能曉知。徵天下能爲《尙書》者。東海・張霸通《左氏春秋》，按百篇〈序〉以左氏訓詁造作《百二篇》。具成，奏上。」王充所謂「造作」即此傳「爲作」之意。張霸《尙書百兩篇》，有黃奭輯，《漢學堂》本。別有王謨輯本。

（17）〔疏證〕楊樹達《漢書窺管》卷九：「《論衡・感類篇》引云：『伊尹死，大霧三日。』此《百兩篇》文之僅存者。」按：王謨輯本〈敘錄〉曰：「今鈔取《玉海》所引數條，及僞〈太誓〉二條，而以《論衡》所引《百兩篇》冠其首。亦以存此書目云。」則「伊尹死大霧三日」非僅存者也。楊說似疏。

（18）〔補注〕周壽昌曰：「言求能爲古文者。」

〔疏證〕呂思勉云：「求其古文者，當指《尙書》言，謂已有今文，又求古文也。」見《燕石札記・百兩篇》。

（19）〔注〕師古曰：「以霸私增加分析，故與中書之文不同也。中書，天子所藏之書也。」

〔疏證〕呂思勉《燕石札記・百兩篇》云：「案《漢志》：〈六藝略・書家〉，有《周書》七十一篇。注曰：『周史記。』師古曰：『劉向云：周時誥誓號令也，蓋孔子所論百篇之餘也。』當時以校《百兩篇》者，疑即此物。」按：呂氏以「古文《尙書》，蓋漢世實無其物。」故云然。說與《論衡・佚文、正說篇》異也。

（20）〔疏證〕《漢書》有班固自注與正文合刊之例，見十三節注 10。「父有弟子尉氏樊並。」疑亦班氏自注之文。尉氏於漢屬陳留郡，地在今河南省尉氏縣治。樊並之事詳注 22。

（21）〔注〕師古曰：「存者，立其學。」

〔補注〕沈欽韓曰：「《論衡・佚文篇》：孝成皇帝讀百篇《尙書》，博士郎吏莫能曉知，，徵天下能爲《尙書》者。東海（東萊之誤）張霸通《左氏春秋》，案〈百兩序〉，以左氏訓詁造作《百二篇》，具成奏上。成帝出秘《尙書》以校考之，無一字相應者。下霸於吏，吏當器辜（未詳，或造偽物律，辜同辠）大不敬。成帝奇霸之才，赦其辜；亦不滅其經，故《百二篇》書傳在民間。」

〔疏證〕「存」即《論衡》「不滅」之意，師古言「立其學」，非也。

（22）〔補注〕周壽昌曰：「並反在永始三年。」

〔疏證〕《漢書・成帝紀》永始三年：「十一月，尉氏男子樊並等十三人謀反，殺陳留太守，劫略吏民，自稱將軍。徒李譚等五人共格殺並等，皆封爲列侯。」

按：永始三年當西元前 14 年。

第四章　《詩》之傳受

第二十四節　申　公

申公，魯人也，(1) 少與楚元王交，(2) 俱事齊人浮丘伯，受《詩》。(3) 漢興，高祖過魯，(4) 申公以弟子從師入見于魯南宮。(5) 呂太后時，浮丘伯在長安，楚元王遣子郢與申公俱卒學，(6) 元王薨，郢嗣立為楚王，令申公傅太子戊。(7) 戊不好學，病申公。(8) 及戊立為王，胥靡申公。(9) 申公愧之，歸魯，退居家教，終身不出門，復謝賓客。(10) 獨王命召之，迺往。(11) 弟子自遠方至受業者千餘人。(12) 申公獨以《詩經》為訓故以教，亡傳，疑者則闕弗傳。(13) 蘭陵・王臧既從受《詩》，已通，事景帝為太子少傅，免去。(14) 武帝初即位，臧迺上書宿衛，累遷，一歲至郎中令。(15) 及代・趙綰亦嘗受《詩》申公，為御史大夫。(16) 綰、臧請立明堂以朝諸侯，不能就其事，迺言師申公。(17) 於是上使使束帛加璧，安車以蒲裹輪，駕駟迎申公，(18) 弟子二人乘軺傳從。(19) 至，見上，上問治亂之事。(20) 申公時已八十餘，(21) 老，對曰：「為治者不至多言，顧力行何如耳。(22)」是時上方好文辭，見申公對，默然；(23) 然已招致，即以為太中大夫，舍魯邸，議明堂事。(24) 太皇竇太后喜《老子》言，不說儒術，(25) 得綰、臧之過，以讓上曰：「此欲復為新垣平也！」(26) 上因廢明堂事，下綰、臧吏，皆自殺。(27) 申公亦病免歸，數年，卒。(28) 弟子為博士十餘人：(29) 孔安國至臨淮太守；(30) 周霸膠西內史；(31) 夏寬城陽內史；(32) 碭・魯賜東海太守；蘭陵・繆生長沙內史；(33) 徐偃膠西中尉；(34) 鄒人闕門慶忌膠東內史；(35) 其治官民皆有廉節稱。(36) 其學官弟子行雖不備，而至於大夫、郎、掌故，以百數。(37) 申公卒以《詩》《春秋》

授，而瑕丘・江公盡能傳之，徒衆最盛。(38) 及魯・許生，免中・徐公，(39) 皆守學教授。韋賢治《詩》，事博士大江公及許生；又治《禮》，至丞相。(40) 傳子玄成，以淮陽中尉論石渠，後亦至丞相。(41) 玄成及兄子賞以《詩》授哀帝，至大司馬車騎將軍，自有傳。(42) 由是魯《詩》有韋氏學。(43)

（1）〔補注〕周壽昌曰：「申公名培，前所稱申培公者也。」

〔疏證〕《史記》「申公」下有「者」字。

（2）〔疏證〕交，楚元王名也。《漢書・楚元王傳》：「楚元王交，字游。高祖同父少弟也。好書，多材藝。少時嘗與魯・穆生、白生、申公俱受《詩》於浮丘伯。及秦焚書，各別去。漢六年，交爲楚王。元王既至楚，以穆生、白生、申公爲中大夫。」是其事也。〈楚元王傳〉又云：「元王好《詩》，諸子皆讀《詩》，申公始爲《詩傳》，號魯《詩》。元亦次《詩傳》，號曰元王《詩》，世或有之。」姚振宗《漢書藝文志拾補》：「按元王《詩》在魯、齊、韓三家未分之前，固與申培公同爲魯《詩》宗，其後劉向家世魯《詩》傳學，至西京之末，皆元王一派，亦云盛矣。」萱按：《漢書・楚元王傳》，楊樹達疑「亦向、歆父子之文，文出續補《史記》，或本之自序。」見其所著〈漢書所據資料考〉。向、歆爲楚元王後，故推重之，《史記》敘元王交事甚略，似交爲一絕無所表現之人，《漢書》則於元王之學術功業極爲推重，恐文過其實，《元王詩傳》，不見於《漢書・藝文志》，或未必有是書也。

（3）〔疏證〕蒙文通之說云：「《說苑・至公篇》，始皇召羣臣而議，博士七十人未對，鮑白令之對云云。《說苑》述其事再言令之，知鮑白乃複姓，蓋係鮑丘字譌。《新語・資質篇》言鮑丘子之德行非不高於李斯、趙高是也。鮑丘又作包丘，《鹽鐵論・毀學篇》言李斯與包丘子俱事荀卿是也。然則此鮑丘、包丘蓋即漢初傳《詩》之浮丘伯矣。」說見錢穆〈兩漢博士家法考〉。按：蒙說是也。浮、鮑、包古音通，浮丘作鮑丘、包丘，猶伏犧之作包犧也。錢穆又以浮丘伯爲秦博士應在焚書以前云。申公之《詩》得自浮丘伯，浮丘伯又師事荀卿。陸德明《經典釋文・序錄》言《詩》之傳授：「一云：子夏傳曾申；曾申傳魏人李克；克傳魯人孟仲子；孟仲傳根牟子；根牟子傳趙人孫卿子。」是浮邱伯爲荀卿門人，而遠紹子夏也。唯子夏六傳而至荀子，蓋爲傳說，亦未可深信耳。

（4）〔疏證〕《漢書・高帝紀》：「十二年冬十一月行自淮南，還過魯，以太牢祠孔子。」事在西元前 195 年。自「少與楚元王交」至「漢興」，《史記》皆

無，班增之。」

（5）〔補注〕先謙曰：「《正義》引《括地志》，泮宮在兗州曲阜縣西南二百里魯城
內宮之內。」

〔疏證〕張森楷《史記新校注六稿》：「傳言南宮，《正義》以泮宮實之，是
南宮即泮宮矣。然乃去曲阜二百里，于事理殊遠，疑百字誤衍文。」

（6）〔注〕師古曰：「郢即郢客也。」

〔疏證〕《漢書・楚元王傳》：「高后時，浮丘伯在長安，元王遣子郢客與申
公俱卒業。」是也。按《史記・儒林傳》作：「呂太后時，申公游學長安，
與劉郢同師。」

（7）〔疏證〕《漢書・楚元王傳》曰：「元王玄二十三年，薨。太子辟非先卒，文
帝乃以宗正上邳侯郢客嗣，是爲夷王。申公爲博士，失官，隨郢客歸，復
以爲中大夫。」據〈諸侯王表〉：「孝文二年夷王郢客嗣，四年薨。」然則
申公傳其太子戊，時在漢文帝二年至六年，即西元前 178 佯至 175 年也。
按此句《史記》無「元王薨」三字，而作「已而」；又無「嗣立」二字，班
書增之。

（8）〔注〕師古曰：「患苦也。」

〔疏證〕《史記》「病」作「疾」。

（9）〔注〕師古曰：「胥靡，相係而作役，解具在〈楚元王傳〉也。」

〔疏證〕戊立爲王在漢文帝六年（西元前 174 年）；而胥靡申公在漢景帝二
年（西元前 155 年）。其間經二十年之久也。〈楚元王傳〉曰：「初元王敬禮
申公等。穆生不耆酒，元王每置酒，常爲穆生設醴。及王戊即位，常設，
後忘設焉。穆生退曰：『可以逝矣，醴酒不設，王之意怠；不去，楚人將鉗
我於市。』遂謝病去。申公、白生獨留。王戊稍淫暴。二十年，爲薄太后
服，私姦，削東海薛郡，乃與吳通謀。二人諫，不聽，胥靡之，衣之赭衣，
使杵臼碓舂於市。」是其事也。楚王戊二十年當孝景帝二年，吳、楚七國
謀反，次年兵敗，戊自殺。

（10）〔注〕師古曰：「身既不出門，非受業弟子，其它賓客來者，又謝遣去，不與
相見也。」

〔疏證〕《史記》「愧」作「恥」，「謝」下有「絕」字。楊樹達《漢書窺管》
卷九「愧，恥也。」

（11）〔補注〕先謙曰：「徐廣《注》，魯恭王也。」

〔疏證〕申公於景帝二年（西元前 155 年）歸魯。其次年魯恭王以淮陽王徙

魯，在位二十八年薨。是申公退居家教，正恭王王魯時也。

（12）〔補注〕齊召南曰：「案『千餘人』，《史記》作『百餘人』，下文言『申公弟子爲博士者十餘人，大夫、郎、掌故，以百數』。則此文作『千餘人』是也；又案申公爲魯《詩》之師，又爲穀梁《春秋》之師，故下文言『申公卒以《詩》《春秋》授，而瑕邱・江公盡能傳之』也。」

〔疏證〕楊樹達《漢書窺管》卷九：「樹達按：下文言學官弟子至大夫、郎、掌故以百數者，指申公弟子爲博士者之學官弟子而言，非謂申公之弟子也。齊說殊誤。」

（13）〔注〕師古曰：「口說其指，不爲解說之傳。」

〔疏證〕《史記》「訓」下無「故」字，「傳」下叠一「疑」字。梁玉繩《史記志疑》以爲《史記》衍一「疑」字，又云：「申公不作《詩傳》，但教授也。」按：《漢書・楚元王傳》云：「申公始爲《詩傳》，號魯《詩》。」是申公非無傳也。此云「亡傳」者，蓋下脫一「疑」字，當據《史記》補。「亡傳疑」與「疑者則闕弗傳」語相互爲足，亦孔子多聞闕疑之意也。《漢書・藝文志》，《詩經》二十八卷，魯、齊、韓三家；《魯故》二十五卷，《魯說》二十八卷。敘云：「漢興，魯申公爲《詩訓故》。」則此《魯詩》、《魯說》、《魯故》皆申公所傳也。《隋書・經籍志》云：「《魯詩》亡于西晉。」今《魯詩故》有三卷，清・馬國翰輯，《玉函山房》本；《魯詩傳》有一卷，清・黃奭輯，《漢學堂》本。又世有《申公詩說》一書者，則明人豐坊所僞造也。

（14）〔疏證〕《史記》「既」下無「從」字；無「已通」，而有「以」字；「景」上有「孝」字。

（15）〔疏證〕宿衛，直宿禁闈當警衛之任也。武帝爲太子時，王臧爲太子少傅。故武帝即位，王臧乃請爲宿衛也。而武帝累遷擢王臧，未及一年，王臧已爲郎中令，位列九卿，秩中二千石，爲宿衛之最高職也。按：《史記》「武帝」作「今上」；「累遷」上有「上」字；「歲」下有「中」字。

（16）〔疏證〕代郡，地在今山西省北部代、繁時、靈邱、應、渾源、廣靈、大同、陽高、天鎮，及察哈爾省懷安、陽原等縣一帶。御史大夫，漢官名。位列三公之一，秩中二千石。綰爲御史大夫，亦在建元元年（西元前 140 年）。按：《史記》「爲」上有「綰」字。

（17）〔注〕師古曰：「就，成也。」

〔疏證〕明堂者，明政教之堂也。昔者周公朝諸侯于明堂之位；而饗功、養老、教學、選士，皆在其中。明堂之制，諸書所言不一。據〈考工記〉：爲

平列五室。據〈月令〉：則中建太室，四方建青陽、明堂、總章、玄堂各三室。明堂專指南面之堂言，三室之居中一室爲太廟，兩側謂之左右个。據《大戴禮》：明堂凡九室，共三十六戶，七十二牖，以茅蓋屋，上圓下方，其外有水，名曰辟雍，即太學也。綰、臧請天子立明堂，而言師申公，然則申公通《禮》學。按上文云諸山東大師無不涉《尚書》以教，而周霸以申公弟子頗能言《尚書》；孔安國亦以申公弟子爲《尚書》博士，然則申公亦通《尚書》乎？周霸復以《易》至二千石，申公其亦習《易》乎？瑕丘・江公受《詩》及穀梁《春秋》於魯・申公，申公之通《春秋》明矣。由是言之，《詩》、《書》、《禮》、《易》、《春秋》，申公無不習，非僅一曲之士也。按：《史記》「請」下有「天子欲」三字。

(18) 〔補注〕宋祁曰：「景祐本改『駕』作『加』，今兩存。」
〔疏證〕束帛加璧，蓋《春秋》時諸侯使卿相問所執以禮，見《儀禮・聘禮》第八。西漢時得此殊榮者，申公一人而已。以蒲裹輪，取其安也。《漢書・武帝紀》：「建元元年秋七月，議立明堂，遣使者安車蒲輪，束帛加璧，徵魯・申公。」是其事也。按：《史記》「上」作「天子」；「車」下無「以蒲裹輪駕」五字；而「駟」下有「馬」字。

(19) 〔注〕師古曰：「傳音張戀反。」
〔疏證〕軺，車名，《說文》：「小車也。」傳，驛也，《禮・玉藻》：「士曰傳遽之臣。」注：「傳遽，以車馬給使者也。」軺傳，蓋身份較低者所乘，故乘弟子二人也。〈平帝紀〉：「在所爲駕一封軺傳，遣詣京師。」注：「師古曰：以一馬駕軺車而乘傳。」

(20) 〔疏證〕二「上」字，《史記》皆作「天子」。

(21) 〔疏證〕建元元年爲西元前 140 年，上推八十年，爲西元前 220 年，即秦始皇二十七年，申公必生於其年之前數年也。

(22) 〔注〕師古曰：「顧，念也，力行，爲勉力爲行也。」
〔補注〕王念孫曰：「『不至』一作『不在』，景祐本作『不至』，是也。今作『不在』者，後人以意改之耳。〈霍去病傳〉云：『上嘗欲教之《吳、孫兵法》，對曰：「顧方略何如耳，不至學古兵法。」』《鹽鐵論・水旱篇》云：『議者貴其辭約而指明，可於眾人之聽，不至繁文稠辭。』文義並與此相似，舊本《北堂舊鈔・設官部八》，（陳禹謨本改至爲在）《御覽・人事部》百十五，引此並作『不至』，《史記》《通鑑》同，《漢紀》作『不致』。」先謙曰：「官本『至』作『在』，注：勉上『爲』作『謂』。」

〔疏證〕「不至」「不在」兩皆通。「爲治不在多言，顧力行何如耳」，蓋《論語》「君子欲訥於言而敏於行」意也。錢穆〈兩漢博士家法考〉：「申公爲人如其學，亦純謹一流。」

（23）〔疏證〕《史記》「上」作「天子」，「辭」作「詞」。按：班固〈兩都賦〉謂武、宣之世，考文章，「故言語侍從之臣：若司馬相如、虞丘壽王、東方朔、枚皋、王褒、劉向之屬，朝夕論思，日日獻納。而公卿大臣：御史大夫倪寬、太常孔臧、大中大夫董仲舒、太子太傅蕭望之等，時時間作。」《漢書》謂東方朔「詼啁而已」；枚皋「不通經術，詼笑類俳倡，爲賦頌，好嫚戲，以故得媟黷貴幸。」司馬相如以「狗監楊得意」之薦而貴。三人皆武帝時得貴，爲武帝好文辭之證也。唯西漢諸帝雖好文辭，實視之若倡優博奕。〈王褒傳〉：「上曰：『不有博奕者乎，爲之猶賢乎已。辭賦大者與古詩同義，小者辯麗可喜。辟如女工有綺縠，音樂有鄭、衛，今世俗猶皆以此娛說耳目；辭賦比之，尚有仁義諷諭，鳥獸草木多聞之觀，賢於倡優博奕者遠矣。』」武帝之好文詞，亦此類耳。

（24）〔注〕師古曰：「舍，止息也。」

〔疏證〕《史記》「即」作「則」。按：太中大夫，掌論議，猶今「顧問」之類，秩比千石，爲郎中令屬官。然則申公反爲其生王臧之部屬。與束帛加璧安馬蒲輪迎，其禮固不可同日語矣。邸者，屬國舍也，見《說文》；師古曰：「郡國朝宿之舍在京師者，率名邸。」猶今「招待所」之類，非久居之所。武帝令申公舍魯邸，則不欲申公久留京都者明矣。

（25）〔注〕師古曰：「喜音許既反。說讀曰悅。」

〔疏證〕上文有「竇太后又好黃、老術」，下文有竇太后使轅固生刺豕，可參閱。喜，《史記》作「好」，《廣韻‧上聲止韻》「虛里切」一音有「喜」字；下注云：「又香忌切」。師古音「許既反」者，疑當作「許記切」，許、香雙聲，忌、記疊韻，而既、忌非疊韻也。今《廣韻‧志韻》「許記切」有「憙」「嬉」二字，而未錄「喜」，當據又切及師古《注》補。

（26）〔注〕師古曰：「讓，責也。」

〔疏證〕《史記》「綰」上有「趙」字；「臧」上有「王」字；「讓上」下無「曰：此欲復爲新垣平也！」之語。《漢書‧武帝紀》：「建元二年冬十月，御史大夫趙綰坐請毋奏事太皇太后，及郎中令王臧皆下獄，自殺。」注：「應劭曰：禮，婦人不豫政事。時帝已自躬省萬機，王臧儒者，欲立明堂辟雍，太后素好黃、老術，非薄《五經》，因欲絕奏事太后。太后怒，故殺之。」又按：

新垣平者，文帝時方士也，嘗說文帝立五帝廟，後以謀反伏誅。太皇竇太后言綰臧爲新垣平，蓋以「明堂」與「五帝廟」等視矣。

（27）〔疏證〕《史記》「下」上有「盡」字；「綰」上有「趙」字；「臧」上有「王」字；「皆」上有「後」字。其事已見上注。於趙綰、王臧之下獄自殺，可想見漢武之爲人也。

（28）〔疏證〕《史記》「病」作「疾」，「歸」上有「以」字。申公於建元二年（西元前 139 年）歸，數年卒，其卒年似不出建元六年也。

（29）〔疏證〕王國維〈漢魏博士題名考〉：「案弟子爲博士十餘人，此語目下文，知孔安國、周霸以下七人皆博士也。上言十餘人，而下只七人者，史失其姓名也。」按：《史記》「博士」下有「者」字。

（30）〔疏證〕孔安國蓋孔子之後，據《史記·孔子世家》：鮒弟子襄，子襄生忠，忠生武，武生延年及安國，安國爲武帝博士，至臨淮太守，蚤卒，安國生卬，卬生驩。據〈孔光傳〉：鮒弟子襄，襄生忠，忠生武及安國，武生延年，延年生霸，霸生光。馬、班述孔氏家世不同。按：馬遷以延年、安國爲兄弟，延年孫孔光爲哀、平時人（孔光卒於西元 5 年）；而馬遷得見安國之孫（司馬遷卒於西元前 86 年前後），相距幾有百年，不亦謬乎！疑班固以延年爲安國之侄爲是，且班書多採《史記》文，其改《史記》處，必有所根據也。孔安國雖爲申公弟子，然爲博士實由《尚書》，觀上文敘《尚書》而可知。臨淮，漢郡，今洪澤湖附近，包括江蘇省睢寧、宿遷、寶應、鹽城、漣水，及安徽省泗、盱眙、天長，皆其地也。

（31）〔疏證〕周霸以《易》至大官，又習《尚書》，並見上文。膠西，國名。景帝立子端爲膠西王，其地在今山東高密、諸城、安邱一帶。內史，諸王國掌治其民者，秩二千石。

（32）〔疏證〕自孔安國至夏寬，皆未著其籍貫，蓋均爲魯人也。城陽，已見第九節注 12。

（33）〔疏證〕長沙，國名，景帝封子發於此，世其國，地在今湖南東部。按：自孔安國至繆生，《史記》於人名、官名間皆有「至」字，《漢書》除孔安國一條有之，以下皆省去。

（34）〔疏證〕《史記·封禪書》載徐偃、周霸與論封禪，偃以太常諸生行禮不如魯善，與霸皆爲武帝所黜。又《漢書·終軍傳》載偃於元鼎元年（西元前 116 年）使行風俗，矯制使膠東·魯國鼓鑄鹽鐵，詔下終軍問罪。中尉，掌諸侯王國之武職，秩二千石也。

（35）〔注〕李奇曰：「姓闕門，名慶忌。」

〔疏證〕鄒，縣名，於漢屬魯。地在今山東鄒縣東南。按：《史記》於徐偃、慶忌下皆有「為」字。

（36）〔疏證〕《史記》「稱」下有「其好學」三字。《漢書》省「好學」二字，「其」字連下句讀。錢穆〈兩漢博士家法考〉以偃、霸論封禪事為例，謂：「申公弟子，亦謹守舊聞，不事阿合，遂以見斥，則仍是申公純謹遺風矣。」宜乎馬、班謂之「皆有廉節」也。

（37）〔疏證〕曰「學官弟子」，則非親受業於申公矣。大夫掌論議；郎、掌故，皆已見上文注。顧炎武曰：「謂不必皆有行誼，而多顯官。」按：《史記》敘魯《詩》之文，止於此。

（38）〔補注〕朱一新曰：「〈地理志〉：瑕丘，山陽縣。」

〔疏證〕今山東省滋陽縣西，是瑕丘故地。按：瑕丘亦為複姓，鄭樵《通志・氏族略》以邑為氏；「瑕丘氏，姬姓。《風俗通》：魯桓公庶子，食采瑕丘，漢有瑕丘申陽。」瑕丘・江公傳魯《詩》及穀梁《春秋》，而榮廣能傳其學。另見下文。

（39）〔注〕蘇林曰：「免中，縣名也。」李奇曰：「邑名也。」師古曰：「李說是也。」

〔疏證〕言許生、徐公，皆從申公受魯《詩》，而守申公之師法以教授也。免中，未悉當今何地。

（40）〔注〕晉灼曰：「大江公即瑕丘・江公也，以異下『博士江公』，故稱大。」

〔補注〕王念孫曰：「案景祐本無『博士』二字，是也。據晉注此文，但作『大江公』，而無博士二字明矣。今本有者，即涉注內『博士江公』而誤。《經典釋文・序錄》云：『韋賢受《詩》於江公及許生。』即本此傳，而亦無博士二字。」

〔疏證〕韋賢，字長孺，魯國鄒人。其五世祖韋孟為楚元王傅，傅子夷王及孫王戊。賢為人質樸，篤志於學，兼通《禮》《尚書》，以《詩》教授，號為鄒魯大儒。徵為博士，授昭帝《詩》。昭帝崩，霍光立宣帝，以與謀議安宗廟，賜爵關內侯。本始三年（西元前 71 年）為丞相，封扶陽侯。地節三年（西元前 67 年），以老致仕，賜黃金百斤。年八十二（西元前 142 至 61 年）薨。其學詳見註 43。

（41）〔疏證〕淮陽已見十一節注 7。玄成為韋賢少子，少好學，修父業，尤謙遜下士。初，宣帝寵姬張婕妤男淮陽憲王，好政事，通法律，上奇其材，有意欲以為嗣；然以太子起於細微，又早失母，故不忍也。久之，上欲感風憲王，

輔以禮讓之臣，乃召拜玄成為淮陽中尉。是時王未就國，玄成受詔與太子太傅蕭望之及《五經》諸儒雜論同異於石渠閣，條奏其對。及元帝即位，以玄成為少府，遷太子太傅，至御史大夫，永光二年（西元前 42 年）遂代于定國為相。建昭三年（西元前 36 年）薨。玄成以修父業，明經學，歷位丞相，故鄒、魯諺曰：「遺子黃金滿籯，不如一經。」其學續詳下註 43。

(42)　〔疏證〕賞為玄成兄弘之子，亦明《詩》。哀帝為定陶王時，賞為太傅。哀帝元壽元年（西元前 2 年）十一月，賞以舊恩為大司馬車騎將軍，列為三公。同月，賞薨。《漢書》韋賢三代合傳，在卷七十三。

(43)　〔補注〕沈欽韓曰：「〈執金吾丞武榮碑〉：治《魯詩韋君章句》。」

〔疏證〕朱彝尊《經義考》曰：「按魯《詩》有韋氏學，而《章句》不載於《漢志》。考後漢〈執金吾武榮碑〉云，治《魯詩經韋君章句》，則當時韋氏父子亦有《章句》授弟子矣。朱倬曰：魯《詩》起於申公，而盛於韋賢。」姚振宗《漢書藝文志拾補》曰：「明·區大任《百越先賢志》云：『澹臺敬伯，會稽人，受韋氏《詩》於淮陽·薛漢。』則東漢之初，薛氏、澹臺氏皆傳韋氏《詩》，不僅武氏一家也。」楊樹達《漢書窺管》卷九：「〈賢傳〉有賢門生博士義倩。」萱按：今有《魯詩韋氏說》一卷，王仁俊輯，《續玉函山房》本。

第二十五節　王　式

　　王式字翁思，東平新桃人也，(1) 事免中·徐公及許生。式為昌邑王師。昭帝崩，昌邑王嗣立，以行淫亂廢。(2) 昌邑羣臣皆下獄誅，唯中尉王吉、郎中令龔遂以數諫減死論。式繫獄當死。(3) 治事使者責問曰：「師何以亡諫書？」式對曰：「臣以詩三百五篇朝夕授王，至於忠臣孝子之篇，未嘗不為王反復誦之也。(4) 至於危亡失道之君，未嘗不流涕為王深陳之也。(5) 臣以三百五篇諫，是以無諫書。」使者以聞，亦得減死論，歸家不教授。山陽·張長安幼君，(6) 先事式；後東平·唐長賓，沛·褚少孫亦來事式。(7) 問經數篇，式謝曰：「聞之於師具是矣，自潤色之。(8)」不肯復授。唐生、褚生應博士弟子選，詣博士，攝衣登堂，頌禮甚嚴。(9) 試誦說，有法，疑者丘蓋不言。(10) 諸博士驚問何師，對曰：「事式。」皆素聞其賢，其薦式，詔除下為博士。(11) 式徵來，衣博衣而不冠，曰：「刑餘之人，何宜復充禮官？」(12) 既至，止舍中。會諸大夫博士，共持酒肉勞式，皆注意高仰之。(13) 博士江公世為魯《詩》

宗，至江公著《孝經說》，心嫉式。(14) 謂歌吹諸生曰：(15)「歌〈驪駒〉。(16)」式曰：「聞之於師，客歌〈驪駒〉，主人歌〈客毋庸歸〉。(17) 今日諸君為主人，日尚早，未可也。(18)」江翁曰：「經何以言之？」(19) 式曰：「在〈曲禮〉。」(20) 江翁曰：「何狗曲也！」(21) 式恥之，陽醉逿墜。(22) 式客罷，讓諸生曰：「我本不欲來，(23) 諸生彊勸我，竟為豎子所辱。」遂謝病免歸，終於家。張生、唐生、褚生皆為博士：張生論石渠，至淮陽中尉；唐生楚太傅；由是魯《詩》有張、唐、褚氏之學。張生兄子游卿為諫大夫，以《詩》授元帝。其門人琅邪‧王扶為泗水中尉；陳留‧許晏為博士；(24) 由是張家有許氏學。初，薛廣德亦事王式，以博士論石渠，(25) 授龔舍。廣德至御史大夫，舍泰山太守，皆有傳。(26)

（1）〔補注〕錢大昕曰：「〈地理志〉東平國無新桃縣，《後漢書‧光武紀》：『龐萌、蘇茂圍桃城。』注：『任城國有桃聚故城，在今兗州任城縣北。』又〈劉永傳〉：『龐萌自號東平王，屯桃鄉之北。』注：『桃鄉故城在今兗州龔邱縣西北，此即東平之新桃也。』」沈欽韓曰：「《紀要》：桃城在東平州東阿縣西南四十里。」周壽昌：「〈王子侯表〉：桃鄉頃侯宣，東平思王子，則新桃即桃鄉。」

〔疏證〕東平，已見二十節注 2。新桃，據錢氏說，則地在今山東省濟寧縣北；據沈氏說，則地在今山東陽穀縣東北；據周氏說，則地在今山東汶上縣東北。王先謙《漢書‧地理志》東平國縣七下《補注》云：「〈儒林傳〉：王式東平新桃人。今案東平無新桃，止信都有桃縣，亦非新桃。」則新桃果是何地，王氏亦未敢決定也。

（2）〔疏證〕昌邑王，名賀，哀王髆子，武帝孫也。西元前 74 年，昭帝崩，徵王典喪。夜詣長安，馬死相望於道。又途求希禽異物，使從官略女子，載衣車內。至都門而不哭，亡悲哀之心。鼓吹遊樂，與孝昭宮人蒙等淫亂。於是大將軍霍光等奏請皇太后廢之，歸昌邑，賜湯沐邑二千戶。在位蓋僅二十七日也。其事詳《漢書》卷六十三〈武五子傳〉，及卷六十八〈霍光傳〉。

（3）〔疏證〕《漢書‧霍光傳》略云：昌邑王入朝太后還，乘輦欲歸溫室，宦者各持門扇，王入，門閉。昌邑郡臣不得入。車騎將軍安世將羽林騎收縛二百餘人，皆送廷尉。坐亡輔導之誼，陷王於惡，光悉誅殺之。二百餘人出死，號呼市中曰：「當斷不斷，反受其亂！」又〈王吉傳〉略云：王吉，字子陽，少好學明經，舉賢良為昌邑中尉。而王好游獵，驅馳國中，動作亡

節。吉上疏諫，王使謁者賜酒肉，甚敬禮焉。及王嗣立，吉即奏書戒之曰：
大將軍仁愛勇智忠信，願大王事之敬之，政事一聽之，大王垂拱南面而已。
及昌邑王廢，吉髡爲城旦。又〈龔遂傳〉略曰：龔遂，字少卿，以明經官
至昌邑郎中令。爲人忠厚剛毅有大節，內諫爭於王，外責傅相，引經義，
陳禍福，至於涕泣，蹇蹇不已。面刺王過，王至掩耳起走。及王以淫亂廢，
遂得減死，髡爲城旦。

(4)　〔注〕師古曰：「復音方目反。」

　　〔疏證〕「復」舊讀有去、入二聲，《廣韻·去聲·有韻》，〈入聲·屋韻〉
皆有「復」。師古曰方目反，則讀入聲。然今音皆讀去聲也。《詩》三百五
篇，不乏述忠臣孝子者。王式學魯《詩》，請以魯說爲例以明之。〈甘棠〉，
《魯說》曰：「民人思召公之政，懷甘棠不敢伐，歌詠之，作〈甘棠〉之詩。」
〈敬之〉，《魯說》曰：「羣臣進戒嗣王之所歌也。」〈小毖〉，《魯說》曰：「嗣
王求忠臣助己之所歌也。」是皆述忠臣也。〈小弁〉，《魯說》曰：「伯奇乃
作歌以言感之於宣王，王聞之曰『此孝子之辭也。』」又若〈凱風〉云：「爰
有寒泉，在浚之下，有子七人，母氏勞苦。」〈蓼莪〉云：「蓼蓼者莪，匪
莪伊蒿，哀哀父母，生我劬勞。」是皆述孝子也。他例尚多，不勝枚舉。

(5)　〔疏證〕謂康、懿、厲、幽之屬也。如〈關雎〉，《魯說》曰：「周衰而《詩》
作，蓋康王時也。康王德缺於房，大臣刺晏，故《詩》作。」〈采薇〉，《魯
說》曰：「懿王之時，王室遂衰，詩人作刺。」〈桑柔〉，《魯說》曰：「昔周
厲王好專利，芮良夫諫而不入，退賦〈桑柔〉之詩以諷。」他如〈正月〉、
〈十月之交〉、〈北山〉、〈裳裳者華〉等篇，毛〈序〉皆以爲刺幽王，而《魯
說》無異義也。

(6)　〔注〕李奇曰：「長安，名。」

　　〔疏證〕山陽，郡；張，姓；長安，名；幼君，字也。山陽注已見第二十二
節注5。

(7)　〔補注〕周壽昌曰：「《釋文·敘錄》注云：『〈褚氏家傳〉云：即續《史記》
褚先生。』《正義》引張晏云：『褚少孫穎川人，元成間爲博士。』〈褚顗家
傳〉云：『梁相褚大弟之孫，宣帝時爲博士，寓居沛，事大儒王式，故號先
生。』案：宣帝末距元、成間不過二十年，時足相及，所傳微有異耳。」

　　〔疏證〕王國維〈漢魏博士題名考〉：「案《史記·龜策列傳》褚先生曰：『臣
以通經術，受業博士，治《春秋》，以高第爲郎。』褚先生治《春秋》，而
少孫治《詩》，疑非一人。」

（8）〔注〕師古曰：「言所聞師說具盡於此，若嫌簡略，任更潤色。」

（9）〔注〕師古曰：「摳衣，謂以手內舉之，令離地也。摳音口侯反。頌讀曰容。」
〔疏證〕摳，今音扣陰平聲。《禮・曲禮》：「毋踐履，毋踖席，摳衣趨隅。」
陸德明《釋文》：「摳，提也。」孔穎達《疏》：「摳，提也；衣，裳也；既
不踖席，當兩手提裳之前，徐徐向席之下角，從下而升，當己位而就坐也。」
孫希旦《集解》：「深衣，衣裳相連，故言摳衣，實是摳深衣之裳也。」按：
王式頗明〈曲禮〉，讀下文可知；故其生能依〈曲禮〉摳衣升堂，容貌禮儀
甚為威嚴也。

（10）〔注〕蘇林曰：「丘蓋不言，不知之意也。」如淳曰：「齊俗以不知為丘。」
師古曰：「二說皆非也。《論語》載孔子曰：『蓋有不知而作之者，我無是也。』
欲遵此意，故效孔子自稱丘耳，蓋者，發語之辭。」
〔補注〕劉敞曰：「予案《荀卿書》：『區蓋之間，疑則不言。』區蓋近意也。
丘、區聲相變，殆謂此耳。」錢大昭曰：「《荀子・大略篇》云：『言之信耳，
在乎區蓋之間。』楊倞《注》：『區，藏物處；蓋，所以覆物者。凡言之可信
者，如物在器皿之間，言有分限不流溢也。』區與丘聲相近，義亦同。」洪
頤煊曰：「《文選》陳孔璋〈為曹洪與魏文書〉云：『恐猶未信丘言。』《廣雅》：
『丘，空也。』是丘言為空言。《法言・問神篇》：『〈酒誥〉之說俄空焉。』
蓋者，發語詞，空蓋不言，即闕疑之意。」
〔疏證〕丘、蓋二字，說者多引《荀子・大略篇》「言之信者，在乎區蓋之間。
疑則不言，未問則不立。」之「區蓋」而並釋之。《補注》引劉敞、錢大昭
說；楊樹達《漢書窺管》引段玉裁、李慈銘、吳承仕說；皆然。按：《荀子》
以「在乎區蓋之間」為「言之信者」；〈儒林傳〉謂「疑者」「丘蓋不言」。一
言「信者」，一言「疑者」，義殆相反。曾用丘、區雙聲而併為一談，其謬不
亦甚乎！區者，十六升也。《小爾雅》：「升四謂之豆，豆四謂之區。」《左傳・
昭公三年》：「豆區釜鐘」，杜預《注》：「區，斗六升。」是也。故楊倞注《荀
子》：「區，藏物處；蓋，所以覆物者。凡言之可信者，如物在器皿之間。」
為言其可徵驗也。楊《注》於此足矣。下乃引〈儒林傳〉「丘蓋」而解之，
殆蛇足也。〈儒林傳〉「丘蓋」二字不應連讀。丘者，空也；蓋，發語辭；《補
注》引洪頤煊說頗是。《漢書》「丘」多作「空」解，如《漢書・息夫躬傳》：
「寄居丘亭。」師古曰：「丘，空也。」〈公孫弘傳〉：「自蔡至慶，丞相府客
館，丘虛而已。」郭嵩燾曰：「當時或名空虛為丘虛。」是其例。疑者丘蓋
不言者，謂疑者則空闕之，蓋不置言也。《論語》：「多聞闕疑，慎言其餘。」

「君子於其所不知，蓋闕如也。」「蓋有不知而作之者，我無是也。」以及上文言申公「亡傳疑，疑者則闕弗傳。」其意並同。此正魯學純樸之傳統也。

（11）〔注〕師古曰：「下除官之書也。下音胡嫁反。」
〔疏證〕依師古《注》，傳文似當作「詔下除為博士。」今各本並作「除下」。下音胡嫁反，則讀去聲。《廣韻・去聲・禡韻》有「下」字，音「胡駕切」者是也。按：《廣韻・上聲・馬韻》亦有「下」，音「胡雅切」。今《國語》則「下」無上聲「胡雅切」之音矣。

（12）〔疏證〕董仲舒《春秋蕃露・服制篇》：「刑餘戮民不敢服絲元纁。」故王式衣博衣而不冠也。衣博衣猶《孟子・公孫丑上》「褐寬博」之意。朱熹《集注》：「褐，毛布；寬博，寬大之衣；賤者之服也。」不冠者，《禮記・冠義篇》：「冠者，禮之始也。」刑餘之人，不被禮教，故不冠也。王式自謂：「刑餘之人，何宜復充禮官。」正示所以衣博衣而不冠之意也。

（13）〔注〕師古曰：「勞音來到反。」
〔疏證〕《廣韻・平聲・豪韻》，〈去聲・號韻〉皆有「勞」字。師古曰「來到反」，則讀去聲。今國語凡作「慰勞」解者亦讀去聲也。

（14）〔注〕師古曰：「為魯《詩》者所宗師也。」
〔疏證〕此博士江公即下文瑕丘・江公之孫，宣帝時以《穀梁》為博士，詳見三十六節正文。王國維〈漢魏博士題名考〉謂江公、王式皆是魯《詩》博士，恐非是。瑕丘・江公世傳魯《詩》及《穀梁》，故其孫既為《穀梁》博士，復為魯《詩》宗主也。」又《後漢書》卷五十五〈卓茂傳〉：「卓茂字子康，南陽宛人也。元帝時學於長安，事博士江生，習《詩》《禮》及曆算，究極師法，稱為通儒。」章懷《注》：「江生，魯人江翁也。昭帝時為博士，號魯《詩》宗，見前書。」按：江公為博士在宣帝時，章懷《注》謂昭帝時，誤也。博士江公之卒，亦在宣帝時，〈卓茂傳〉謂「元帝時學於長安，事博士江生」者，疑江生乃博士江公之子，非一人也。

（15）〔注〕如淳曰：「其學官自有此法，酒坐歌吹以相樂也。」

（16）〔注〕服虔曰：「逸《詩》篇名也，見《大戴禮》。客欲去，歌之。」文穎曰：「其辭云：『驪駒在門，僕夫具存；驪駒在路，僕夫整駕』也。」
〔疏證〕江公心嫉王式，不欲久留式舍為客，故歌〈驪駒〉，欲去也。

（17）〔注〕文穎曰：「庸，用也。主人禮未畢，且無用歸也。」
〔補注〕劉敞曰：「尋文衍一客字。〈驪駒〉者，客將歸之歌；主人無所歸，不當歌也。」

〔疏證〕《漢書窺管》卷九：「客歌〈驪駒〉，上文服《注》所謂客欲去歌之者，是也。主人歌客毋庸歸，主人留客歌之也。」按：王式言此者，謂己非不知主人當歌客毋庸歸。所以不歌者，己不欲以主人自居也。其說在下文。

（18）〔疏證〕按上文云：王式既至，止舍中，諸大夫博士共持酒肉勞式。既在式之舍中，則式爲主人，諸大夫博士爲式之賓客也。故下文云：「式客罷。」謂式之賓客酒罷而歸也。然式居客舍，不欲以主人自居，故謙言：「今日諸君爲主人。」式既自以爲客矣，何不歌〈驪駒〉？式自解之曰：「日尚早，未可也。」此皆王式之拘謹處也。

（19）〔注〕師古曰：「於經何所有此言？」

〔疏證〕語已含刺譏，謂式拘於經，非實欲式答言何經也。

（20）〔疏證〕《漢書窺管》卷九：「樹達按：《禮記·曲禮上篇》云：『侍坐於君子，君子欠伸，撰杖屨，視日蚤莫，侍坐者請出矣。』此殆式所指也。」

（21）〔注〕師古曰：「意怒，故妄發言。言狗者，輕賤之甚也。今流俗書本云：何曲狗。妄改之也。」

〔補注〕王念孫曰：「戴先生云：當作『何拘曲也。』語含刺譏，不至妄詈，注非。」朱一新曰：「若僅刺譏，式何至引爲深恥？且狗曲本承〈曲禮〉而言，若作『拘曲』，是別出一義，與上文不相應，仍當以顏《注》爲長。」

〔疏證〕王念孫引戴震說以「狗曲」當爲「拘曲」，是也。江翁亦魯《詩》宗，即心嫉而意怒，亦何至於諸大夫博士前妄詈哉！王式於歌酒間屢言《禮經》，故江翁以「拘曲」刺之，意王式乃一「拘曲之儒」耳。漢人以「拘儒」爲辱，觀《鹽鐵論·復古篇》，《論衡·須頌篇》而可知，《後漢書·左雄傳》論曰：「處士鄙生，忘其拘儒。」亦輕拘儒爲褊狹也。

（22）〔注〕師古曰：「遏，失據而倒也。墜，古地字。遏音徒浪反。」

〔補注〕先謙曰：「官本『遏』作『遏』。引宋祁曰：『遏古作踢，服虔音湯，湯去豆皮之湯，蕭該音勅宕反。』」

〔疏證〕《漢書窺管》卷九：「樹達按：《說文》二篇下〈足部〉云：『踢，跌也。』遏與踢同。」按：從辵、從足之字每通，楊以遏、踢同，是也。其音以師古曰徒浪反爲妥。《廣韻·去聲·宕韻》有「踢」「遏」，皆徒浪切。

（23）〔注〕師古曰：「讓，責也。」

（24）〔補注〕宋祁曰：「尉字下當有授字。」

〔疏證〕陸德明《經典釋文·序錄》：「張生兄子游卿以《詩》授元帝，傳王扶。扶、許晏，陳留人，爲博士。」故宋祁謂尉下當有授字也。《太平御覽》

四百九十六《陳留風俗傳》曰：「許晏字偉君，受魯《詩》於琅邪王扶，改學曰許氏章句，列在儒林。故諺曰：殿上成羣許偉君。」又《後漢書·獨行·李業傳》：「業習魯《詩》，師博士許晃，平帝時舉明經為郎，王莽居攝，去官。」王國維以為：「案晏與晃二字形相似，必有一誤。」云。

(25)〔疏證〕以魯《詩》論石渠者，前已有韋玄成、張長安；加薛廣德已三人矣。

(26)〔疏證〕薛廣德字長卿，沛郡相（安徽宿縣）人，以魯《詩》教授，楚國龔勝、龔舍師事焉。元帝初元五年（西元前44年）十二月為御史大夫。在位十月，賜安車駟馬免。《漢書》卷七十一有傳。龔舍字君倩，楚武原（江蘇邳縣西北）人，生於漢宣帝元康四年（西元前62年），與楚人龔勝齊名。以勝薦徵為諫大夫，病免，復徵為博士。哀帝時拜舍為泰山太守，數月，乞骸骨歸，以魯《詩》教授。漢孺子居攝元年（西元6年）卒。《漢書》卷七十二有傳。

第二十六節　轅固生

轅固，齊人也，(1)以治《詩》，孝景時為博士，與黃生爭論於上前，(2)黃生曰：「湯、武非受命，迺殺也。」(3)固曰：「不然！夫桀、紂荒亂，天下之心皆歸湯、武，湯、武因天下之心而誅桀、紂，桀、紂之民弗為使而歸湯、武，湯、武不得已而立，非受命為何？」(4)黃生曰：「冠雖敝必加於首，履雖新必貫於足。(5)何者？上、下之分也。(6)今桀、紂雖失道，然君上也；湯、武雖聖，臣下也。夫主有失行，臣不正言匡過，以尊天子；反因過而誅之，代立南面，非殺而何？」(7)固曰：「必若云，(8)是高皇帝代秦即天子之位，非邪？」(9)於是上曰：「食肉毋食馬肝，未為不知味也；言學者毋言湯、武受命，不為愚。」(10)遂罷。(11)竇太后好《老子》書，召問固，固曰：「此家人言耳！」(12)太后怒曰：「安得司空城旦書乎？」(13)迺使固入圈擊彘。上知太后怒，而固直言無罪，迺假固利兵，(14)下固刺彘，(15)正中其心，彘應手而倒。太后默然，亡以復罪。(16)後上以固廉直，拜為清河太傅，疾免。(17)武帝初即位，復以賢良徵。諸儒多嫉，毀曰：「固老。」罷歸之。(18)時固已九十餘矣。(19)公孫弘亦徵，仄目而事固。(20)固曰：「公孫子，務正學以言，無曲學以阿世！」(21)諸齊以《詩》顯貴，皆固之弟子也。(22)昌邑太傅夏侯始昌最明，自有傳。(23)

（1）〔補注〕宋祁曰：「固字下當有生字。」周壽昌曰：「上稱轅固生，生即先生也。」

〔疏證〕《史記》作「清河王太傅轅固生者，齊人也。」揚雄《法言篇》：「袁固、申公二子，無愧於言《詩》矣。」袁固即轅固也。

（2）〔疏證〕《史記》「上」作「景帝」。〈太史公自序〉云：「太史公習道論於黃子。」瀧川資言曰：「黃生學黃、老，黃、老之學，祖述黃帝，不憲章文、武。」劉師培《國學發微》曰：「武、昭以後，黃、老漸衰。一由轅固與黃生之爭論；黃生明黃、老之術；轅固明儒家之術。而其論湯、武受命也，說各不同。景帝迫於太后之命，雖暫抑轅固；然已深明儒家之有益於專制政體矣。其故一。（下略）」〈儒林傳〉詳敘轅固、黃生之爭，蓋明漢初所以由尚黃、老而轉爲崇儒學之跡也。

（3）〔補注〕先謙曰：「《史記》殺作弒。」

〔疏證〕《史記》「迺殺」作「乃弒」。《韓非子·忠孝五十一》：「堯、舜、湯、武或反君臣之義，亂後世之教者也。堯爲人君而君其臣；舜爲人臣而君；湯、武爲人臣而弒其主，刑其尸。而天下譽之，此天下所以至今不治者也。」其言蓋爲黃生所本。韓非「喜刑名法術之學，而歸本於黃、老。」故其言爲漢初習黃、老術者所樂道。

（4）〔注〕師古曰：「此非受命更何爲？」

〔補注〕宋祁曰：「注文『師古曰』下當有『言』字。」錢大昭曰：「『而何』南監本、閩本『而』並作『爲』。」朱一新曰：「案注則『爲』字是也，此作『而』蓋涉下『非殺而何』句誤。」先謙曰：「官本作『爲何』。」

〔疏證〕《史記》「荒」作「虐」；「皆歸湯、武」下有「湯、武與天下之心而誅桀、紂；桀、紂之民，不爲之使，而歸湯、武。」二十三字。《孟子·梁惠王篇》記齊宣王與孟子論湯放桀，武王伐紂事，曰：「臣弒其君可乎？」孟子對以：「聞誅一夫紂矣，未聞弒君也。」〈離婁篇〉，孟子又曰：「桀、紂之失天下也，失其民也；失其民者，失其心也。民之歸仁也，猶水之就下。爲湯、武毆民，桀與紂也。雖欲無王，不可得已。」其說蓋轅固生所本。

（5）〔注〕師古曰：「語見太公《六韜》也。」

〔補注〕先謙曰：「官本考證云：『案貫字《史記》作關。』錢大昭云：『關、貫古字通。』〈鄉射禮〉云：『不貫不釋』鄭《注》：『古文貫作關。』沈欽韓云：『《御覽》六百九十七引《六韜》，作崇侯虎語，《韓非·外儲說》以爲費仲語。』」

〔疏證〕《御覽》六百九十七，引《六韜》曰：「崇侯虎曰：冠雖弊，禮加於首；履雖新，法以踐地。」《韓非子‧外儲說》：「費仲曰：冠雖穿弊，必戴之於頭；履雖五采，必踐之于足。」又：「趙簡子謂左右曰：夫冠雖賤，頭必戴之；履雖貴，足必履之。」《穀梁春秋‧僖公八年》：「朝服雖敝，必加於上；弁冕雖舊，必加於首。」皆文殊意同。按：黃生上言「湯、武乃弒」，語與《韓非》合；此又與《韓非》所述語類似，必非偶然也。

(6) 〔注〕師古曰：「分音扶問反。」

〔疏證〕分讀如「《春秋》以定名分」之「分」。

(7) 〔疏證〕《史記》「臣不」作「臣不能」；「代立」下多「踐」字；「殺」作「弒」；「而何」下有「也」也。按《韓非子‧忠孝篇》以「臣事君，子事父」為天下之常道。其言曰：「父之所以欲有賢子者，家貧則富之，父苦則樂之；君之所以欲有賢臣者，國亂則治之，主卑則尊之。今有賢子而不為父，則父之處也苦，有賢臣而不為君，則君之處位也危。然則父有賢子，君有賢臣，適足以為害耳。」故主「人主雖不肖，臣不敢侵。」黃生之言，蓋又本於《韓非》也。

(8) 〔注〕師古曰：「謂必如黃生之言。」

〔疏證〕《漢書窺管》卷九：「樹達按：《史記》作『必若所云』，故顏據以為說。然班刪『所』字，義自不同。今案『若』猶『如此』也。《書‧大誥》云：『爾知寧王若勤哉！』〈翟義傳〉載莽〈誥〉『若勤』作『若此勤』，是若有如此義。必若云即必如此云也。」

(9) 〔疏證〕《史記》蜀、蔡、衲、中統、元、游、李、王、秦、金陵、舊鈔本「代」作「伐」，兩通。

(10) 〔注〕師古曰：「馬肝有毒，食之熹殺人，幸得無食；言湯、武為殺是背經義，故以為喻也。」

〔補注〕劉敞曰：「知味者不必須食馬肝，言學者不必論湯、武，此欲令學者皆置之耳。」

〔疏證〕《漢書窺管》卷九：「《史記‧倉公傳》云：『淳于司馬曰：我之王家食馬肝。』知馬肝未嘗不可食也。顏說似誤。」按：文成為帛書以飲牛，武帝識其詐，誅之。曰：「文成食馬肝死！」事見《史記‧封禪書》。疑「食馬肝」為漢時方言俗語。《史記》「毋食」作「不食」；「未為」作「不為」，「毋言」作「無言」。班蓋避一字複用而改馬書也。

(11) 〔補注〕先謙曰：「《史記》下云：『是後學者莫敢明受命放殺者。』」

（12）〔注〕師古曰：「家人言僮隸之屬。」

〔補注〕宋祁曰：「越本『耳』作『矣』。」先謙曰：「《索隱》服虔云：『如家人言也，案《老子道德篇》雖微妙難通，然近而觀之，理國理身而已，故云此家人之言也』。」

〔疏證〕《史記》「此」下多「是」字。家人本謂庶人，楊樹達《漢書窺管》卷一〈惠帝紀〉下舉十一例以明之。錢穆〈兩漢博士家法考〉引《史通》言：「譙周以遷書周、秦以上，或采家人諸子，不專據正經。」因據以謂：「家人言即諸子書，與《六藝》正經對列。」並云：「轅固自以治《詩》《書》，乃古者王官之學，而輕鄙《老子》，謂其乃晚出家言。」所釋頗是。其所以觸竇太后怒者，俞正燮曰：「宮中名家人者，蓋宮人無位號，如言宮女子、宮婢。家人言本意，謂仁弱似嫗媼語。而家人又適爲宮中無位號者。〈劉敬列傳〉云：『高帝不遣長公主，而取家人子，名爲長公主。』是也。〈外戚世家〉云：『竇太后始以良家子入宮侍呂后，呂后出宮人賜諸王，竇姬籍代任中，至代。』是竇太后始爲家人子，故怒。」良是。

（13）〔注〕服虔曰：「道家以儒、法爲急，比之於律令也。」

〔補注〕沈欽韓曰：「《說文》：獄，司空也。《御覽》六百四十三引《風俗通》曰：《詩》云：『宜犴宜獄』，犴，司空也。漢以司空主罪人，故賈誼亦云：『輸諸司空』。」

〔疏證〕錢穆〈兩漢博士家法考〉：「秦法，令下三十日不燒黥爲城旦。漢以司空主罪人。賈誼云，輸諸司空是也。《詩》《書》爲秦法所禁，故云：何從得此犯禁書矣。」

（14）〔注〕師古曰：「叚，給與也。利兵，兵刃之利者。」

〔疏證〕《史記》「迺」作「乃」，「刺彘」作「擊彘」，「上」作「景帝」，下「迺」亦作「乃」。

（15）〔補注〕王念孫曰：「上已言『叚固利兵』，則毋庸更言『固』，『下固』當依《史記》作『下圈』，圈、固字相似，又涉上下文『固』字而誤。」

〔疏證〕「彘」《史記》作「豕」。

（16）〔疏證〕《史記》「心」下有「一刺」；「彘」作「豕」；「亡」作「無」；「罪」下有「罷之」。

（17）〔補注〕先謙曰：「徐廣《注》：『哀王嘉。』」

〔疏證〕《漢書窺管》卷九：「樹達按：清河哀王名乘，不名嘉。」楊樹達之說是也。〈諸侯王表〉：清河哀王乘，景帝子，中三年（西元前 147 年）二月

丁酉立，十二年薨，亡後。按：《史記》「後」作「居頃之」，「上」作「景帝」，「固」下有「爲」，「清河」下有「王」，「疾」作「病」，上有「久之」。

(18) 〔疏證〕《史記》「今」作「武帝」；「徵」下有「固」字；「儒」上有「諛」字；「嫉」作「疾」；「毀」下有「固」字。

(19) 〔疏證〕武帝元光五年（西元前 130 年）復徵吏民有明當時之務，習先聖之術者。其年公孫弘亦徵，〈弘傳〉云：「元光五年復徵賢良文學，菑川國復推上弘。」是也。轅固之徵當在此年。上推九十年，爲西元前 220 年，即秦始皇二十七年，轅固生之生，約在此年之前數年也。而其卒，當在元光之後不久。

(20) 〔注〕師古曰：「言深憚之。」

〔補注〕先謙曰：「《史記》『事』作『視』。」

〔疏證〕《史記》「公孫弘亦徵」上有「固之徵也，薛人」六字。又「仄」作「側」，「事」作「視」。馮班曰：「傳中兩言公孫弘側目轅固，排董仲舒，皆刺之也。」郭嵩燾《史記札記》卷五下：「申公徵拜大中大夫免歸，轅固生徵亦罷歸。於〈轅固生傳〉後敘入公孫一段，是史公微旨。」按：《史記》謂弘「爲人意忌，外寬內深」云云。

(21) 〔疏證〕《史記・汲黯列傳》：「黯面觸弘等徒懷詐飾智以阿人主取客。」然則弘之阿世，非獨轅固生一人之言然也。

(22) 〔補注〕先謙曰：「《史記》齊下有人字。」

〔疏證〕《史記》「諸齊」上多「自是之後，齊言《詩》，皆本轅固生也。」一句。彭俊民曰：「轅固得《詩》之直者也。」《經典釋文・序錄》曰：「齊人轅固生作《詩傳》，號齊《詩》。」荀悅《漢紀》亦謂轅固作「詩內外傳」。然則《漢書・藝文志》謂「魯・申公爲《詩訓故》，而齊・轅固、燕・韓生皆爲之傳，或取《春秋》，采雜說，咸非其本義。」者，則實有其書也。清人黃奭輯《轅固齊詩傳》一卷，《漢學堂》本。

(23) 〔疏證〕夏侯始昌，魯人，通《五經》，以齊《詩》《尚書》教授。官至昌邑王太傅。《漢書》卷七十五有傳。夏侯始昌生當武帝世，其時昌邑王當是哀王髆。

第二十七節　后　蒼

后蒼，字近君，東海郯人也，(1) 事夏侯始昌。始昌通《五經》，蒼亦通《詩》《禮》，爲博士，至少府。(2) 授翼奉、蕭望之、匡衡。(3) 奉爲諫大夫，

（4）望之前將軍，（5）衡丞相，（6）皆有傳。（7）衡授琅邪‧師丹，伏理斿君，（8）潁川‧滿昌君都。君都為詹事。（9）理高密太傅，家世傳業。（10）丹大司空，自有傳。（11）由是齊《詩》有翼、匡、師、伏之學。滿昌授九江‧張邯，琅邪‧皮容，皆至大官，徒眾尤盛。（12）

（1）〔疏證〕郯，今山東郯城。

（2）〔補注〕先謙曰：「〈公卿表〉在宣帝本始二年。」

〔疏證〕即西元前 72 年，次年去職。按：后蒼傳《詩》《禮》，其《禮》見下文；其《詩》，據《漢書‧藝文志》：有《齊后氏故》二十卷、《齊后氏傳》三十九卷。後者有馬國翰輯本，序曰：「《漢志》《齊后氏傳》三十九卷，《隋志》云齊《詩》魏代已亡。《文獻通考》云，董逌《藏書目》有《齊詩》六卷，疑後人依托爲之，今其書亦不傳。王應麟《詩考》輯存十六節，並及翼奉、蕭望之、匡衡、伏理、理子湛之說。《漢書‧地理志》引子之營兮，自土漆沮，師古以爲齊《詩》者，皆收入。考《漢書‧敘傳》述其家學云：伯少受詩於師丹，固父彪爲伯弟穉之子，固其從孫也。班氏世傳齊學，故〈地理志〉引用齊《詩》。由此推之，凡《漢書》中除〈紀〉〈傳〉所載詔策疏奏之類，各錄本文外，〈表〉、〈志〉、贊、序出于班氏父子手筆所引，皆齊《詩》無疑也。《後漢書‧班固傳》云：天子會諸儒講論《五經》，作《白虎通德論》，令固撰集其事。今《白虎通》引《詩》有《魯訓》，有《韓內傳》，其引《詩》不言何家者，以齊爲本，故不復顯其姓名也。並據輯補，釐爲二卷。引者多稱《傳》，因總題《齊詩傳》也。」

（3）〔補注〕王先愼曰：「〈蕭望之傳〉：望之以令詣太常受業，復事同學博士白奇，是白奇亦從事后蒼，而傳不載。」

（4）〔疏證〕翼奉，字少君，東海下邳（江蘇邳縣）人。惇學不仕，好律歷陰陽之占。元帝初即位，諸儒薦之，徵待詔宦者署，數言事宴見，天子敬焉。以中郎爲博士，諫大夫，年老以壽終。子及孫皆以學爲儒官。《漢書》有傳，載其所上封事，可從見其經說，其言曰：「臣聞之於師曰：天地設位，懸日月，布星辰，分陰陽，定四時，列五行，以視聖人，名之曰道。聖人見道，然後知王治之象，故畫州土，建君臣，立律歷，陳成敗，以視賢者，名之曰經。賢者見經，然後知人道之務，則《詩》《書》《易》《春秋》《禮》《樂》是也。《易》有陰陽，《詩》有五際，《春秋》有災異，皆列終始，推得失，考天心，以言王道之安危。至秦乃不說，傷之以法，是以大道不通，至於

滅亡。」天地以「道」視聖人；聖人以「經」視賢者；此翼奉經學概論也。《易》則言「陰陽」，《詩》則言「五際」，《春秋》則言「災異」，此翼奉經學分論也。翼奉又言：「臣奉竊學齊《詩》，聞五際之要，〈十月之交〉篇，知日蝕地震之效，昭然可明，猶巢居知風，穴處知雨，亦不足多，適所習耳。」其《詩》說可知矣。《漢書‧藝文志》有《孝經翼氏說》一篇；《隋書‧經籍志》有《風角要侯》十一卷、《占風》一卷，皆題翼奉撰。

（5）〔疏證〕蕭望之，字長倩，東海蘭陵人，徙杜陵，家世以田爲業。至望之好學，治齊《詩》，復詣太常事同學博士白奇。以射策甲科爲郎。忤霍光不得顯職。宣帝地節三年（西元前 67 年）京師雨雹，望之言「私家盛者公室危」，天子拜爲謁者，歲中三遷，官至二千石。元康元年（西元前 65 年）爲少府；元康二年爲左馮翊；神爵元年（西元前 61 年）爲大鴻臚；神爵三年爲御史大夫，元鳳二年（西元前 56 年）爲太子太傅。及宣帝寢疾，以望之爲前將軍光祿勳，受遺詔輔政。元帝即位（西元前 48 年），以師傅見尊重。元帝初元二年（西元前 47 年），以石顯、弘恭之譖，自殺。蕭望之說經，尚可見於其所議事。如：「《詩》曰：『爰及矜人，哀此鰥寡。』上惠下也；又曰：『雨我公田，遂及我私。』下急上也。」是其說《詩》也。又如：「《書》曰：『戎狄荒服。』言其荒忽亡常。」是其說《書》也。又如匈奴內亂，漢議伐之，望之獨以《春秋》之義對曰：「春秋‧晉‧士匃帥師侵齊，聞齊侯卒，引師而還。君子大其不伐喪，以爲恩足以服孝子，誼足以動諸侯。」是其說《春秋》也。故下文敘石渠論議，平《公羊》《穀梁》同異，蕭望之得以《五經》名儒，以經處是非。《漢書‧藝文志》載《蕭望之賦》四篇。則其於經學外，更能爲賦也。

（6）〔疏證〕匡衡字稚圭，東海承（山東嶧縣西北）人。好學明經，語《詩》解人頤。射策甲科，以不應令，除爲太常掌故。元帝時，史高薦爲郎中，遷博士給事中。初元二年（西元前 47 年）有地震，衡上疏。帝說其言，以爲光祿大夫太子少傅。累遷光祿勳，御史大夫，建昭三年（西元前 36 年），韋玄成卒，乃繼爲丞相。成帝建始三年（西元前 30 年）坐子殺人免。終於家，子咸亦明經，歷位九卿，家世多爲博士者。朱彝尊《經義考》引朱倬曰：「齊《詩》始于轅固而盛于匡衡。」其《詩》說多見於其奏議中。其論〈國風〉，一則曰：「《詩》始〈國風〉，《禮》本冠婚；始乎〈國風〉，原情性而明人倫也；本乎冠婚，正基兆而防未然也。」再則曰：「竊考〈國風〉之詩：〈周南〉〈召南〉，被賢聖之化深，故篤於行而廉於色。鄭伯好勇而國

人暴虎；秦穆貴信而士多從死；陳夫人好巫而民淫祀；晉侯好儉而民畜聚；太王躬仁，邠國貴恕。由此觀之，治天下者審所上而已。」其釋諸《詩》，如釋〈商頌・殷武〉：「商邑翼翼，四方之極；壽考且寧，以保我後生。」則曰：「此成湯所以建至治，保子孫，化異俗，而懷鬼方也。」釋〈周頌・閔予小子〉：「念我皇祖，陟降廷止。」則曰：「言成王常思祖考之業，而鬼神祐助其治也。」釋〈大雅・文王〉：「無念爾祖，聿修厥德。」則曰：「孔子著之《孝經》首章，蓋至德之本也。」其釋《周頌・桓》：「干以四方，克定厥家。」則曰：「福之興莫不本乎室家；道之衰莫不始乎梱內。」釋〈周頌・閔予小子〉。「嬛嬛在疚。」則曰：「言成王喪畢思慕，意氣未能平也。」其釋〈大雅・抑〉：「敬愼威儀，惟民之則。」則引孔子言以釋之曰：「德義可尊，容止可觀，進退可度，以臨其民，是以其民畏而愛之，則而象之。」其釋〈關雎〉：「窈窕淑女，君子好仇。」則曰：「言能致其貞淑，不貳其操。情欲之感，無介乎容儀；宴和之意，不形乎動靜。夫然後可以配至尊，而爲宗廟主，此綱紀之首，王教之端也。」至於匡衡泛論《六經》，則言：「《六經》者，聖人所以統天地之心，著善惡之歸，明吉凶之分，通人道之正，使其不悖本性者也。」按：漢儒說經，大抵限於訓詁章句，而罕及乎心性義理。而匡衡言〈國風〉之詩，曰：「原情性而明人倫也。」論《六經》之義，曰：「使其不悖本性者也。」其言蓋已超乎解字析句，而深究心性本原。匡衡上〈疏〉復云：「傳曰：『審好惡，理情性，而王道畢矣。能盡其性，然後能盡人物之性；能盡人物之性，可以贊天地之化。』治性之道，必審己之所有餘，而彊其所不足。蓋聰明疏通者，戒於大察；寡聞少見者，戒於雍蔽；勇猛剛強者，戒於大暴；仁愛溫良者，戒於無斷；湛靜安舒者，戒於後時；廣心浩大者，戒於遺忘。必審己之所當戒，而齊之以義，然後中和之化應。」其說雖未能如宋、明諸子之精深，然漢儒有此見解，誠亦難能可貴矣。

（7）〔疏證〕〈翼奉傳〉在《漢書》卷七十五；蕭望之在卷七十八；匡衡在卷八十一。

（8）〔補注〕錢大昭曰：「《後漢書・伏湛傳》注：『伏理，字君游。』」
〔疏證〕據《後漢書・伏湛傳》：理爲濟南・伏生八世孫。理曾祖孺，武帝時客授東武，因家焉。子湛傳父業，教授數百人。按：《漢書》著籍里，多以出生地爲準。又數人連書，其籍里同者，例著籍里於首，以下不再贅敘。伏理姓名前無籍里者，蓋理爲琅邪東武人，文承「琅邪・師丹」之後故也。

（9）〔補注〕周壽昌曰：「〈王嘉傳〉：『薦儒者滿昌。』〈王莽傳〉：『潁川‧滿昌為
講《詩》。』即此人。《東觀漢記‧馬援傳》：『受齊《詩》，師事潁川‧蒲昌。』
作『蒲』，不作『滿』。《廣韻‧蒲字》下引《風俗通》：『漢有詹事蒲昌。』」
〔疏證〕楊樹達《漢書窺管》卷九：「昌為詹事，議武帝廟宜毀，見〈韋玄
成傳〉。」潁川，漢郡，地當今河南省中部，已詳十七節注 6。詹寧，掌皇
后太子家。秩二千石。

（10）〔補注〕朱一新曰：「《後漢書》：『理以《詩》授成帝，為高密太傅。』注云：
『為高密王寬傅也。』」
〔疏證〕高密地當今山東省東部高密、諸城、安邱一帶。伏理子湛、黯，皆
傳齊《詩》，孫恭為博士，故謂「家世傳業」也。參閱注 8。陸璣《毛詩草
木鳥獸蟲魚疏》卷末言四家《詩》源流云：「后蒼為博士，授諫大夫翼奉、
丞相匡衡。衡授大司空師丹、高密‧太傅伏理。由是齊《詩》有翼、匡、師、
伏之學。其後伏黯傳理家學，改定《章句》，作《解說》九篇，以授嗣子恭。
恭刪黯《章句》，定為二十萬言。」與《後漢書‧儒林‧伏恭傳》所言合。
姚振宗《漢書藝文志拾補》以為「伏黯所據為藍本者，伏理《章句》也。」
故著錄有《齊詩伏氏章句》。

（11）〔疏證〕師丹，字仲公，琅邪東武人。元帝末為博士。成帝建始中舉茂材，出
為東平太傅。以翟方進、孔光之薦，徵入為光祿大夫。永始三年（西元前 14
年）為少府，綏和元年（西元前 8 年）為太子太傅。哀帝即位，為左將軍，
代王莽為大司馬。旋遷為大司空，以忤傅太后、丁后，免廢為庶人。平帝即
位，王莽徵丹詣公車，賜爵關內侯，食故邑。平帝元始三年（西元 3 年），詔
封義陽侯，月餘卒。《漢書》卷八十六有傳，〈師丹傳〉，載丹上疏，其言多據
《尚書》《禮記》立說，又述博士申咸、炔欽上書，言丹經行無比；尚書
令唐林上疏言丹經為世儒宗，德為國黃耇。《隋書‧經籍志》有《漢司空師丹集》
一卷，注云：《梁》三卷《錄》一卷。又班伯少受《詩》於師丹，彪、固傳其
家學，故《漢書》引《詩》多為齊《詩》師丹之學。

（12）〔疏證〕楊樹達《漢書窺管》卷九：「張邯事見〈王莽傳〉。」按：張邯於王
莽地皇四年（西元 23 年）六月繼王尋為大司徒，十月，莽亡，邯降，伏誅。

第二十八節　韓　嬰

　　韓嬰，燕人也。(1) 孝文時為博士；(2) 景帝時至常山太傅。(3) 嬰推詩人

之意而作《內、外傳》數萬言，(4) 其語頗與齊、魯間殊，然歸一也。(5) 淮南・賁生受之。(6) 燕、趙間言《詩》者由韓生。(7) 韓生亦以《易》授人，(8) 推《易》意而為之傳。(9) 燕、趙間好《詩》，故其《易》微，唯韓氏自傳之。(10) 武帝時嬰嘗與董仲舒論於上前，其人精悍，處事分明。(11) 仲舒不能難也。後其孫商為博士。(12) 孝宣時，涿郡・韓生其後也，以《易》徵，待詔殿中。(13) 曰所受《易》即先太傅所傳也。嘗受韓《詩》，不如韓氏《易》深，太傅故專傳之。司隸校尉蓋寬饒本受《易》於孟喜，見涿・韓生說《易》而好之，即更從受焉。(14)

（1）〔疏證〕《史記》「嬰」作「生者」。臧庸《拜經日記》以為嬰字子夏。賴炎元博士《韓詩外傳考徵》謂於「史傳無徵，未敢信也。」

（2）〔疏證〕申培、韓嬰皆於文帝時以《詩》為博士，於是有孝文帝置一經博士之說。《後漢書・翟酺傳》：「孝文帝始置《五經》博士。」北宋重刊景祐本，南宋嘉定戊辰蔡琪刊本，均改「《五經》」為「一經」，王應麟據之，其《困學紀聞》卷八曰：「文帝始置一經博士。考之漢史：文帝時，申公、韓嬰皆以《詩》為博士，《五經》列於學官者，唯《詩》而已。」按：孝文置《五經》博士，別無明證，〈翟酺傳〉章懷《注》云：「未知何據。」蓋亦闕疑之意。竊以文帝時，止名博士，既非僅《六藝》一端，亦無《五經》博士之目。王氏改五為一，曲為之說，恐亦非也。參閱第五節注 6。

（3）〔補注〕先謙曰：「徐廣《注》：『憲王舜。』」

〔疏證〕《史記》「至」作「為」，「山」下有「王」字。《漢書・諸侯王表》：「常山憲王舜，景帝子。中五年三月丁巳立，三十二年薨。元鼎三年，王勃嗣，坐憲王喪服姦，廢徙房陵。」憲王在位年代為西元前 145 年至 114 年。《漢書・地理志》有常山郡，其地在河北省西部正定、元氏、平山、獲鹿、靈壽、曲陽、井陘、高邑、內邱、欒城、槀城、趙縣、柏鄉、行唐一帶。

（4）〔疏證〕《史記》「詩」下無「人」字。按：韓嬰之著作有《韓詩內傳》四卷，朱彝尊《經義考》云：「若《白虎通》、《風俗通》、《三禮義宗》、《大戴禮注》、《初學記》、杜佑《通典》所引諸條，皆《內傳》文也。」今有清人宋緜初輯《韓詩內傳徵》四卷，《敘錄》二卷，《補遺》一卷，《疑義》一卷，《積學齋》本。別有王謨、馬國翰、黃奭輯本。《韓詩外傳》六卷，大抵引《詩》以證事，經賴炎元博士詳加考徵，已由臺灣師範大學印行。此外，《漢書・

藝文志》著錄尚有《韓故》三十六卷、《韓說》四十一卷。《韓故》有馬國翰輯，《玉函山房》本；別有沈清瑞輯本。《韓說》亦有馬國翰輯《玉函山房》本，乃從《漢書・王吉傳》、《正義》、《禮疏》、《釋文》、《王氏詩考》諸引《韓詩說》、《韓魯說》者凡若干條，都爲一卷。至於《韓詩》，有龍璋輯，《小學蒐佚》本，一卷；別有蔣日豫輯本。

（5）〔疏證〕《史記》「然」下有「其」字。熊翰叔先生《慎餘錄》曰：「〈儒林傳〉謂韓生推《詩》之意，而作《內、外傳》數萬言，與齊、魯間殊，然其歸一也。一者何？亦曰義而已矣！今魯《詩》既佚，韓《詩》惟存《外傳》。其逸說考之載記，如〈黍離〉一時，毛《傳》所謂閔宗周者，《新序》謂衛宣公之子壽閔其兄伋之且見害而作；《後漢書・郅惲傳》，稱尹吉甫之子伯封作，吉甫信後妻之讒，而殺孝子伯奇，伯封求兄不可得，而作是詩。子政習魯《詩》，《新序》所謂〈黍離〉宣公子壽作者，魯《詩》說也。郅惲授皇太子韓《詩》，所云〈黍離〉爲伯封作者，韓《詩》說也。亦見曹子建〈令禽惡鳥論〉。同一〈黍離〉，二家說之，國異人異，所謂殊者，殆謂此矣。而論其義，則同爲孝子之見害，悌弟之思兄，得不謂之一乎？蓋異者其事，同者其義。」極是，敬錄於此。

（6）〔注〕師古曰：「賁音肥。」
〔疏證〕淮南，漢・劉姓子弟國。以謀反，武帝元狩元年除其國爲九江郡。地在今安徽中部壽春、全椒、合肥、當塗、壽縣、定遠、合山、鳳陽、霍邱、鳳臺一帶。賁，姓也，見《集韻》。賁生僅見於〈儒林傳〉。

（7）〔疏證〕《史記》「燕趙」前有「自是以後」及「而」字。朱倬《詩疑問》曰：「韓《詩》始于韓嬰而盛于王吉。」

（8）〔疏證〕《史記》「言《詩》者由韓生」下接「韓生孫商爲今上博士」。敘《詩》止於此，更無餘文。按：《漢書》此節文字，宜析爲二節。自此以下除「後其孫商爲博士」一句外，皆應在十四節京氏《易》後自成一節。班書於孟卿、夏侯始昌、孔安國、后蒼，皆分於多節見之；韓嬰傳《易》復傳《詩》，自應依例析之爲二。今仍併之，是其疏也。參閱十四節末附注。

（9）〔疏證〕《漢書・藝文志・六藝・易類》有《易傳韓氏》二篇，注云：「名嬰」。王先謙《漢書藝文志補注》引沈欽韓曰：「《經典・序錄》《子夏易傳》三卷，《七略》云：韓嬰傳。」按：《韓詩外傳》間亦引《易》文者，即韓氏《易》也。

（10）〔疏證〕劉師培曰：「北方之地，土厚水深，民生其間，多尚實際。」《易》

者，言天道性命變化，事屬虛無，故燕、趙之間不甚好之也。

（11）〔注〕師古曰：「悍，勇銳。」

（12）〔疏證〕此句《史記》亦在敘韓《詩》一節末，文作「韓生孫商爲今上博士。」，張金吾〈兩漢五經博士考〉，王國維〈漢魏博士題名考〉，皆以爲韓《詩》博士。

（13）〔疏證〕楊樹達《漢書窺管》卷九：「〈王貢、兩龔、鮑宣傳〉：昭帝時，涿郡・韓福以德行徵，此涿郡・韓生殆即福也。」按：韓生孝宣時以《易》徵，韓涿孝昭時以德行徵。時既不同，所徵復殊，疑非一人也。涿郡，地在今河北省西北部涿、淶水、易、定興以南，至清苑、博野、深澤、安平一帶。

（14）〔補注〕周壽昌曰：「〈寬饒傳〉引《韓氏易傳》。」

〔疏證〕蓋寬饒，字次公，魏郡（今河南省北端臨漳、涉、武安、濬、安陽、內黃，河北省南端成安、大名、滋、肥鄉、南樂，山東省西部邱、臨清、館陶一帶是其地）人。明經爲郡文學，遷衛司馬，遇士卒有恩。宣帝嘉之，爲太中大夫，使行風俗。奉使稱意，擢爲司隸校尉。掌捕巫蠱，督大姦猾。寬饒爲人剛直高節，刺舉無所回避，在位及貴戚人與爲怨。又好言事譏刺，屢犯上意。宣帝信任中尙書宦官，寬饒奏封事曰：「方今聖道寖廢，儒術不行，以刑餘爲周、召，以法律爲《詩》《書》。」又引《韓氏易傳》言：「五帝官天下，三王家天下。家以傳子，官以傳賢，若四時之運，功成者去，不得其人，則不居位。」書奏，上以其怨謗終不改，執金吾亦謂寬饒意在求禪，遂下寬饒吏，寬饒引佩刀自剄北闕下。時宣帝神爵二年（西元前 60 年）也。按：「受焉」之下依例當有「自有傳」，傳在《漢書》卷七十七也。

第二十九節　趙　子

趙子，河內人也。（1）事燕・韓生，（2）授同郡蔡誼。誼至丞相，自有傳。（3）誼授同郡食子公與王吉。（4）吉爲昌邑王中尉，自有傳。（5）食生爲博士，授泰山・栗豐。吉授淄川・長孫順，順爲博士，豐部刺史。（6）由是韓《詩》有王、食、長孫之學。豐授山陽・張就；順授東海・髮福，（7）皆至大官，徒眾尤盛。（8）

（1）〔疏證〕河內，漢郡，今河南省北部武涉、汲、濟源、修武、輝、溫、淇、獲嘉、林、湯陰一帶，是其地也。

（2）〔疏證〕賴炎元《韓詩外傳考證》引唐・成伯璵《毛詩指說》云：「賁生傳河
內・趙生。」與傳言事燕・韓生者異。或趙生師事韓生，又問於同門賁生
也。

（3）〔補注〕王先愼曰：「〈紀〉〈表〉〈傳〉並作『義』，誼義字通用。」
〔疏證〕蔡義，河內溫（今河南溫縣西南）人。以明經給事大將軍莫府。久
之，詔求能爲韓《詩》者，徵義說《詩》，悅之，擢爲光祿大夫給事中，進
授昭帝。數歲，拜爲少府，遷御史大夫。元平元年（西元前 74 年），代楊
敞爲丞相，封陽平侯。義爲相時已八十餘歲，歷四歲薨，時宣帝本始三年
（西元前 71 年）。上推八十五年爲景帝元年，蔡義約生於此年或稍前也。《漢
書》卷六十六有傳。

（4）〔補注〕宋祁曰：「蕭該《音義》曰：案《風俗通》曰：『食我，韓公子也。
見《戰國策》。漢有食子公爲博士，食音嗣。』」沈欽韓曰：「公子食我見《韓
非・說林上》，《戰國策》作『司馬食其』，當是以司馬爲氏，蕭該誤也。」
〔疏證〕鄭樵《通志・氏族略》引《風俗通》曰：「漢有博士食子通，河內
人。」疑食子公名通也。

（5）〔補注〕先謙曰：「官本邑下多王字。」
〔疏證〕王吉生平已見二十五節注 3，與傳大夏侯《尚書》之王吉爲二人。
朱彝尊《經義考》引朱倬云：「韓《詩》始于韓嬰而盛于王吉。」《漢書・
王吉傳》謂：「吉兼通《五經》，能爲《騶氏春秋》，以《詩》《論語》教授，
好梁丘說《易》，令子駿受焉。」傳中又載王吉所上疏，間引《詩》說。如
〈檜風・匪風〉：「匪風發兮，匪車揭兮，顧瞻周道，中心怛兮。」說曰：「發
發者，是非古之風也；揭揭者，蓋傷之也。」其釋〈召南・甘棠〉之詩，
則曰：「昔召公述職，當民事時，舍於棠下，而聽斷焉。是時人皆得其所，
後世思其仁恩，至乎不伐甘棠。」其釋「濟濟多士，文王以寧。」則曰：「行
發於近，必見於遠，故謹選左右，審擇所使。左右所以正身也，所使所以
宣德也。」又云：「今使俗吏得任弟子，率多驕驁，不通古今，至於積功治
人，亡益於民，此〈伐檀〉所爲作也。」可見其《詩》說之一斑也。

（6）〔疏證〕秦時有監御史，掌監郡。漢省，丞相遣史分刺州，不常置。武帝元
封五年（西元 106 年）初置部刺史，掌奉詔周行郡國，省察治狀，黜陟能
否，斷治冤獄。秩六百石，員十三人：其一人屬司隸校尉，察三輔三河；
餘分刺：豫、冀、袞、徐、青、荊、揚、益、涼、并、幽、交十二州。成
帝綏和元年（西元前 8 年）更名牧，秩二千石。哀帝建平二年（西元前 5

年）復爲刺史。元壽（西元前 1 年）復爲牧。

(7) 〔補注〕王先愼曰：「《經典釋文・敘錄》引『髮福』作『段福』。」

〔疏證〕髮，姓。賈誼《新書》有髮子。

(8) 〔疏證〕賴炎元《韓詩傳授源流考》云：「迨及光武之世，始薛漢、郅惲、朱勃、馬援、夏恭、夏牙、楊仁、召馴等，皆習韓《詩》。中以薛漢爲大家。漢字公子，父子以《章句》著。教授弟子，嘗數百人。其知名者，有杜撫、澹臺敬伯、韓伯高、廉范、尹勤，一時稱盛。鄭康成先從張恭祖習韓《詩》，兼通齊、魯，其後依毛《傳》作《箋》。雖兼通三家，然三家之學，亦因之而微。三國時，習韓《詩》而見於史傳者：魏有崔炎，蜀・杜瓊、何隨，吳有濮陽闓、張紘。至晉，惟董景道一人而已。蓋韓《詩》至此，已漸就衰矣。」

第三十節　毛　公

　　毛公，趙人也。(1) 治《詩》，爲河間獻王博士。(2) 授同國貫長卿。(3) 長卿授解延年。延年爲阿武令，(4) 授孫敖。(5) 敖授九江・陳俠，爲王莽講學大夫。(6) 由是言毛《詩》者，本之徐敖。(7)

(1) 〔疏證〕《史記・儒林傳》言《詩》有申培、轅固、韓生三家，而不及毛公；班固據劉歆《七略》而撰《漢書・藝文志》，〈六藝・詩類〉有《毛詩》二十九卷、《毛詩故訓傳》三十卷。〈敘〉云：「又有毛公之學，自謂子夏所傳，而河間獻王好之，未得立。」「自謂」云者，人不謂然也。東漢末年，鄭玄作《詩譜》，析大、小毛公爲二。（見下注所引）三國時吳人陸璣曰：「荀卿授魯國毛亨，毛亨作《訓詁傳》以授趙國・毛萇，時人謂亨爲大毛公，萇爲小毛公。」清・皮錫瑞頗以《毛傳》可疑，其《詩經通論》云：「若毛公爲六國時人，著有《毛詩故訓傳》，史遷無緣不知；又鄭君始言大、小毛公爲二，陸璣始著大、小毛公之名。鄭，漢末人，不應所聞詳於劉、班；陸，吳人，不應所聞又詳於鄭。」又唐時陸德明作《經典釋文》，〈序錄〉引三國吳人徐整云：「子夏授高行子，高行子授薛倉子，薛倉子授帛妙子，帛妙子授河間人大毛公。」又言：「云：子夏授曾申，申傳魏人李克，克傳魯人孟仲子，孟仲子傳根牟子，根牟子傳趙人孫卿子，孫卿子傳魯人大毛公。」兩說截然不同，且一云大毛公河間人，一云其魯人，皆爲展轉傅會可知。

豈非《漢志》「自言子夏所傳」一語，已發其覆乎？今三家《詩》皆亡，而毛《詩》獨傳。〈傳〉云毛公，即後世所謂小毛公萇也。趙，漢・劉氏子弟國，地在今河北省邯鄲、永年、邢臺、沙河一帶。

（2）〔補注〕錢大昭曰：「鄭氏《詩譜》云：『魯人大毛公為《故訓》，傳於其家。河間獻王得而獻之，以小毛公為博士。』」

〔疏證〕《史記・五宗世家》：「高祖時諸侯皆賦，得自除內史以下。漢獨為置丞相，黃金印。諸侯自除御史、廷尉正、博士。」劉昭《補後漢書百官志》：「景帝時省諸王御史大夫、廷尉、少府、宗正、博士官。」是漢初有諸侯王國博士，至景帝時始省去也。小毛公、貫公為河間王博士，見於此文；白生為楚元王博士，見於鄭樵《通志・氏族略》。此諸侯王博士之所僅見者也。河間獻王，景帝子，名德。景帝前二年（西元前 155 年）立為河間（今河北獻、東光、武強、阜城、河間一帶。）王。脩學好古，實事求是。從民間得善書，必為好寫與之，留其真，加金帛賜以招之。由是四方道術之人不遠千里，或有先祖舊書，多奉以奏獻王者。所得書皆古文先秦舊書：《周官》、《尚書》、《禮》、《禮記》、《孟子》、《老子》之屬。其學舉《六藝》，立毛氏《詩》、左氏《春秋》博士。見《漢書》卷五十三。《史記集解》裴駰引杜業曰：「武帝時，獻王朝，造次必於仁義。問以五策，獻王輒對無窮。孝武艴然難之：曰：『湯以七十里，文王百里，王其勉之！』王知其意，歸即縱酒聽樂，因以終。」其卒在武帝元光五年（西元前 130 年）。

（3）〔疏證〕貫長卿為河間獻王博士貫公之子，為蕩陰令，又傳《左氏春秋》，並見下文。

（4）〔補注〕先謙曰：「阿武，涿郡縣，今河間府獻縣西北。」

〔疏證〕阿武，侯國，非縣也。武帝封河間獻王子豫於此。地當今河北省獻縣西北。

（5）〔疏證〕徐敖，虢人，為右扶風掾。又傳《左傳》，授王璜、塗惲。已見二十三節正文及注 9。

（6）〔疏證〕《漢書窺管》卷九：「《經典釋文・序錄》云：『敖授九江・謝曼卿。』」

（7）〔疏證〕徐敖傳陳俠，俠傳謝曼卿，曼卿傳衛宏，作〈詩序〉，又傳賈徽。光武中興後，鄭眾、賈徽子逵皆傳毛《詩》；後馬融作《傳》，鄭玄作《箋》，毛《詩》遂大行於世。王應麟《漢書藝文志考證》引淇水・李氏曰：「毛之說簡而深，此獻王所以高其學也。」後來居上，豈偶然哉！

第五章　《禮》之傳受

第三十一節　高堂生

漢興，魯・高堂生傳《士禮》十七篇，(1) 而魯・徐生善為頌。(2) 孝文時，徐生以頌為禮官大夫。(3) 傳子至孫延、襄。(4) 襄，其資性善為頌，不能通經；延頗能，未善也。(5) 襄亦以頌為大夫，至廣陵內史。(6) 延及徐氏弟子公戶滿意、桓生、單次皆為禮官大夫。(7) 而瑕丘・蕭奮以《禮》至淮陽太守，(8) 諸言《禮》為頌者由徐氏。(9)

(1)　〔補注〕先謙曰：「《史記》：『《禮》固自孔子時，而其經不具。及秦焚書，散亡至多，於今獨有《士禮》。』《索隱》：『謝承云：秦氏季代有魯人高堂伯。則伯是其字。』」

〔疏證〕此句《史記》作「諸學者多言《禮》，而魯・高堂生最本。《禮》固自孔子時，而其經不具。及至秦焚書，書散亡益多。於今獨有《士禮》，高堂生能言之。」視此為繁。高堂生，複姓高堂，鄭樵《通志・氏族略》：「高堂氏，齊公族也。《風俗通》：齊卿高敬仲食采於高堂，因氏焉。」是也。字伯，一作伯人。《史記正義》引謝承云「秦代有魯人高堂伯人。」賈公彥序《周禮》興廢云：「漢興，至高堂生博士傳十七篇。」則高堂生嘗為博士。阮孝緒《七錄》：「古經出魯淹中，皆書周宗伯所掌五禮威儀之事，有五十六篇，無敢傳者。後博士傳其書得十七篇，鄭玄《注》，今之《儀禮》是也，餘篇皆亡。」阮孝緒所言之「博士」，疑即「高堂生也」。「傳其書」三字，各本皆作「侍其生」，張金吾撰〈兩漢五經博士考〉，直以「侍其生」為西

漢博士之姓名；皮錫瑞作《經學通論》，亦謂「侍其生不知何時人。」皆未曉爲「傳其書」之譌，實無其人也。唯日人瀧川資言作《史記會注考證》，從彼邦《史記正義》古鈔本引《七錄》獨作「傳其書」，似可據正，訂此千年不白之誤也。《七錄》謂十七篇即今《儀禮》。按：今《儀禮》十七篇士禮有〈冠〉、〈昏〉、〈相見〉、〈喪〉、〈夕〉、〈虞〉、〈特牲饋食〉七篇，他皆天子、諸侯、卿大夫禮。梁玉繩《史記志疑》云：「疑今《儀禮》非高堂生元本，或所傳實不止于士禮耶！」（按《後漢·儒林傳》章懷《注》謂高堂生名隆，而《三國志·魏志》有高堂隆爲高堂生之後，章懷《注》蓋涉〈魏志〉而誤，今不採。）

（2）〔注〕蘇林曰：「《漢舊儀》：有二郎爲此頌貌威儀事，有徐氏，徐氏後有張氏，不知經，但能盤辟爲禮容。天下郡國有容史，皆詣魯學之。」師古曰：「頌讀與容同，下皆類此。」

〔補注〕宋祁曰：「注文姚本刪徐氏二字，能字下添揖讓二字。」沈欽韓曰：「《新書》卷六有〈容經〉，此爲容者所誦習也。《禮·玉藻、少儀》亦有說容，知其有名家也。」

〔疏證〕《史記》「頌」作「容」。師古曰：「頌讀與容同」，是也。按：《說文》：儒爲術士之稱。胡適〈說儒〉一文云：「儒是殷民族的教士；儒的生活以治喪相禮爲職業。」觀魯諸儒執孔氏禮器往歸陳涉；叔孫通徵魯儒生共定朝儀；徐偃謂太常諸生執禮不如魯善；及此魯·徐生善爲容諸事；胡適之言，非無據也。蓋儒者本以「執禮爲容」爲業，孔子始大之，以《六藝》教民，禮容乃爲「小人儒」事。《論語·雍也篇》：子謂子夏曰：「必爲君子儒；毋爲小人儒。」是也。漢自叔孫通定朝儀迺知爲皇帝之貴後，頗重禮儀。《漢書窺管》卷九：「樹達按；〈龔遂傳〉：遂勸昌邑王：『坐則誦《詩》《書》，立則習禮容。』知漢世尚重禮容也。」

（3）〔補注〕沈欽韓曰：「博士、大夫皆禮官。」
〔疏證〕《史記》「文」下有「帝」字，「頌」作「容」。

（4）〔注〕師古曰：「延及襄二人。」
〔疏證〕《史記》「延、襄」作「徐延、徐襄」。則不煩注釋矣。

（5）〔疏證〕蓋皆「小人儒」也。

（6）〔疏證〕《史記》無「亦」字；「頌」作「容」；「爲」下有「漢禮官大夫」。廣陵，漢劉氏子弟國，地在今江蘇江都、儀徵、高郵、寶應一帶。內史掌治其民。

（7）〔注〕師古曰：「姓公戶，名滿意也。與桓生及單次凡三人，單音善。」

〔補注〕錢大昭曰：「『栢』當作『桓』。」沈欽韓曰：「劉歆〈移太常書〉所謂魯國桓公也。」先謙曰：「官本『栢』作『桓』。」

〔疏證〕《史記》「爲」上有「常」字，下有「漢」字。錢大昕曰：「《公羊傳》有公扈氏，公戶，疑即公扈也。」按《公羊·昭公三十一年傳》：「公扈子者，邾婁之父兄也。」又《列子·湯問》亦有公扈：「魯·公扈、趙·齊嬰二人有疾。」是也。戶、扈通：《書·甘誓》「有扈氏」。《史記·夏本紀》作「有戶氏」；《莊子·大宗師》有「子桑戶」，《楚辭·涉江》作「子桑扈」，是其證也。錢大昕以「公戶」即「公扈」，甚是。沈欽韓謂桓生即魯國桓公者，劉歆〈移太常博士書〉云：「逸《禮》有三十九，《書》十六篇，及《春秋》左氏邱明所修，皆古文舊書，藏於秘府，伏而未發。孝成皇帝閔學殘文缺，稍離其眞，乃陳發秘藏，校理舊文，得此三事，以考學官。所傳經或脫簡，傳或閒編。傳問民間，則有魯國·桓公、趙國·貫公、膠東·庸生之遺學與此同。」按：貫公從賈誼受《左傳》，爲河間獻王博士；庸生名譚，習《尚書》，爲孔安國之再傳；桓公則此傳古《禮》之桓生也。劉歆《七略》云：「《禮》家先魯有桓生說經頗異。」

（8）〔疏證〕《史記》「至」作「爲」。瑕丘，已見二十節注38。淮陽，已見十節注7。按：淮陽，諸侯王國也，而有太守者，蓋廢國爲郡者屢也。又按：《史記》《漢書》皆於徐氏弟子下插敘瑕丘·蕭奮，然蕭奮實受業高堂生者。姚振宗《漢書藝文志條理》引云：「鄭康成《六藝論》曰：『案《漢書·藝文志、儒林傳》《禮》者十三家，惟高堂生及五傳弟子戴德、戴聖名世也。』熊氏云：『五傳弟子者，則高堂生、蕭奮、孟卿、后倉，及戴德、戴聖爲五也。』」是其證。

（9）〔疏證〕《史記》此句作「是後能言《禮》爲容者，由徐氏焉。」

第三十二節　孟　卿

孟卿，東海人也。(1) 事蕭奮，以授后倉、魯·閭丘卿。(2) 倉說《禮》數萬言，號曰《后氏曲臺記》。(3) 授沛·聞人通漢子方、(4) 梁·戴德延君、戴聖次君、沛·慶普孝公。孝公爲東平太傅；(5) 德號大戴，爲信都太傅；(6) 聖號小戴，以博士論石渠，至九江太守。(7) 由是《禮》有大戴、小戴、慶氏之學。(8) 通漢以太子舍人論石渠，至中山中尉。(9) 普授魯·夏侯敬，又傳

族子咸，為豫章太守。(10) 大戴授琅邪‧徐良斿卿，為博士、州牧、郡守，家世傳業。小戴授梁人橋仁季卿、楊榮子孫。(11) 仁為大鴻臚，家世傳業；(12) 榮琅邪太守。由是大戴有徐氏，小戴有橋、楊氏之學。(13)

（1）〔疏證〕姓孟，號卿，孟喜之父，詳見上第十二節。

（2）〔疏證〕后倉之倉，或從艸，即上傳齊《詩》之后蒼也。詳見第二十七節。闔丘卿者，闔丘本為地名，春秋時邾邑，地在今山東鄒縣境內；《尙友錄》：「邾國闔丘氏食邑於此，故以命氏。」故世有複姓闔丘者也。

（3）〔注〕服虔曰：「在曲臺校書著記，因以為名。」師古曰：「曲臺殿在未央宮。」
〔補注〕先謙曰：「《七略》云：『宣帝時行射禮，博士后蒼為之辭，至今記之曰《曲臺記》。』〈藝文志〉晉灼《注》引《漢官》曰：『大射於曲臺。』晉灼注：『天子射宮也。』俞樾云：『曲臺有二：鄒陽〈上吳王書〉云：「秦倚曲臺之宮。」應劭《注》：「秦皇帝所治之處，若漢之未央宮。」此一曲臺也。〈翼奉傳〉：「孝文皇帝時，未央獨有前殿、曲臺、宣室、溫室、承明耳。」此又一曲臺也。蓋漢之曲臺在未央宮中，《黃圖》所謂未央宮東有曲臺殿，〈長門賦〉所謂覽曲臺之央央也。秦之曲臺別在一處，枚乘〈上吳王書〉：「游曲臺，臨上路。」張晏《注》：「曲臺，長安臺，臨道上。」〈王尊傳〉：「正月中行幸曲臺。」當即此也。使即未央宮之曲臺，不得言行幸矣！后蒼為《記》亦必在此，蓋即秦之故宮而習射，故以為天子射宮也。』先謙案：俞說甚覈，顏謂著《記》之曲臺在未央宮，疑非。」
〔疏證〕《漢書‧藝文志》：「《曲臺后倉》九篇。」王應麟《考證》：「《大戴‧公符篇》載孝昭冠辭，蓋宣帝時《曲臺記》也。」又朱彝尊《經義考》引孫惠蔚曰：「曲臺之記，戴氏所述。然多載尸灌之義，牲獻之數；而行事之法，備物之體，蔑有具焉。」據此則《曲臺記》有大戴所記述之說也。

（4）〔注〕如淳曰：「如淳曰：「聞人，姓也，名通漢，字子方。」
〔疏證〕《通志‧氏族略》：「少正卯，魯之聞人，其後遂以聞人為氏。」史傳不乏複姓聞者：晉人有聞人奭；宋人有聞人宏、聞人滋、聞人祥正；元人有聞人夢吉；明人有聞人益、聞人詮、聞人紹宗。乃其尤知名者。

（5）〔疏證〕慶普為東平煬王雲（宣帝孫）太傅，有《禮慶氏記》四十九篇。《後漢書‧曹褒傳》：「褒字叔通，魯國薛人也。父充持慶氏《禮》作《章句》《辨難》，於是遂有慶氏學。褒作《通義》及《演經雜論》，又傳《禮記》四十九篇，教授諸生千餘人，慶氏學遂行於世。」是也。朱彝尊《經義考》曰：

「按后氏之《禮》分爲四家，慶氏亦必有書，顧未詳篇目。東漢之世，曹充父子尚傳其學，竊怪班氏〈藝文志〉獨不及之，何歟？」又：《後漢書・儒林傳》有董鈞者，習慶氏《禮》，事大鴻臚王臨云。

（6）〔疏證〕戴德爲信都王景太傅。有《大戴禮記》八十五篇，鄭康成《六藝論》所謂：「戴德傳《記》八篇，則《大戴禮》是也。」《隋書・經籍志》云：「漢初，河間獻王得仲尼弟子及後學者所記一百三十一篇，獻之，時亦無傳之者。至劉向考校經籍檢得一百三十篇，向因第而敍之。而又得〈明堂陰陽記〉三十三篇，〈孔子三朝記〉七篇，《王氏、史氏記》二十一篇，《樂記》二十三篇，凡五種合二百十四篇。戴德刪其煩重，合而記之，爲八十五篇，謂之《大戴記》。」按：今《大戴記》闕四十六篇，存三十九篇。嘉定・王鳴盛《蛾術編・說錄》曰：「《大戴》編目起三十九、終八十一，而其中又缺四篇。則其缺者，或即聖之所已載。蓋當馬融、盧植、鄭康成諸大儒並注《小戴》，其書盛行。後人見《大戴》絕無傳注，而其中有與小戴複出者，不須兩載，遂從而刪去之，存其原第，故起三十九篇耳。」此外，德猶有《夏小正戴氏傳》一卷，亦見《隋書・經籍志》：又《喪服變除》一卷，《唐書・經籍志》謂「戴至德」撰，姚振宗《漢書藝文志拾補》以爲「戴德」之誤也。

（7）〔疏證〕聖爲德從兄子。《漢書・何武傳》：「九江太守戴聖，《禮經》號小戴者也，行治多不法，前刺史以其大儒優容之。及武爲刺史，行部錄囚徒有所舉以屬郡。聖曰：『後進生何知，迺欲亂人治！』皆無所決。武使從事廉得其罪，聖懼自免，後爲博士。」據此，則戴聖以博士論石渠，爲九江太守後，復爲博士時也。其著述，據陸德明《經典釋文・敍錄》引陳邵〈周禮論序〉云：「戴聖刪《大戴禮》爲四十九篇，是爲《小戴禮》。」又《隋書・經籍志》有《石渠禮論》四卷，注云：「戴聖撰，梁有《羣儒疑義》十二卷，戴聖撰。」

（8）〔補注〕何焯曰：「此所傳戴氏《禮》皆謂《儀禮》十七篇。」
〔疏證〕《漢書・藝文志》：「漢興，魯・高堂生傳《士禮》十七篇，訖孝宣世，后倉最明，戴德、戴聖、慶普皆其弟子，三家（按：后氏及大、小戴也。）立於學官。」又載：「《禮古經》五十六卷七十篇，后氏、戴氏。」劉敞曰：「此七十與後七十皆當作十七，計其篇數則然。」何焯蓋以高堂生《士禮》十七篇即《儀禮》，故云然也。然今《儀禮》於〈士禮〉外，有天子、諸侯、卿大夫之禮，疑非高堂生所傳《士禮》十七篇之原本也。說已

見三十一節注 1。又大、小戴除傳《禮古經》十七篇外，大戴又刪七十子後學者所記等五種二百十四篇爲八十五篇，見本節注 6；小戴再刪之爲四十九篇，見本節注 7。此則非《儀禮》十七篇矣。

（9）〔疏證〕太子舍人多以明經術者爲之，前文謂乙科二十人爲太子舍人是也，故得論石渠。朱彝尊《經義考》曰：「按后氏之《禮》分爲四家，聞人通漢雖未立學官，而《石渠禮論》，其奏議獨多。」《漢書窺管》卷九：「樹達按：戴聖及通漢石渠議，散見《通典》五十一以下各卷中，詳洪頤煊《經典集林》。」中山，漢・劉氏子弟國，地在今河北省清苑、漢城、唐、定、深澤、無極、安國、完、望都、新樂、蠡一帶。

（10）〔疏證〕豫章，漢郡，奄有今江西省全境。

（11）〔注〕師古曰：「子孫，榮之字也。」

〔補注〕宋祁曰：「景本作『楊子榮』，新本作『楊榮』，注同。」

〔疏證〕《後漢書・橋玄傳》：「玄孝公祖，梁國睢陽人。七世祖仁從同郡戴德學，著《禮記章句》四十九篇，號曰橋君學，成帝時爲大鴻臚。」朱彝尊《經義考》云：「橋、楊本傳小戴之學，班史序次甚明，此云戴德，恐誤。」按《後漢書・橋玄傳》「德」字當正爲「聖」。

（12）〔補注〕先謙曰：「〈公卿表〉在平帝元始元年。」

〔疏證〕《後漢書・橋玄傳》誤以橋仁成帝時爲大鴻臚。橋仁家世傳業，至七世孫橋玄，頗有高節，官至太尉。橋仁於平帝元始二年爲大鴻臚，即西元 2 年也。

（13）〔疏證〕東漢・淳于登、馬融、盧植、荀爽、蔡邕、鄭玄、王肅，皆傳大、小戴《禮》。

第六章　《春秋》之傳受

第三十三節　胡毋生

　　胡毋生字子都，齊人也。(1) 治《公羊春秋》，為景帝博士，(2) 與董仲舒同業，仲舒著書稱其德。(3) 年老，歸教於齊，齊之言《春秋》者宗事之。(4) 公孫弘亦頗受焉。(5) 而董生為江都相，自有傳。(6) 弟子遂之者，蘭陵‧褚大，東平‧嬴公，廣川‧段仲、溫‧呂步舒。(7) 大至梁相，(8) 步舒丞相長史，(9) 唯嬴公守學，不失師法，為昭帝諫大夫。(10) 授東海‧孟卿、魯‧睦孟。(11) 孟為符節令，坐說災異誅，自有傳。(12)

(1)　〔疏證〕「母」當作「毋」，「胡毋」為複姓也。胡毋生為齊之泰山人，說已
　　　見第六節注 8。按此節文字視《史記‧儒林列傳》為簡略：《史記》敘董仲
　　　舒之事頗詳，班氏於此皆刪之，別撰〈董仲舒傳〉。而敘事次第，馬遷先董
　　　而及胡，與《漢書》相反。

(2)　〔疏證〕胡毋生傳《公羊》，世多異說。《公羊疏》引戴宏〈序〉：「子夏傳與
　　　公羊高，高傳與其子平；平傳與其子地；地傳與其子敢，敢傳與其子壽。
　　　至漢景帝時，壽乃與其弟子胡毋子都著於竹帛。」《四庫提要》力言其妄，
　　　以為「舊本首署高名，蓋未審也。」按：《漢書‧古今人表》列公羊子於第
　　　四等中上，與穀梁、萬章、莊子、惠施、公孫龍、慎到等同時，約當周赧
　　　王初年。周赧王元年（西元前 314）至漢景帝元年（西元前 156 年），相距
　　　158 年，《公羊》五傳而及胡毋生，似為可能也。唯子夏卒於周威烈王之世
　　　（西元前 420 年），公羊高不及事之，事為可疑耳。竊以戴宏〈序〉述公羊

高以下傳授可信；其所以謂子夏傳公羊高者，蓋欲依附大儒以自尊貴也。《漢書·藝文志》有《公羊春秋古經》十二篇，《經》十一卷，《公羊傳》十一卷，《公羊外傳》五十篇，《公羊章句》三十八篇，《公羊雜記》八十三篇。

（3）〔疏證〕同業者，謂同治《公羊》之業也，仲舒之學，出於胡毋子都。何休〈公羊序〉云：「往者略依胡毋生《條例》，多得其正。」徐彥《疏》云：「胡毋生雖以《公羊經》傳授董氏，猶自別作《條例》，故何氏取之。」是其證也。董氏著書稱胡毋生之德者，正所以尊師道述師德也。按：《史記·儒林傳》言仲舒「以《春秋》災異之變，推陰陽所以錯行。故求雨閉諸陽，縱諸陰；其止雨，反是。」又言：「漢興至于五世之間，唯董仲舒名爲明《春秋》，其傳公羊氏也。」《漢書·五行志》載董仲舒言《春秋》災異之事甚多，如：魯莊公二十年夏，齊大災，董仲舒以爲：「魯夫人淫於齊，齊桓姊妹不嫁者七人。國君民之父母，夫婦生化之本。本傷則末夭，故天災所予也。」又如魯僖公二十四年西宮災。仲舒以爲：「僖娶於楚，而齊媵之，脅公使立爲夫人。西宮者，小寢夫人之居也。若曰妾，何爲此宮，誅去之意也。」其言災異，率皆類此。《漢書·董仲舒傳》載賢良對策云：「後世淫佚衰微，不能統理羣生，諸侯皆畔，殘賊良民，以爭壤土，廢德教而任刑罰，刑罰不中，則生邪氣，邪氣積於下，怨惡畜於上，上下不和，則陰陽繆戾而妖孽生矣。」此可知仲舒之論災異妖孽，必一一歸之於人事，以爲「廢德教」與「刑罰不中」之故也。唐晏《西漢三國學案》云：「《公羊》齊學驪衍之餘，故仲舒之學，亦偏乎五行陰陽之術，古云通天地人曰儒，通天地不通人曰技。仲舒之異於李尋、翼奉者，正以此爾，不然去二子也，其與幾何！」是也。《漢書·藝文志·六藝》有《公羊董仲舒治獄》十六篇；〈諸子〉有《董仲舒》百三十篇。前者有馬國翰輯本，後者王應麟《考證》以爲即今《春秋繁露》也。

（4）〔疏證〕據李固撰文自謂：「嘗學《春秋胡毋章句》。」是胡毋生有《春秋章句》也。據何休〈公羊解詁序〉：「往者略依胡毋生《條例》。」是胡毋生有《春秋條例》也。二書之著述，當在此年老歸教於齊之時。

（5）〔疏證〕《漢書·公孫弘傳》：「少爲獄吏，年四十餘，乃學《春秋雜說》。」《漢書·藝文志》有《公羊雜記》八十三篇，朱彝尊《經義考》疑公孫弘學《春秋雜說》即《公羊雜記》也。又〈藝文志·諸子·儒家〉有《公孫弘》十篇。今有馬國翰輯本。

（6）〔疏證〕董仲舒以賢良對策爲江都相，《漢書·武帝紀》載於元光元年（西元

前 134 年）；《資治通鑑》則載於建元元年（西元前 140 年）。司馬光《資治通鑑考異》，沈欽韓《漢書疏證》，蘇輿《春秋繁露義證》，王楙《野客叢書》皆以建元元年爲是。然賢良對策中有「今臨政而願治七十餘歲矣。」及「夜郎康居，殊方萬里，說德歸義。」之語。按：漢元年爲西元前 206 年，至漢武帝建元四年即西元前 137 年，始七十年；而〈西南夷傳〉：夜郎之通在建元六年。故仲舒對策不得在建元元年也。王先謙《漢書補注》以仲舒對策在元光元年，謂「詔書之在是歲，不可易也。」茲依王說定董仲舒以對策爲江都相爲元光元年。江都，地在今江蘇省江都、儀徵、高郵、寶應一帶。〈董仲舒傳〉言「江都易王素驕好勇，仲舒以禮義匡正，王敬重焉。」在《漢書》卷五十六。

(7)　〔注〕師古曰：「遂謂名位成達者。」

　　〔補注〕宋祁曰：「遂之者當刪之字。」劉敞曰：「遂之者之字衍。」齊召南曰：「案：《史記》作『仲舒弟子通者』，又『東平嬴公』《史記》無，『廣川段仲』，《史記》作『殷忠』。先謙曰：『徐廣《注》：「殷一作段」，則段字是。』」

　　〔疏證〕《後漢書・儒林傳》：「齊・胡母子都傳《公羊春秋》，授東平・嬴公。」《隋書・經籍志》亦云：「初齊人胡母子都傳《公羊春秋》，授東平・嬴公。嬴公授東海・孟卿，孟卿授魯人眭孟。」蓋皆以嬴公爲胡母生弟子。按：《漢書・眭孟傳》載其自言先師董仲舒，眭孟之學出於嬴公而自言先師仲舒，則嬴公確爲仲舒弟子也。《漢書・儒林傳》不誤；特仲舒之學亦出於胡母生，《後漢書》《隋志》乃直言胡母生授嬴公矣。參閱本節注 3。《漢書窺管》卷九：「褚大見〈兒寬傳〉，步舒見〈仲舒傳〉。吾邱壽王從仲舒受《春秋》，高材通明，見〈壽王傳〉，此漏舉。」

(8)　〔疏證〕〈兒寬傳〉：「初梁國褚大通《五經》，爲博士，時寬爲弟子。及御史大夫缺，徵褚大，大自以爲御史大夫。至洛陽，聞兒寬爲之，褚大笑。及至與寬議封禪於上前，大不能及。退而服曰：『上誠知人。』」按：褚大爲博士，武帝元狩六年（西元前 117 年）夏詔遣大等分巡行天下。其爲梁相，在元封元年（西元前 110 年）前後，其時梁平王襄在位也。

(9)　〔補注〕周壽昌曰：「步舒以長史持節使決淮南獄，於諸侯擅專斷，不報，以《春秋》之義正之。天子皆以爲是。弟子通者，至於命大夫；爲郎、謁者、掌故者，以百數。見《史記》。」

　　〔疏證〕《漢書・五行志》：「使仲舒弟子呂步舒持斧鉞治淮南獄，以《春秋》誼專斷，於外不請，既還奏事，上皆是之。」按：〈五行志〉記事不盡可信，

〈淮南王傳〉言「上使宗正以符節治王」，則持節治淮南獄者爲宗正劉棄疾，非呂步舒也。又《史記·儒林傳》言：董仲舒居舍，著《災異之記》。是時遼東高廟災，主父偃疾之，取其書，奏之天子。天子召諸生示其書，有刺譏。董仲舒弟子呂步舒不知其師書，以爲下愚。《漢書》此等文字皆入〈董仲舒本傳〉。於〈儒林傳〉不贅。丞相長史，秩千石。

（10）〔疏證〕褚大、段仲、呂步舒，皆不聞有傳授，而嬴公一支獨大者，良有以也。

（11）〔補注〕朱一新曰：「《後書》云：『授東海·孟卿，孟卿授魯人眭孟。』」
〔疏證〕〈眭孟傳〉云：「眭弘，字孟，魯國蕃人也，從嬴公受《春秋》。」鄭玄《六藝論》亦云：「仲舒子嬴公，公弟子眭孟。」則眭孟從嬴公受業，《後書》謂孟卿授魯人眭孟，疑誤。《隋志》誤與《後書》同。蕃，地在今山東滕縣治。

（12）〔疏證〕眭孟，以明經爲議郎，至符節令，爲少府屬官。孝昭元鳳三年（西元前 78 年），泰山、萊蕪山南匈匈有數千人聲，民視之，有大石自立，白鳥數千，下集其旁，是時又有枯木復生。孟推《春秋》之意，以爲當有從匹夫爲天子者。又言漢爲堯後，有傳國之運，宜求賢禪位。時昭帝幼，霍光秉政，惡其祆言惑眾，誅之。後五年，孝宣帝興於民間，即位，徵眭孟子爲郎云。《漢書》卷七十五有〈眭孟傳〉。王仁俊輯有《春秋公羊眭生義》，《續玉函山房》本。

第三十四節　嚴彭祖

嚴彭祖字公子，東海下邳人也。(1) 與顏安樂俱事眭孟。(2) 孟弟子百餘人，唯彭祖、安樂爲明。質問疑誼，各持所見。(3) 孟曰：「《春秋》之意，在二子矣。」孟死，彭祖、安樂各顓門教授，(4) 由是《公羊春秋》有顏、嚴之學。(5) 彭祖爲宣帝博士，至河南、東郡太守。(6) 以高第入爲左馮翊，遷太子太傅，(7) 廉直不事權貴。或說曰：「天時不勝人事，君以不修小禮曲意，亡貴人左右之助，經誼雖高，不至宰相，願少自勉強。」彭祖曰：「凡通經術，固當修行先王之道，何可委曲從俗，苟求富貴乎？」彭祖竟以太傅官終。授琅邪·王中，爲元帝少府，(8) 家世傳業。中授同郡公孫文、東門雲。雲爲荊州刺史；(9) 文東平太傅，徒眾尤盛。雲坐爲江賊拜，辱命，下獄誅。(10)

（1）〔補注〕周壽昌曰：「即酷吏嚴延年之次弟，萬石嚴嫗之子也。」

〔疏證〕延年兄弟五人，皆有吏材，至大官，東海號其母曰萬石嚴嫗。師古曰：「一門之中五二千石，故總云萬石。」按：嚴彭祖傳《公羊》，著有《春秋公羊傳》十二卷，《古今春秋盟會地圖》一卷。皆見《隋書・經籍志》。前者有馬國翰輯本。序曰：「《公羊嚴氏春秋》，唯孔穎達《左傳正義》、徐彥《公羊疏》各引一節，杜佑《通典》兼引馮君《嚴氏春秋章句》，今輯並附本傳爲卷。」後者有王謨輯本。〈敘錄〉曰：「羅泌《路史・國名紀》引《盟會圖》十五，引《盟會圖疏》八，引《春秋圖》四。內唯平邱與清二條涉盟會，餘皆地名、國名。又多唐以後州名，或即嚴氏本書而唐以後人疏之也。今仍其目鈔出二十七條。」又朱彝尊《曝書亭集・春秋地名考序》曰：「如嚴彭祖之圖，專紀會盟，則圍伐滅取土地者見遺多矣。」

(2) 〔疏證〕顏安樂之學，詳於下節。

(3) 〔疏證〕唐晏《兩漢三國學案》載嚴彭祖之說曰：「孔子將脩《春秋》，與左邱明乘如周，觀書於周史，歸而脩《春秋》，邱明爲之《傳》，共爲表裡。」又載顏安樂之說曰：「魯十二公國史盡書即位，仲尼脩之，乃有所不書。」可見二人「所見」之一斑。

(4) 〔注〕師古曰：「顓與專同。專門言各自名家。」
〔疏證〕《白虎通》：「顓者專也。」段玉裁《說文解字注・顓》下云：「假顓作專。」

(5) 〔補注〕周壽昌曰：「〈漢嚴訢碑〉，宋政和中出於下邳，云：『訢字少通，治《嚴氏馮君章句》。』《通典》引《公羊說》有高堂隆曰：『昔馮君八萬言《章句》。』云云。足徵嚴氏有書，并馮君爲之《章句》，而志不錄馮君名。」
〔疏證〕〈漢嚴訢碑〉見於洪适《隸釋》，原文「嚴氏」下有「春秋」二字，周氏引脫之。訢者，嚴彭祖之後也。《通典》引《公羊說》，見《通典》四十八卷中。高堂隆者，三國魏人，高堂生之後也。馮君名未詳。朱彝尊《經義考》以爲前漢人；洪亮吉《通經表》以爲後漢・馮緄；姚振宗《後漢藝文志》疑馮奉世之子立，立曾孫馮衍，世傳《春秋》，庶幾近是云。

(6) 〔補注〕宋祁曰：「或無東字。」
〔疏證〕《漢書窺管》卷九：「樹達按：〈百官表〉：『元帝初元五年，河南太守劉彭祖爲左馮翊。二年，遷太子太傅。』王先謙以『劉』爲『嚴』之誤，是也。」

(7) 〔疏證〕元帝初元五年（西元前 44 年），嚴彭祖爲左馮翊；永光二年（西元前 42 年），遷太子太傅。《漢書窺管》卷九：「彭祖爲太子太傅，議罷郡國

廟，見〈韋玄成傳〉。」

（8）〔注〕師古曰：「中讀爲仲。」

〔補注〕先謙曰：「中爲少府，〈百官表〉不載，葢它宮少府。」

〔疏證〕如長信少府、長樂少府之類。

（9）〔疏證〕荊州，漢十二州之一，地在今湖南、湖北兩省，及四川省東南部，貴州省東北部，廣西省東北部全縣，廣東省北部連縣一帶。《爾雅·釋地》：「漢南曰荊州。」《疏》：李巡云：「漢南其氣燥剛，稟性強梁，故曰荊。荊，強也。」《釋名·釋地》：「荊州，取名於荊山也。必取荊爲名者，荊，警也；南蠻數爲寇逆，其民有道後服，無道先彊，常警備之也。」刺史掌察郡國治，詳見二十九節注6。

（10）〔注〕師古曰：「逢見賊而拜也。」

〔補注〕周壽昌曰：「江賊即〈尹賞傳〉所云：『江湖中多盜賊，以賞爲江夏太守捕格江賊。』荊州與江夏接壤也。」

〔疏證〕東漢丁恭、周澤、鍾興、樓望、承宮、樊儵、甄宇、程曾，皆習《嚴氏春秋》。見《後漢書·儒林傳》。

第三十五節　顏安樂

顏安樂，字公孫，(1) 魯國薛人，眭孟姊子也。(2) 家貧，爲學精力。(3) 官至齊郡太守丞，後爲仇家所殺。(4) 安樂授淮陽·泠豐次君，淄川·任公。(5) 公爲少府；豐淄川太守，由是顏家有泠、任之學。(6) 始貢禹事嬴公，成於眭孟，至御史大夫。(7) 疏廣事孟卿，至太子太傅，皆自有傳。(8) 廣受琅邪·筦路，路爲御史中丞。(9) 禹授潁川·堂谿惠。(10) 惠授泰山·冥都，都爲丞相史。(11) 都與路又事顏安樂，故顏氏復有筦、冥之學。(12) 路授孫寶，爲大司農，自有傳。(13) 豐授馬宮、琅邪·左咸。咸爲郡守九卿，徒眾尤盛。(14) 官至大司徒，自有傳。(15)

（1）〔補注〕宋祁曰：「一作『翁孫』。」

（2）〔疏證〕薛縣，今山東省滕縣東南。

（3）〔補注〕宋祁曰：「一作『積力』。」

〔疏證〕《漢書·藝文志》有《公羊顏氏記》十一篇。鄭玄《六藝論》云：「張霸減定《嚴氏春秋》爲二十萬言也。」則安樂撰《公羊顏氏記》，卷帙

頗浩繁也。今有馬國翰輯本，蓋從《公羊》徐彥《疏》，及洪适《隸續》載《石經公羊》裒輯七節，附錄本傳爲卷。

（4）〔疏證〕太守丞，太守屬官，秩六百石。

（5）〔注〕師古曰：「泠音零。」

〔補注〕沈欽韓曰：「《公羊疏》誤作『陰豐』。」

〔疏證〕姚振宗《漢書藝文志條理》曰：「《六藝論》言：顏氏弟子有劉向，爲《漢書》所未言。蓋其初爲《公羊》學，故惠定宇氏謂向封事多《公羊》說，然則《七略》錄《顏氏記》者，以其師說也；不及《嚴氏春秋》者，有所略也。」

（6）〔疏證〕任公爲少府，亦不見於〈百官公卿表〉，疑是它宮少府也。

（7）〔疏證〕言貢禹先事嬴公受《公羊》學，復從嬴公弟子眭孟學，始成其業也。貢禹，字少翁，琅邪人也。以明經絜行著聞，徵爲博士。元帝初即位，徵爲諫大夫，數虛己問以政事。累遷光祿大夫，長信少府。孝元初元五年（西元前 44 年）六月爲御史大夫，十二月卒，年八十一。蓋生於武帝元朔五年（西元 124 年）也。《漢書》卷七十二有〈貢禹傳〉，載貢禹上書數篇，大抵皆言民生疾苦，而少空談經義，尤無星象災異之言。故元帝謂其有「伯夷之廉，史魚之直，守經據古，不阿當世，孳孳於民俗之所寡。」禹嘗奏欲罷郡國廟，定漢宗廟迭毀之禮；然通儒或非之云。清·王仁俊輯《春秋公羊貢氏義》一卷，《續玉函山房》本。

（8）〔補注〕先謙曰：「官本『疎』作『疏』。」

〔疏證〕疏廣，字仲翁，東海蘭陵人也。少好學，明《春秋》，家居教授，學者自遠方至。徵爲博士，大中大夫。宣帝地節三年（西元前 67 年）爲太子少傅，數月徙爲太傅。廣兄子受以賢良舉爲太子家令，宣帝拜受爲太子少傅。父子並爲師傅，朝廷以爲榮。在位五歲，父子俱乞骸骨歸鄉里，以壽終。按：上文〈孟喜傳〉：「喜父號孟卿，善爲《禮》《春秋》。授后倉、疏廣，世所傳《后氏禮》、《疏氏春秋》皆出孟卿。」則漢時有《疏氏春秋》傳於世。班〈志〉未錄，蓋有所略也。

（9）〔注〕師古曰：「筦亦管字也。」

〔補注〕宋祁曰：「蕭該《音義》案：草下完音丸，又音官。今《漢書》本卻作『草下完』。《風俗通·姓氏篇》有管、莞二姓，云莞蘇楚大夫，見《呂氏春秋》；漢有莞路爲御史中丞，即此是也。又有管姓，云管夷吾，齊桓佐也，見《論語》；漢有管號爲西河太守。今莞路是草下完，非竹下完，及竹

下官。由來讀者多惑，檢《風俗通》乃知。」

〔疏證〕今各本「莞」字多誤作「筦」，當依宋祁考證正。御史中丞，秩千石，在殿中蘭臺掌圖籍秘書。外督部刺史，內領侍御史。受公卿奏事舉劾按章。見《漢書·百官公卿表》。

（10）〔注〕師古曰：「姓堂谿也。」

〔補注〕周壽昌曰：「後漢有堂谿典，熹平朝與蔡邕等同校刊《石經》，蓋世儒族也。」

〔疏證〕《左傳·定公五年》：「九月，夫槩王歸自立也，以與王戰而敗，奔楚爲堂谿氏。」《史記·吳世家》云：「吳王留楚不去。夫槩亡歸吳，而自立爲吳王。闔閭聞之，乃引兵歸攻夫槩。夫槩既敗奔楚，楚昭王乃得以九月復入郢，而封夫槩於堂谿，爲堂谿氏。」按：夫槩，吳王闔閭之弟，周太王之後。奔楚封於堂谿（河南遂平縣之西，於漢近潁川。）即以邑爲氏。此傳《公羊》之堂谿惠，及東漢靈帝熹平年間傳《左傳》之堂谿典，皆夫槩之後也。

（11）〔注〕師古曰：「冥音莫零反。」

〔補注〕宋祁曰：「蕭該案：『《周禮·冥氏》，鄭司農云：「讀如《冥氏春秋》之冥。」劉昌宗莫歷反。』案：都治《公羊春秋》，當是有所注述解釋《公羊》，故司農云：『《冥氏春秋》之冥。』《風俗通·姓氏篇》：『冥，侯國，妸姓，禹後。見《史記》。《漢書》有冥都爲丞相史。』」

〔疏證〕《史記·夏本紀·贊》：「禹爲妸姓，其後分封，用國爲姓，有冥氏。」故應劭《風俗通》云然也。宋祁言冥都治《公羊》，當有所注述，甚是；王應麟《玉海·藝文》亦有是說。姚振宗《漢書藝文志拾補》云：「按疎氏、冥氏爲董仲舒三四傳弟子，後漢博士張玄傳冥氏學。范書〈儒林傳〉云：『諸生上書言玄兼說嚴氏、宣氏，不宜爲顏氏博士。』惠氏《補注》曰：『宣氏乃冥氏之寫誤。』」

（12）〔疏證〕「筦」字應正作「莞」。

（13）〔疏證〕孫寶，字子嚴，潁川鄢陵（今河南省鄢陵縣西北。）人。以明經爲吏，御史大夫張忠薦爲議郎，遷諫大夫，司隸，以忤傅太后免。平帝元始二年（西元2年）王莽徵寶爲大司農。時大臣多阿附王莽，寶獨不黨，數月竟以事免，終於家。《漢書》卷七十七有傳。

（14）〔補注〕錢大昕曰：「〈公卿表〉建平元年左咸爲大司農，三年爲左馮翊，元壽二年復由復土將軍爲大鴻臚，元始五年又爲大鴻臚，蓋四至九卿。」

〔疏證〕其年代依次爲西元前6年，前4年，前1年，及西元5年。楊樹達

《漢書窺管》卷九：「咸王莽時爲講《春秋》祭酒，見〈莽傳〉。」

（15）〔補注〕劉攽曰：「『官』改作『宮』。」

〔疏證〕「官」當作「宮」，謂馬宮也。馬宮，字游卿，東海戚人也，以射策甲科爲郎，累遷丞相史，青州刺史，光祿勳。哀帝元壽二年（西元前1年），爲大司徒。平帝元始五年（西元5年）爲大司馬。王莽篡漢，宮爲莽太子師。《漢書》卷八十一有傳。又按：《公羊春秋》顏氏學於東漢，未如嚴氏學之盛。據《後漢書・儒林傳》：張玄少習《顏氏春秋》，試策第一補顏氏博士。居數月，諸生上書言玄兼說嚴氏、冥氏，不宜專爲顏氏博士云。

第三十六節　瑕丘・江公

瑕丘・江公受《穀梁春秋》及《詩》於魯・申公，（1）傳子至孫爲博士。（2）武帝時江公與董仲舒並，仲舒通《五經》，能持論，善屬文。江公吶於口。（3）上使與仲舒議，不如仲舒。而丞相公孫弘本爲《公羊》學，比輯其議，卒用董生。（4）於是上因尊《公羊》家，詔太子受《公羊春秋》，由是《公羊》大興。（5）太子既通，復私問《穀梁》而善之，其後浸微，（6）唯魯・榮淰王孫、皓星公二人受焉。（7）廣盡能傳其《詩》《春秋》，高材捷敏，與《公羊》大師眭孟等論，數困之。（8）故好學者頗復受《穀梁》。沛・蔡千秋少君、梁・周慶幼君、丁姓子孫，（9）皆從廣受。千秋又事皓星公，爲學最篤。（10）宣帝即位，聞衛太子好《穀梁春秋》，以問。（11）丞相韋賢，長信少府夏侯勝，及侍中樂陵侯史高，皆魯人也，（12）言穀梁子本魯學，公羊氏迺齊學也，宜興《穀梁》。（13）時千秋爲郎，召見，與《公羊》家並說。上善《穀梁》說，擢千秋爲諫大夫給事中。後有過，左遷平陵令。（14）復求能爲《穀梁》者，莫及千秋。上愍其學且絕，迺以千秋爲郎中戶將，（15）選郎十人從受。汝南・尹更始翁君，本自事千秋，能說矣。（16）會千秋病死，徵江公孫爲博士。劉向以故諫大夫通達待詔，受《穀梁》，欲令助之。（17）江博士復死，迺徵周慶、丁姓，待詔保宮，（18）使卒授十人。自元康中始講，至甘露元年，積十餘歲，皆明習。（19）迺召《五經》名儒太子太傅蕭望之等大議殿中，平《公羊》《穀梁》同異，各以經處是非。（20）時《公羊》博士嚴彭祖、侍郎申輓、伊推、宋顯，（21）《穀梁》議郎尹更始、待詔劉向、周慶、丁姓並論。（22）《公羊》家多不見從，願請內侍郎許廣；使者亦並內《穀梁》家中郎王亥，各五人。（23）議三十餘事，望之等十一人各以經誼對，多從《穀梁》，（24）由是《穀梁》之

學大盛。慶、姓皆為博士。(25) 姓至中山太傅，授楚・申章昌曼君；(26) 為博士，至長沙太傅，徒眾尤盛。尹更始為諫大夫、長樂戶將，(27) 又受《左氏傳》，取其變理者以為《章句》。(28) 傳子咸及翟方進、琅邪・房鳳。(29) 咸至大司農，(30) 方進丞相，自有傳。(31)

（1）〔補注〕沈欽韓曰：「〈傳〉不言申公《穀梁》所授，案〈穀梁序疏〉云：『穀梁傳孫卿，孫卿傳魯人申公。』案申公之年不能逮事荀卿，而其師浮丘伯也，蓋荀卿傳浮丘伯，浮丘伯傳申公。」

〔疏證〕《桓譚・新論》云：「《左氏》傳世後百餘年，魯・穀梁赤為《春秋》。」今按《左氏》記事終於魯哀公二十七年（西元前 468 年），設其書即傳世，一百五十年後當周慎靚王三年（西元前 318 年），而穀梁赤為《春秋穀梁傳》。越二年，即周慎靚王六年，而荀子生。然則荀子之年得事穀梁赤也。《漢書・古今人表》穀梁子列第四等中上，與公羊子、萬章、告子、莊子、惠施、慎到等同時，當周赧王（慎靚王子）初年。其時亦與上所推斷合。穀梁傳荀子，荀子傳浮丘伯，浮丘伯傳申公，申公乃授之瑕丘・江公，此傳統似尚可信。至於楊士勛《穀梁傳疏》所稱：「穀梁子名俶，字元始，一名赤，受經於子夏，為經作傳。」子夏、荀子生年相距一九二年，穀梁豈得師子夏而傳荀子哉？其說可疑，蓋亦同公羊，欲托子夏以自尊貴也，茲不探。漢初除申公傳《穀梁》外，陸賈亦頗能言之。唐晏《兩漢三國學案》卷八曰：「陸氏《新語》凡引《春秋》者四：其二明出《穀梁》。其一引夾谷之會，未云何傳，當是《穀梁》語。然則陸生者，固《穀梁》大師也。」是也。《漢書・藝文志》有《穀梁春秋古經》十二篇，《經》十一卷，《穀梁傳》十一卷。（師古曰：名喜。）《穀梁外傳》二十篇，《穀梁章句》三十三篇。

（2）〔疏證〕瑕丘・江公之孫，即上文敘王式時所謂「博士江公世為魯《詩》宗」者也。下文亦言：沛・蔡千秋少君從榮廣受《穀梁春秋》，宣帝求能為《穀梁》者，莫及千秋，會千秋病死，徵江公孫為博士云。

（3）〔注〕師古曰：「屬音之欲反。吶，古訥字。」

〔疏證〕此江公為瑕丘・江公，非其孫博士江公也。

（4）〔注〕師古曰：「比，次也。輯，合也。比音頻寐反。輯與集同。」

〔補注〕先謙曰：「《史記》作『集比其義』。」

〔疏證〕比，較也，師古謂次也，義稍嫌晦。公孫弘本為《公羊》學，上文云：胡毋生治《公羊》，公孫弘亦頗受焉。是也。

（5）〔疏證〕章太炎先生《國學略說》云：「《穀梁》下筆矜愼，於事實不甚明瞭者，常出以懷疑之詞，不敢武斷。荀卿與申公皆傳《穀梁》，大氐《穀梁》魯學，有儒者之風。」蓋章氏於《三傳》以《左氏》爲重，其於《穀梁》，猶頗許之。於《公羊》，一則曰：「《公羊》本無神話，凡近神話者，皆《公羊》後師附會而成。近人或謂始於董仲舒。案《公羊》本以口授，至胡毋生乃著竹帛，當漢景帝時，則與仲舒同時也。何休《解詁》，一依胡毋生《條例》，蓋妖妄之說，胡毋生已有之，不專出董氏也。」再者曰：「《公羊》本義爲董、胡妄說所掩，而聖經等於神話，微言竟似預言，固與《推背圖》《燒餅歌》無別矣！」細按《公羊》之傳，及董仲舒說災異之言，章氏以「妖妄」「妄說」「神話」斥之，良有以也。而漢武帝崇好方術，迷信災異，公孫弘卒用《公羊》妖妄之說，不亦宜乎！漢武倡儒術，大率即此等儒術！史遷欲「廢書興歎」，豈徒然哉！

（6）〔注〕師古曰：「浸，漸也。」
〔疏證〕太子者，武帝衛太子據也。後以江充掘蠱於太子宮，太子謀斬充，因起巫蠱之變，皇后及太子皆自殺。詳見二十三節注4。楊樹達《漢書窺管》卷九：「《後漢書·陳元傳》云：『孝武皇帝好《公羊》，衛太子好《穀梁》。有詔，詔太子受《公羊》，不得受《穀梁》。』案詔不得受，故私問之也。據〈戾太子傳〉，即從江公問之。」

（7）〔補注〕錢大昭曰：「皓星，姓也，亦作『浩星』，〈趙充國傳〉有浩星賜。」
〔疏證〕鄭樵《通志·氏族略》：「周大夫榮夷公，其先食邑於榮，又魯亦有榮氏，望出樂安上谷。」又言：「浩星氏，漢有浩星公，治《穀梁》，又有浩星賜，趙充國所善也。」

（8）〔注〕師古曰：「孟等窮屈也。」

（9）〔注〕師古曰：「姓丁，名姓，字子孫。」

（10）〔疏證〕漢初經學大師雖嚴於師法，亦頗有能集大成者。如丁寬受《易》於田何，又事同門友周王孫；夏侯建既傳夏侯勝之學，又師事歐陽高；韋賢、王式，一從瑕丘·江公及許生學，一從許生及徐公學；亦不限一師。而皆卓然有所成就。蔡千秋從榮廣受《穀梁》，又事浩星公，而爲《穀梁》者，莫及千秋者，豈偶然哉！

（11）〔疏證〕孝宣皇帝劉詢，武帝曾孫，衛太子孫也。太子納史良娣，生史皇孫，皇孫納王夫人，生宣帝，號曰皇曾孫。生數月，遭巫蠱事，太子、良娣、皇孫、王夫人皆遇害。曾孫雖在襁褓，猶坐收繫獄。獄吏丙吉乳養乃得全。後

遭大赦，詔掖庭養視。及昌邑王嗣立爲帝，以淫亂廢，光乃奏立曾孫詢爲帝。宣帝爲衛太子孫，生長民間，立後聞其祖衛太子好《穀梁》，故以問也。

（12）〔疏證〕韋賢爲魯國鄒人，見二十四節注 41；夏侯勝爲東平人，東平故屬魯，見二十節注 2；史高，亦魯人，見〈外戚傳〉及〈史丹傳〉。史高者，宣帝祖母史良娣兄子也，宣帝即位，封爲樂陵（今山東樂陵西南，於漢屬平原郡。）侯。按：韋賢以宣帝本始三年相，次年夏侯勝以長信少府遷諫議大夫。〈傳〉云丞相韋賢，長信少府夏侯勝，則事必在本始三年（西元前 71 年）也。

（13）〔疏證〕《桓譚・新論》云：「魯・穀梁赤爲《春秋》，殘略多所遺失。又有齊人公羊高緣經文作傳，彌離其本事。」《漢書・藝文志》亦謂公羊齊人，穀梁魯人。是《穀梁》爲魯學，《公羊》爲齊學也。魯學、齊學之分自漢已有人言之，觀〈儒林傳〉此節可知。近人劉師培更謂：「西漢學派祇有兩端，一曰齊學，一曰魯學。」其《國學發微》云：「治齊學者多今文家言，治魯學者多古文家言。齊學昌明則由河間獻王、劉歆之提倡。齊學尚新奇，故多災異五行之學，齊《詩》五際等說，皆齊學之嫡派也。魯學多迂曲，如《穀梁》諸經是也。」其截然分西漢學派爲齊、魯二端，或爲過當，然齊、魯殊途，則事實也。錢穆〈兩漢博士家法考〉亦云：「齊學恢奇駁雜，與魯學純謹不同。」是也。

（14）〔疏證〕平陵在陝西咸陽縣西北。令秩六百石至千石。

（15）〔注〕師古曰：「戶將，官名，解在〈楊惲〉、〈蓋寬饒傳〉。」
〔補注〕先謙曰：「〈百官表〉郎中有車戶騎三將。」
〔疏證〕〈楊惲傳〉師古《注》曰：「蘇林曰：『直主門戶者也。』師古曰：『戶將、官名；主戶衛，屬光祿也。』」〈蓋寬饒傳〉師古《注》曰：「〈百官公卿表〉郎中令屬官有郎中車戶騎三將，蓋各以所主爲名也。戶將者，主戶衛也。」〈百官公卿表〉引《漢儀注》云：「左、右戶將掌左、右戶郎。」秩比千石。

（16）〔補注〕周壽昌曰：「『《春秋・隱九年》俠卒。』《穀梁傳》曰：『俠者，所俠也。』孔氏《疏》云：『徐邈引尹更始云：「所者，俠之氏。」』是更始之書，至晉猶存，而班氏未錄。」
〔疏證〕〈傳〉文謂選郎十人從千秋習《穀梁》，其中有尹更始者，原自事千秋，已能說《穀梁》之義也。故下文敘石渠論議，更始爲《穀梁》首席也。陸德明《經典釋文・序錄》：「尹更始，字翁君，汝南郡陵人。」又云：「《更始穀梁章句》十五卷。」按：汝南邵陵，地在今河南郾城縣東。尹更始《春秋穀梁傳章句》，今有馬國翰輯本，玉函山房刊行。

（17）〔疏證〕《漢書·劉向傳》:「既冠，以行修飭，擢爲諫大夫。時宣帝循武帝
故事，招選名儒俊材，置左右，更生以通達能屬文辭，與王褒、張子僑等並
進對，獻賦凡數十篇。」〈王褒傳〉亦云:「益召高材生劉向等，待詔金馬門。」
按:王褒卒於宣帝神爵元年（西元前 61 年），劉向「通達能屬文辭」「待詔
金馬門」當在其前也。又〈劉歆傳〉云:「宣帝時詔向受《穀梁春秋》，十餘
年大明習。」甘露三年（西元前 51 年）劉向論石渠，當已「大明習」，上推
十年，亦爲神爵元年。然則此〈傳〉云「向以通達待詔受《穀梁》」，其時當
在神爵之前也。清·梅毓《劉更生年表》繫此於石渠講論之年，誤。至於劉
向爲諫大夫，事在「以通達待詔受《穀梁》」之後，錢穆《劉向歆父子年譜》
繫此於神爵二年向二十歲時，觀〈向傳〉「擢爲諫大夫」前有「既冠」字，
男子二十而冠，則錢氏之說是也。〈儒林傳〉此處爲追敘，觀「諫大夫」前
有「故」字可知，其行文則頗疏略，易滋誤會。如云:「向前以通達，待詔，
受《穀梁》，擢爲諫大夫。旋以典上方鑄作事繫獄，得踰冬減死論。至此復
徵待詔，令助江公。」文字雖稍繁，於事則了然也。又〈劉向傳〉「擢爲諫
大夫」下「時宣帝循武帝故事……」云云，亦爲追敘，宜留意焉。又按:劉
向爲楚元王交四世孫，字子政，本名更生。通達能文，淵懿純粹，簡易無威
儀。專積思於經術，晝誦書傳，夜觀星宿，恆不寐達旦。向以宗室明經，累
官諫大夫、光祿大夫，數上封事，以陰陽休咎論時政得失，語甚切直。時外
戚王氏專權，向爲所扼，不得重用。所著有《洪範五行傳》、《列女傳》、《列
仙傳》、《新序》、《說苑》等書。於《穀梁》，有《春秋穀梁傳說》一卷，馬
國翰輯，《玉函山房》本。《春秋穀梁劉更生義》一卷，王仁俊輯，《續玉函
山房》本。

（18）〔注〕師古曰:「保宮，少府之屬宮也，本名居室。」
〔疏證〕《漢書·百官公卿表》少府屬官有「居室」，武帝太初元年更名「保
宮」。

（19）〔疏證〕錢穆《劉向歆父子年譜》曰:「石渠議據宣紀在甘露三年，此云甘露
元年，誤也。」當據正。又按:宣帝選郎十人從受《穀梁》，講授者初爲蔡
千秋，繼爲博士江公，劉向助之，終爲周慶、丁姓，雖數易其人;然受業者
即初選之十人，故云「卒授十人」也。蔡千秋以明《穀梁》，宣帝本始三年
（西元前 71 年）上使之與《公羊》家並說，善之，擢爲諫大夫。距甘露三
年（西元前 51 年），計二十年。其左遷及爲郎中戶將，蓋數年間事耳。〈傳〉
云元康中（西元前 65 至 62 年）始講，是也。然則宣帝選郎從蔡千秋受《穀

　　　　梁》，以迄甘露三年卒業，積十餘歲，於是受業者皆明習矣。

（20）〔疏證〕《漢書窺管》卷九：「樹達按：〈谷永傳〉云：『臣愚不能處也。』顏
　　　　《注》云：『處爲決斷也』，此處字義同。」蕭望之號稱《五經》名儒，其經
　　　　說已見二十七節注5。

（21）〔注〕師古曰：「輓音晚。」
　　　　〔疏證〕申輓、伊推、宗顯及下許廣，疑皆爲嚴彭祖之弟子也。

（22）〔疏證〕宣帝永康中，選郎十人習《穀梁》，尹更始即其一，至甘露歷十餘年，
　　　　累遷爲議郎矣。待詔，官名，漢代徵士咸待詔公車，其尤優異者，令待詔金
　　　　馬門，備顧問。劉向於神爵之前，即待詔金馬門，至此猶爲待詔者，蓋因劉
　　　　向神爵二年（西元前60年）遷諫大夫後，於元鳳二年（西元前56年）以典
　　　　上方鑄作事繫獄，踰多減死論。及蔡千秋死，復徵待詔，助博士江公授《穀
　　　　梁》也。詳見注17。

（23）〔注〕師古曰：「使者，謂當時詔遣監議者也；內，外引入議所也。《公羊》
　　　　家既請內許廣，而使者因並內王亥也。」
　　　　〔補注〕王先愼曰：「『王亥』《後漢書·賈逵傳》注作『王彥』。」先謙曰：「注
　　　　『外』官本作『謂』，是。」
　　　　〔疏證〕「多不見從」者，謂其說多不爲監議採從也。中郎王亥，疑亦元康
　　　　中選受《穀梁》郎十人之一，至是累遷爲中郎也。

（24）〔疏證〕《公羊》《穀梁》各五人，與蕭望之共十一人。而宣帝稱制臨決，多
　　　　從《穀梁》之說。

（25）〔注〕師古曰：「周慶、丁姓，二人也。」

（26）〔注〕李奇曰：「姓申章，名昌，字曼君。」
　　　　〔補注〕宋祁曰：「蕭該《音義》曰：『晉灼作「由章」。予案《風俗通·姓氏
　　　　篇》云：由余秦相也。見《史記》，漢有由章至長沙太傅。今宜作「由章」』。
　　　　陽夏公案：『後言由是《穀梁春秋》有尹胡、申章、房氏之學，則宜從李奇。』」
　　　　錢大昭曰：「《廣韻·十七眞》有複姓申章昌。」
　　　　〔疏證〕《通志·氏族略》有複姓申章，云：「漢有長沙王太傅申章昌。」見
　　　　「以名爲氏」目。唐晏《兩漢三國學案》析申章、昌曼君爲二人，非也。

（27）〔補注〕錢大昭曰：「長樂戶將不見〈表〉，長樂者，太后宮也。太后宮不置
　　　　光祿勳，蓋統於長樂衛尉矣。」
　　　　〔疏證〕楊樹達《漢書窺管》卷九：「更始爲諫大夫，與儀罷郡國廟，見〈韋
　　　　玄成傳〉。」

（28）〔疏證〕尹更始受《左氏傳》於清河・張禹，詳三十八節。其所作章句爲《穀
　　　梁章句》。《隋書・經籍志》謂：「梁有《春秋穀梁傳》十五卷。漢・諫議大
　　　夫尹更始撰。」是也。《玉海》四十二引〈儒林傳〉云尹更始《左氏章句》，
　　　蓋涉上句「又受《左氏傳》」而誤也。

（29）〔疏證〕尹咸、翟方進皆兼通《穀梁》《左氏》，詳三十八節，房鳳與劉歆共
　　　校書，移書讓太常博士欲立《左氏》，蓋亦頗習《左氏》也。詳三十七節。

（30）〔補注〕朱一新曰：「〈公卿表〉不載。」
　　　〔疏證〕姚振宗《漢書藝文志拾補》曰：「咸當成帝時爲太史公，哀帝時爲丞
　　　相史，後至大司農，史不著其字。」《漢書窺管》卷九：「樹達按：咸校中書
　　　術數，見〈藝文志〉。校經傳，見〈劉歆傳〉。」

（31）〔疏證〕翟方進，字子威，汝南上蔡（今河南上蔡縣西）人。少孤好學，其
　　　繼母織屨以給之。以射策甲科爲郎，舉明經遷議郎，轉爲博士。歷官朔方刺
　　　史，丞相司直，京兆尹，執金吾，成帝永始二年（西元前 15 年）十一月，
　　　擢爲丞相。綏和二年（西元前 7 年），熒惑守心，會郎賁麗善爲星，言大臣
　　　宜當之，成帝遂賜方進冊曰：「惟君登位十年，災害並臻，其咎安在？君審
　　　處焉。」方進即日自殺。上秘之，親臨弔，禮賜異於他相。《漢書》卷八十
　　　四有傳。按：方進身既富貴，而繼母尚在，方進內行修飭，供養甚篤。又方
　　　進雖受《穀》，然好《左氏傳》及天文星歷，卒亦死於災異。漢儒言災異，
　　　流弊所及，竟有如是者！

第三十七節　房　鳳

　　房鳳字子元，不其人也。(1) 以射策乙科為太史掌故。(2) 太常舉方正，為
縣令都尉，失官。(3) 大司馬票騎將軍王根奏除補長史，薦鳳明經通達，擢為
光祿大夫，遷五官中郎將。(4) 時光祿勳王龔以外屬內卿，(5) 與奉車都尉劉
歆共校書，三人皆侍中。(6) 歆白《左氏春秋》可立，哀帝納之，以問諸儒，
皆不對。(7) 歆於是數見丞相孔光，為言《左氏》以求助，光卒不肯。(8) 唯
鳳、龔許歆，遂共移書責讓太常博士，語在〈歆傳〉。(9) 大司空師丹奏歆非
毀先帝所立，上於是出龔等補吏。(10) 龔為弘農，(11) 歆河內，(12) 鳳九江太
守，至青州牧。(13) 始江博士授胡常，(14) 常授梁・蕭秉君房，王莽時為講學
大夫。由是《穀梁春秋》有尹、胡、申章、房氏之學。(15)

（1）〔注〕師古曰：「琅邪之縣也。其音基。」

〔疏證〕地在今山東即墨縣西南。

（2）〔疏證〕武帝元朔五年（西元前 124 年）公孫弘請曰：「能通一藝以上補文學
掌故缺。其高第可以爲郎，太常籍奏。」自是以後，太常博士弟子試射策，
中甲科補郎，中乙科補掌故。詳見第七節注 24。射策者，《漢書·蕭望之傳》
師古《注》云：「謂爲難問疑義，書之於策，量其大小，署爲甲乙之科，列
而置之，不使彰顯，有欲射者，隨其所取得而釋之，以知優劣。」是也。
西漢二百年間，西漢以射策乙科補掌故而見於史傳者，房鳳一人而已。

（3）〔疏證〕太史爲太常屬官，故太常得薦舉之。漢時以都尉名官者非一，詳見
二十三節注 5。此云縣令都尉者，蓋大縣縣尉也。《漢書·百官公卿表》：「縣
令、長，掌治其縣。萬戶以上爲令；減萬戶爲長。皆有丞尉，秩四百石至
二百石。」《補注》：錢大昭曰：「《隸釋》引應劭說：大縣有丞、左右尉，
所謂命卿三人；小縣一丞一尉者，命卿二人。」王先謙曰：「丞署文書，典
倉獄；尉主盜賊。」

（4）〔補注〕先謙曰：「〈百官表〉中郎有五官將，秩比千石。」

〔疏證〕大司馬，原名大尉，掌武事。武帝元狩四年（西元前 119 年）初置
大司馬，冠將軍之號。有長史，秩千石。按：王根於成帝元延元年（西元
前 12 年）爲大司馬，奏除房鳳爲長史，疑即在此年。綏和元年（西元前 8
年），王根老，薦王莽自代，上賜金安馬駟馬免。其薦鳳明經通達，擢爲光
祿大夫，當在此年前。光祿大夫，五官中郎將皆秩比二千石，見《漢書·
百官公卿表》。《補注》云「秩比千石」，「千」上當有「二」字。

（5）〔注〕如淳曰：「邛成太后親也。內卿光祿勳治宮中。」

〔疏證〕《漢書·百官公卿表》：「綏和二年（西元前 7 年）衛尉王能爲侍中
光祿勳，二年，貶爲弘農，坐呂寬自殺。」《補注》：錢大昭曰：「弘農下脫
太守二字；呂寬事見〈王莽傳〉。」先謙曰：「能當爲龔。龔爲衛尉二月遷
此官，既與〈表〉合；又〈儒林傳〉有光祿勳王龔，在哀帝時，而表不載。
故知此能爲龔之誤訛也。傳言因請立《左氏》，責讓太常博士，貶弘農太守，
與此亦合。」是也。如淳云：龔爲邛成太后親。按：邛成太后本爲孝宣倢
伃。宣帝以霍皇后（霍光女）欲毒害太子（孝宣在民間時娶許氏所出，許
后亦爲霍氏所毒弒。），廢霍后，選後宮素謹愼而無子者，遂立王倢伃爲皇
后，令母養太子。是即邛成太后也。詳見《漢書·外戚傳》。

（6）〔疏證〕《漢書·百官公卿表》：「奉車都尉，掌御乘輿車。武帝初置，秩比

二千石。」〈劉歆傳〉:「歆字子駿,少通《詩》《書》,能屬文,受詔與父向
領校秘書。哀帝初即位,大司馬王莽薦舉歆宗室有材行,爲侍中,太中大
夫,遷騎都尉,奉車,光祿大夫,貴幸,復領《五經》。」歆爲奉車都尉,
錢穆《劉向歆父子年譜》繫於哀帝建平元年(西元前 6 年)。侍中,加官,
得入禁中,亦見《漢書・百官公卿表》。按:與劉歆共校書者,除〈儒林傳〉
所舉房鳳、王龔之外,更有尹咸,見〈歆傳〉。康有爲《新學僞經考》云:
「劉歆校書,爲王莽所舉,尹咸校數術,殆黨附於莽、歆者。房鳳則王根
所薦,王龔則外戚,非經師也。是四人者共校書,鳳、龔所校,不知何書。
尹咸校數術,其經術不如歆可知。歆又挾權寵,故房鳳、王龔、尹咸咸附
之也。」意謂古文經皆劉歆僞造,預爲莽簒地也。然逞說無據,錢穆《劉
向歆父子年譜》駁之極詳。文長未能引之,讀者宜自查閱。

(7) 〔疏證〕《漢書・劉歆傳》:「歆校秘書,見古文《春秋左氏傳》,大好之,時
丞相史尹咸,以能治《左氏》,與歆共校經傳。歆略從咸及丞相翟方進受,
質問大誼。初《左氏傳》多古字古言,學者傳訓詁而已。及歆治《左氏》,
引傳文以解經,轉相發明,由是章句、義理備焉。歆以爲左丘明好惡與聖
人同,親見夫子,而公羊、穀梁在七十子後,傳聞之與親見之,其詳略不
同。歆數以難向,向不能非間也,然猶自持其《穀梁》義。及歆親近,欲
建立《左氏春秋》及《毛詩》、逸《禮》、古文《尚書》,皆列於學官。哀帝
令歆與《五經》博士講論其義,諸博士或不肯置對。」是其事也。歆移書
太常博士讓以「專己守殘,黨同門,妒道眞。」錢穆《劉向歆父子年譜》
云:「歆《七略》有云:『外則有太常博士之藏,內則有延閣廣內秘之府,
百年之間,書積如山。』豈得盡人見之?諸儒之不對,正緣其不誦。」

(8) 〔疏證〕康有爲《新學僞經考》:「孔光爲孔子十四世孫,而安國兄子之孫。
若古文爲孔子所作,安國所傳,安有求助不肯之事?」錢穆《劉向歆父子
年譜》:「光持祿保位,事詳本傳。時朝議既不右,光豈肯違眾爲助?且此
乃瑣節,不足以定古文之眞僞。」錢說是也。

(9) 〔疏證〕西漢末年,傳經者寖盛,支葉蕃滋,一經說至百餘萬言,大師眾至千
餘年。劉歆有鑒及此,其言曰:「往者綴學之士,不思廢絕之闕,苟因陋就寡,
分文析字,煩言碎辭,學者罷老且不能究其一藝。信口說而背傳記,是末師
而非往古。」蓋譏切章句之學,欲使返於經傳。故以《左傳》、《毛詩》、逸《禮》、
古文《尚書》等,「皆先帝所親論,今上所考視。其古文舊書,皆有徵驗。」
因援石渠之議爲說,以「往者博士《書》有歐陽,《春秋》公羊,《易》則施、

孟，然孝宣皇帝猶復廣立《穀梁春秋》、梁丘《易》、大小夏侯《尚書》。」而欲列之學官也。其文載於《漢書》卷三十六〈劉歆傳〉中。

（10）〔疏證〕〈劉歆傳〉云：「歆移書太常博士責讓之，其言甚切，諸儒皆怨恨，儒者師丹爲大司空，亦大怒，奏歆改亂舊章，非毀先帝所立，上曰：『歆欲廣道術，亦何以爲非毀哉！』歆由是忤執政大臣，爲眾儒所訕。懼誅，求出補吏。」是其事也。師丹傳齊《詩》，已見二十七節注11。

（11）〔疏證〕〈百官公卿表〉：「王龔貶爲弘農，坐呂寬自殺。」呂寬即爲莽子宇灑血莽門者也。詳已見二十一節注18。王龔被貶爲弘農太守在哀帝建平二年（西元前6年），坐呂寬事自殺在平帝元始三年（西元3年）。弘農，地在今陝西商縣、河南靈寶、盧氏、陝、宜陽、黽池、新安一帶。

（12）〔疏證〕〈劉歆傳〉：「歆求出補吏，爲河內太守，以宗室不宜典三河，徙守五原，後復轉在涿郡，歷三郡守，數年以病免官。起家復爲安定屬國都尉。會哀帝崩，王莽持政，莽少與歆俱爲黃門郎，重之，白太后，太后留歆爲右曹太中大夫。遷中壘校尉、羲和、京兆尹，使治明堂辟雍，封紅休侯。典儒林史卜之官，考定律歷，著《三統歷譜》。初歆以建平元年改名秀，字穎叔云。及王莽篡位，歆爲國師。」又據〈王莽傳〉：王莽地皇四年（西元23年），歆怨莽殺其三子，欲反，事泄，遂自殺。

（13）〔疏證〕九江，已見十九節注7；青州，地在山東省濟南、青州、登州、萊州等府及遼寧省遼河以東一帶。《讀史方輿紀要》：「兩漢分天下爲十三部，青州刺史部，察郡六國三：平原郡、千乘郡、濟南郡、東萊郡、齊郡、北海郡、菑川國、膠東國、高密國。」是也。按：州牧原名刺史，成帝改名牧；哀帝復爲刺史；哀帝崩，王莽秉政，復爲牧。鳳至青州牧，時必在元壽二年（西元前1年）哀帝崩之後也。楊樹達《漢書窺管》卷九：「《後書·侯霸傳》云：『霸師事九江太守房元，治《穀梁春秋》，爲元都講。』」

（14）〔疏證〕江博士即宣帝時博士江公，傳《魯詩》及《穀梁春秋》者也。胡常與翟方進同時人，又傳古文《尚書》，見二十三節；亦傳《左氏》；見下節。

（15）〔疏證〕西漢更有梅福，少學長安，明《穀梁春秋》，見《漢書·梅福傳》。東漢有段肅，作《穀梁傳注》；糜信，有《穀梁傳注》、《穀梁音》。皆見《隋書·經籍志》，陸德明《釋文·序錄》亦引之。又賈逵、尹敏亦明《穀梁》。唐晏《兩漢三國學案》云：「《穀梁》本與《魯詩》同出，皆魯學也。然兩漢《魯詩》說最盛，而《穀梁》闇然。後《魯詩》亡而《穀梁》存，至於今闇然如故也，豈有幸不幸與！」

第三十八節　張蒼、賈誼

漢興，北平侯張蒼及梁太傅賈誼、(1) 京兆尹張敞、(2) 太中大夫劉公子皆修《春秋左氏傳》。(3) 誼為《左氏傳》訓故，授趙人貫公，為河間獻王博士。(4) 子長卿為蕩陰令，(5) 授清河·張禹長子，(6) 禹與蕭望之同時為御史，數為望之言《左氏》。(7) 望之善之，上書數以稱說。後望之為太子太傅，薦禹於宣帝，徵禹待詔，未及問，會疾死。(8) 授尹更始，(9) 更始傳子咸及翟方進、胡常。(10) 常授黎陽·賈護季君，哀帝時待詔為郎。(11) 授蒼梧·陳欽子佚，以《左氏》授王莽，至將軍。(12) 而劉歆從尹咸及翟方進受。(13) 由是言《左氏》者本之賈護、劉歆。(14)

（1）〔補注〕先謙曰：「《論衡·按書篇》：『魯共王壞孔子授教堂以為室，得佚《春秋》三十篇，《左氏傳》也。』案：充承劉向《別錄》之說；然蒼、誼實《左氏》始師，非緣壁中所得，或壁中者，與見行本同。」

〔疏證〕劉向《別錄》曰：「左邱明授曾申，申授吳起，起授其子期，期授楚人鐸椒，椒作《抄撮》八卷授虞卿，虞卿作《抄撮》九卷授荀卿，荀卿授張蒼。」《經典釋文·敘錄》言《左氏》傳授與此合，又以張蒼傳賈誼。按：張蒼，陽武（河南陽武縣東南）人，好《書》律歷，秦時為御史主柱下方書，有罪亡歸。及沛公略地過陽武，蒼從之。以功為北平侯，食邑千二百戶。高后八年（西元前 180 年）為御史大夫。文帝四年（西元前 176 年）為丞相，文帝後二年（西元前 162 年）以病免。景帝五年（西元前 152 年）卒，年百餘歲。賈誼，洛陽人。年十八，以能誦《詩》《書》屬文稱於郡中。年二十餘，文帝召以為博士，超遷，一歲中至太中大夫，頗遭大臣之妒。天子乃以為長沙王太傅，遷梁懷王太傅。居數年，懷王墜馬死，誼自傷為傅無狀，常哭泣，後歲餘，亦死。時在文帝十二年（西元前 168 年），誼年方三十三也。《崇文書目》曰：「漢興，張蒼、賈誼皆為《春秋訓詁》。」

（2）〔補注〕先謙曰：「《經典·序錄》：貫長卿傳京兆尹張敞及侍御史張禹，此不言敞受自貫。」

〔疏證〕張敞字子高，本河東平陽（山西臨汾縣西南）人，至敞徙杜陵（西安東郊）。敞以切諫昌邑王顯名，擢為豫州刺史。以數上事，有忠言，宣帝徵為太中大夫，以忤霍光，徙函谷關都尉，遷山陽太守。後以勃海、膠東盜賊並起，上書自請治之。宣帝徵拜為膠東相，大治。神爵元年（西元前 61 年）為京兆尹。元帝初元元年（西元前 48 年）卒，按：張敞與蕭望之、

清河‧張禹同時,其學當受自貫長卿。敞上宣帝書,引「仲尼作《春秋》,迹盛衰、譏世卿。」之事,蓋能明習《左氏》者也。

(3)〔疏證〕姚振宗《漢書藝文志拾補》云:「按〈劉歆傳〉云:初《左氏傳》多古字古言,學者傳訓故而已,此四家皆傳訓故者也。劉公子,史佚其名,亦不詳其始末。」按:〈儒林傳〉敘劉公子次序在張敞下,疑其學出於張敞。

(4)〔疏證〕《史記‧五宗世家》曰:「諸侯得自除博士。」《續漢書‧百官志》曰:「景帝時省。」《漢書‧河間獻王傳》曰:「獻王德修好古,立《毛氏詩》,《左氏春秋》博士。」按:《毛詩》博士即趙人毛公;《左氏春秋》博士即趙人貫公也,參閱三十節注 2。趙人貫公之師承,此云受自賈誼;《釋文‧序錄》云:「誼傳至其孫嘉,嘉傳趙人貫公。」以年代考之,《釋文‧序錄》為是,〈儒林傳〉蓋疏略也。

(5)〔注〕師古曰:「蕩陰,河內之縣也,蕩音湯。」
〔疏證〕蕩陰,地在今河南湯陰縣北。貫長卿又傳《毛詩》,已見上文。

(6)〔注〕如淳曰:「非成帝師張禹也。」
〔疏證〕成帝師張禹為蓮勺人,從施讎習《易》,官至丞相,見十一節注 6。此張禹為清河人,傳《毛詩》,官至侍御史。非一人也。

(7)〔疏證〕「御史」疑當作「侍御史」,〈百官公卿表〉:「侍御史,員十五人。」是也。《釋文‧序錄》正作「長卿傳京兆尹張敞及侍御史張禹。」張禹為侍御史,當在宣帝神爵三年(西元前 59 年)蕭望之為御史大夫時。

(8)〔疏證〕宣帝王鳳二年(西元前 56 年)至黃龍元年(西元前 49 年),蕭望之為太子太傅。張禹疾死,當在此數年間。

(9)〔注〕師古曰:「禹先授更始。」
〔疏證〕此史書追敘前事之例。

(10)〔疏證〕〈翟方進傳〉謂進「雖受《穀梁》,然好《左氏傳》天文星歷。」詳見三十六節注 34。胡常又傳古文《尚書》及《穀梁》,並見上文,參閱二十三節注 8。尹咸亦傳《穀梁》,見三十六節注 37。《崇文總目》曰:「漢‧張蒼、賈誼、尹咸皆為《春秋訓詁》。」蓋是《春秋左氏傳訓詁》也。

(11)〔疏證〕黎陽,地在今河南濬縣東北,於漢屬魏郡。

(12)〔疏證〕蒼梧,漢郡,治在今廣西蒼梧市。廣西省荔浦、修仁、平樂、恭城、富川,及湖南永明以東,至廣東德慶、高明、高要,皆其地也。西漢時珠江流域士人頗少,陳欽蓋所僅見者也。據《後漢書‧陳元傳》:「元,蒼梧廣信(萱按:今蒼梧縣治。)人也。父欽習《左氏春秋》,事黎陽‧賈護,與劉

歆同時，而別自名家。王莽從歆受《左氏》學，爲厭難將軍。」《漢書・王莽傳》略云：始建國二年（西元 10 年）遣厭難將軍陳欽等十二人伐匈奴。建國四年，陳欽言虜犯邊皆孝單于咸子角所爲，恭怒斬咸子在長安爲質名登者。天鳳二年（西元 15 年）王莽與匈奴孝單于和親，下欽獄，欽曰：「是欲以我爲說於匈奴也。」遂自殺云。楊樹達《漢書窺管》卷九：「許愼《五經異義》引奉德侯陳欽說。欽爲莽厭難將軍，見〈莽傳〉。又按：《左傳》哀公十四年西狩獲麟《疏》云：『說《左氏》者云：「麟生於火而遊於土，孔子作《春秋》，《春秋》者，禮也，修火德以致其子，故麟來而爲孔子瑞也。」奉德侯陳欽說：「麟，西方毛虫，金精也。孔子作《春秋》，有立言，西方兌爲口，故麟來。」鄭玄以爲：修母致子不如立言之說密也。』按：此欽《春秋》說之可考見者。」

（13）〔疏證〕〈劉歆傳〉云：「歆校秘書，見古文《春秋左氏傳》，歆大好之。時丞相史尹咸以能治《左氏》，與歆共校經傳，歆略從咸及丞相翟方進受，質問大義。初，《左氏傳》多古字古言，學者傳訓故而已。及歆治《左氏》，引傳文以解經，轉相發明，由是章句義理備焉。」《唐書・經籍志》有《春秋左氏傳條例》二十卷，劉歆撰。清・馬國翰輯有劉歆《春秋左氏傳章句》，《玉函山房》本。楊樹達《漢書窺管》卷九云：「歆以《左氏》授孔奮，見《後書・奮傳》。」

（14）〔疏證〕後漢名儒若賈徽、賈逵、孔奮、孔嘉、鄭興、鄭眾、陳元、服虔、穎容、謝該、韓歆，皆明《左氏春秋》，蓋皆本之賈護、劉歆者也。

第七章 結 論

第三十九節 贊

　　贊曰：(1) 自武帝立《五經》博士，(2) 開弟子員，設科射策，勸以官祿，(3) 訖於元始，百有餘年，(4) 傳業者寖盛，支葉蕃滋，(5) 一經說至百餘萬言，大師眾至千餘人，(6) 蓋祿利之路然也。(7) 初，《書》唯有歐陽，《禮》后，《易》楊，(8)《春秋》公羊而已。(9) 至孝宣世，復立大、小夏侯《尚書》，大、小戴《禮》，施、孟、梁丘《易》，《穀梁春秋》，(10) 至元帝世，復立京氏《易》。(11) 平帝時，又立《左氏春秋》、《毛詩》、逸《禮》，古文《尚書》。(12) 所以罔羅遺失，兼而存之，是在其中矣。(13)

(1)　〔疏證〕《春秋左氏傳》每敘一事畢，以「君子曰」結之。司馬遷仿《春秋傳》爲《太史公書》，紀、傳之末多有「太史公曰」。班固承之，故《漢書》傳末多有「贊曰」一節，蓋爲一傳之結論也。《文心雕龍·頌讚篇》曰：「遷《史》固《書》，託讚褒貶，約文以總錄，頌體以論辭；又〈紀〉〈傳〉後，亦同其名。義兼美惡，亦猶〈頌〉之變耳。然本其爲義，事生奬歎，所以古來篇體，促而不廣，必結言於四字之句，盤桓乎數韻之間，約舉以盡情，昭灼以送文，此其體也。」此蓋讚體之演變也。

(2)　〔疏證〕一云《五經》博士立於文帝之時，《後漢書·翟酺傳》：「孝文帝始置《五經》博士。」爲其說之根據也。按：文帝時止有博士，無《五經》之稱，劉歆〈移書太常博士〉曰：「至孝文皇帝，天下眾書，往往頗出，皆諸子傳說，猶廣立於學官，爲置博士。」是孝文諸子傳說皆立博士；而以經

－221－

立爲博士者，唯《詩》而已，申公、韓生是也。故《五經》博士之立，當以〈儒林傳〉所言「自武帝時」爲是也。

（3）〔疏證〕參閱第七節正文。

（4）〔疏證〕自武帝元朔五年（西元前 124 年）公孫弘請興學起，至平帝五年（西元 5 年），計一百三十年。

（5）〔注〕師古曰：「寖，漸也。蕃，多也。滋，益也。」

〔疏證〕〈五行志〉：「其後寖盛。」〈地理志〉：「寖曰五湖。」師古《注》並曰：「寖，古浸字。」按：「寖」「浸」古皆作「寖」，本爲水名，見《說文》。段玉裁《注》云：「隸作浸。」其義則可引申爲浸漸也。

（6）〔疏證〕劉勰《文心雕龍・論說篇》曰：「秦延君之注〈堯典〉，十餘萬字；朱普之解《尚書》，三十萬言。」王充《論衡・效力篇》亦記：「王莽之時，省《五經》章句，皆爲二十萬。博士弟子郭路，夜定舊說，死於燭下。」是《五經》皆有章句，章句之繁，每經盡在二十萬言上矣。劉歆所謂「分文析字，煩言碎辭，學者罷老且不能究其一藝。」〈藝文志〉更慨乎言曰：「古之學者耕且養，三年而通一藝，存其大體，玩經文而已。是故用日少而畜德多，三十而《五經》立也。後世經、傳既已乖離。博學者又不思多聞闕疑之義，而務碎義逃難，便辭巧說，破壞形體。說五字之文至於二三萬言，後進彌以馳逐。故幼童而守一藝，白首而後能言。安其所習，毀所不見，終以自蔽，此學者之大患也。」與〈儒林傳・贊〉所言正相發明。

（7）〔注〕師古曰：「言爲經學者，則受爵祿而獲其利，所以益勸。」

〔疏證〕漢自公孫弘以《春秋》白衣而爲丞相，其後三公九卿幾爲儒者所壟斷。故士人競習經業，韋賢玄成父子皆以明經居相位，鄒、魯至有「遺子黃金滿籯，不如一經。」之諺。然皆持祿阿諛，《漢書》卷八十一贊曰：「自孝武興學，公孫弘以儒相，其後蔡義、韋賢、玄成、匡衡、張禹、翟方進、孔光、平當、馬宮，及當子晏，咸以儒宗居宰相位。服儒衣冠，傳先王語，其醞藉可也。然皆持祿保位，被阿諛之譏。彼以古人之迹見繩，烏能勝其任乎！」一歎！

（8）〔補注〕沈欽韓曰：「其後立學但孟、梁丘，不言楊何所終。三家之《易》，不出於楊，《易》楊爲《易》田之訛，楊本不立博士。漢以來，言《易》者皆本田何，三家皆田《易》，猶大、小戴仍后《禮》也。」

〔疏證〕《易》楊爲《易田》之誤，然田指田王孫，非田何也。王國維〈漢魏博士題名考〉：「案王孫師丁寬，景帝時人；弟子施讎、孟喜、梁丘賀，

皆宣帝時人，則王孫爲博士，當在武帝之世。蓋建元中置《五經》博士，始爲《易》博士者，即王孫也。〈儒林傳・贊〉言：『自武帝立《五經》博士，初，《書》惟有歐陽，《禮》后，《易》楊，《春秋》公羊。』然〈傳〉言楊何元光中徵爲大中大夫，不云拜博士，蓋《易》楊乃《易》田之誤。《易》家先師田何、楊何、田王孫，或同姓，或同名，故往往相亂。《史記・儒林傳》云：『要言《易》者本於楊何。』《漢書》則作：『要言《易》者本之田何。』此云『《易》楊』，亦當爲『《易》田』之誤。田王孫與楊何同爲田何再傳弟子，然楊出王同，田出丁寬。又楊何之傳爲司馬談、京房、梁邱賀；王孫之傳爲施讎、孟喜、梁邱賀。各自名家，不得混而爲一也。」是也。

（9）〔疏證〕王應麟《困學紀聞》卷八：「立《五經》而獨舉其四，蓋《詩》已立於文帝時，今并《詩》爲五也。」

（10）〔疏證〕楊樹達《漢書窺管》卷九：「王國維〈漢魏博士考〉云：『宣帝增置博士事，紀、表、志、傳所紀互異。〈宣紀〉繫於甘露三年，〈百官公卿表〉繫於黃龍元年，一不同也。〈紀〉與〈劉歆傳〉均言立梁丘《易》、大小夏侯《尚書》、《穀梁春秋》，而〈儒林傳・贊〉復數大、小戴《禮》，〈藝文志〉復數慶氏《禮》，二不同也。又博士員數，〈表〉云增足十二人，與〈傳〉亦不同。據〈劉歆傳〉，則合新、舊僅得八人。如〈儒林傳〉，則合新、舊得十二人，似與〈表〉合矣。然二傳皆不數《詩》博士。案申公、韓嬰均於孝文時爲博士，轅固於孝景時爲博士。則文、景之世魯、齊、韓三家《詩》已立博士，特孝宣時於《詩》無所增置，故劉歆略之。〈儒林傳・贊〉綜計宣帝以前立博士之經。而獨遺《詩》魯、齊、韓三家，疏漏甚矣。又宣帝於《禮》博士亦無所增置，〈儒林傳・贊〉乃謂宣帝立大、小戴《禮》，不知戴聖雖於宣帝時爲博士，實爲后氏《禮》博士，尚未自名其家，與大戴分立也。〈藝文志〉謂慶氏亦立學官者，誤與此同。今參伍者考之，則宣帝末所有博士，《易》則施、孟、梁邱，《書》則歐陽、大小夏侯，《詩》則齊、魯、韓，《禮》則后氏，《春秋》公羊、穀梁，通得十二人。〈儒林傳・贊〉遺《詩》三家，因劉歆之言而誤。〈贊〉又數大、小戴《禮》，〈藝文志〉並數慶氏《禮》，則又因後漢所立而誤也。又宣帝增置博士之年，〈紀〉〈表〉雖不同，然皆以爲在論石渠之後。然〈儒林傳〉言歐陽高孫地餘爲博士，論石渠。又林尊事歐陽高，爲博士，論石渠，張山拊事小夏侯建，爲博士，論石渠，則論石渠時似歐陽有二博士，小夏侯亦已有博士，與〈紀〉〈傳〉均不合，蓋所紀歷官時代有錯誤也。又《易》施、孟二博士亦宣帝所立，但在甘露、黃龍前，則

〈儒林傳・贊〉所言是也。』」

（11）〔疏證〕王國維〈漢魏博士題名考〉：「《易》京氏立博士在元帝世，未幾而廢。疑京氏之立在房用事之時，其廢即在房獲罪之後，其間不過數年。」按：京房事詳見第十四節。

（12）〔補注〕朱一新曰：「趙邠卿〈孟子題辭〉云：『孝文皇帝欲廣游學之路，《論語》、《孝經》、《孟子》、《爾雅》皆置博士，後罷傳記博士，獨立《五經》博士而已。』又劉子駿〈移太常博士書〉：『孝文時，天下眾書往往頗出，皆諸子傳說，猶廣立於學官為置博士。』則趙氏之言審矣。本書〈藝文志〉：『《周官經》六篇，王莽時，劉歆置博士。』」

〔疏證〕《漢書・王莽傳》：「元始四年，立《樂經》。」平帝元始四年，即西元 4 年也。

（13）〔注〕如淳曰：「雖有虛妄之說，是當在其中，故兼而存之。」

〔疏證〕李兆洛序張金吾〈兩漢五經博士考〉曰：「《六經》之不亡也，賴有漢儒也，守之如城郭，傳之如球圖，確然奉一師之說，不敢尺寸出入，豈其人盡愚陋，無開通之識哉？一時君相，為之立學官，置博士，必集老師宿儒，辨難折衷，懂而後定，豈遂無兼收廣探，日新月盛之望哉？其為博士者，稽同異，辨然否，國有疑事，掌承問對，馳傳巡，省郡國，錄冤獄，行風俗，舉廉孝，豈朝廷眾臣，不若抱殘守缺，槁項黃馘之徒哉？其務之也專，故其植之也固；其別之也嚴，故其持之也定；其求之也以實，故其應之也不以文。假令漢初之儒，各以意說，好異喜新，以浮辭相尚，則《六經》之文，改竄盡矣，經生之業，敗裂盡矣，豈復有咫聞寸義，得存於今者哉？」

附錄一　西漢儒林師承傳授圖

（一）《易經》傳授圖

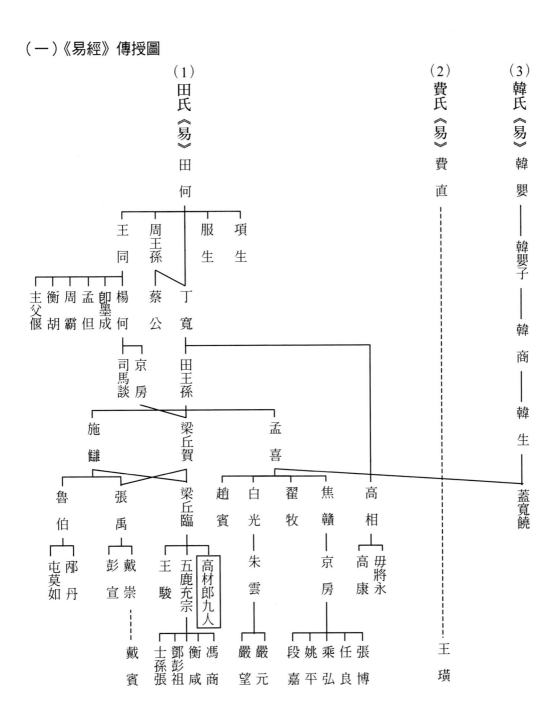

（二）《書經》傳授圖

（1）今文《尚書》

伏勝

張生　伏生子　晁錯　周霸　賈嘉　孔安國　歐陽高

兒寬——簡卿

歐陽巨

歐陽遠

歐陽高

夏侯都尉——夏侯始昌

夏侯勝

夏侯都尉——夏侯始昌——夏侯勝

伏生孫

何比干

孔霸　周堪　黃霸　夏侯建　歐陽仲仁　林尊

牟卿　張猛　許商

歐陽地餘——歐陽政

陳翁生　平當

孔光

唐林　吳章　王吉　炔欽　秦恭　李尋　鄭寬中　假倉　張無故　殷崇　龔勝　平晏　鮑宣　朱普

云敞　王宇　馮賓　班伯　趙玄　唐尊　高暉　鮑永

張山拊

（2）古文《尚書》

孔安國

司馬遷　孔邛——伏驦　都尉朝——庸譚——胡常——徐敖

王璜　塗惲

桑欽　賈徽

（三）《詩經》傳授圖

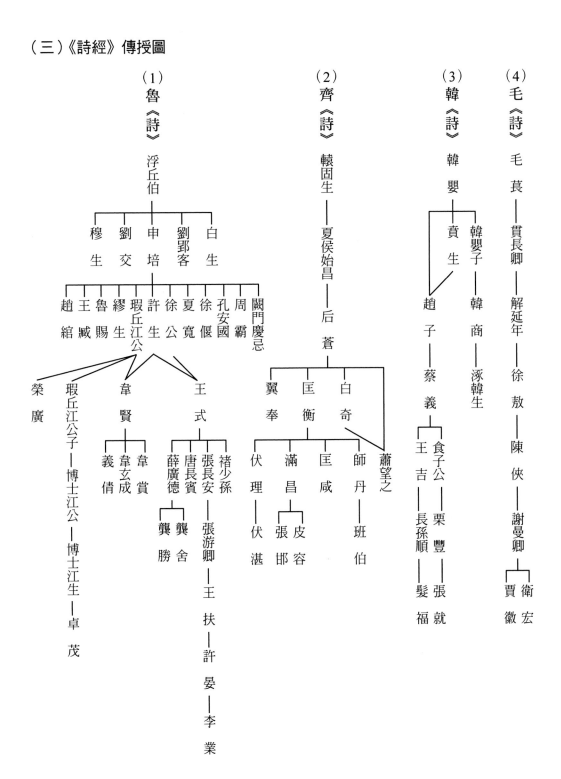

（四）《禮經》傳授圖

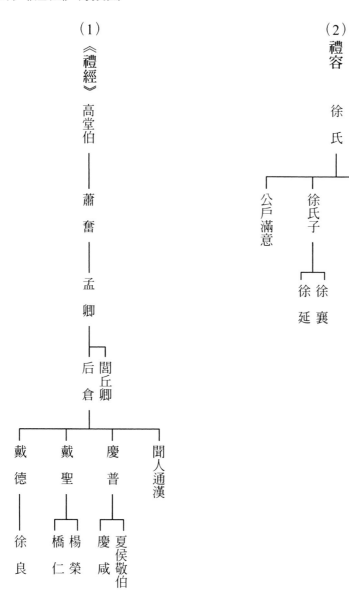

（1）

《禮經》

高堂伯
│
蕭奮
│
孟卿
│
├─ 后倉 ─ 闆丘卿
│
├── 戴德 ── 徐良
│
├── 戴聖 ── 橋仁・楊榮
│
├── 慶普 ── 慶咸・夏侯敬伯
│
└── 聞人通漢

（2）

禮容

徐氏
│
├── 公戶滿意
│
├── 徐氏子 ── 徐延・徐襄
│
├── 桓生
│
└── 單次

（五）《春秋》經傳授圖

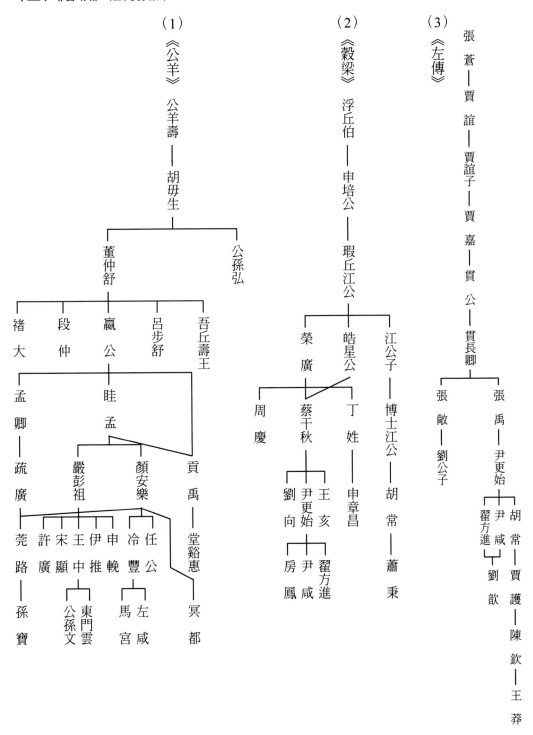

附錄二　西漢儒林大事年表

漢高帝五年（己亥）　西元前 202 年

　　高皇帝誅項籍，舉兵圍魯，魯儒講誦習禮弦歌不絕。

漢高帝六年（庚子）　西元前 201 年

　　命叔孫通起朝儀。

　　劉交爲楚元王，以穆生、白生、申培公爲中大夫。

漢高帝七年（辛丑）　西元前 200 年

　　長樂宮成，諸臣依叔孫通所起朝儀入賀，高祖大悅，拜通爲奉常，三年遷。

　　賈誼生。（一說六年生）

　　公孫弘生。

漢高帝九年（癸卯）　西元前 198 年

　　田何以齊田徙杜陵，號杜田生，傳《易》。

漢高帝十一年（乙巳）　西元前 196 年

　　詔賢士大夫有肯從我遊者，及有意稱明德者。

漢高帝五十二（丙午）　西元前 195 年

　　高祖過魯，祀孔子。申培公從師浮丘伯見高祖於魯南宮。

　　叔孫通更爲奉常。

漢惠帝二年（戊申）　西元前 193 年

　　蕭何卒，以曹參爲相國。

漢惠帝四年（庚戌）　西元前 191 年

　　詔舉孝弟力田者，復其身。

　　除挾書令。

漢惠帝五年（辛亥）　西元前 190 年

秋，相國曹參卒。

漢惠帝六年（壬子）　西元前 189 年

留侯張良卒。

漢呂后元年（甲寅）　西元前 187 年

浮丘伯在長安，楚元王遣子郢客與申公俱卒學。

初置孝弟力田二年石者一人。

漢呂后七年（庚申）　西元前 181 年

奉常根。

漢呂后八年（辛酉）　西元前 180 年

張蒼爲御史大夫。

漢文帝元年（壬戌）　西元前 179 年

楚元王劉交薨。

劉安生。

董仲舒生。

司馬相如生。

賈誼爲博士。

漢文帝二年（癸亥）　西元前 178 年

詔舉賢良方正能直言極諫者。

劉郢客嗣爲楚夷王，申公傅其太子戊。

除誹謗妖言法。

奉常饒。

陳平卒。

漢文帝四年（乙丑）　西元前 176 年

張蒼爲丞相。

漢文帝六年（丁卯）　西元前 174 年

賈誼上〈治安策〉。

楚夷王劉郢客卒，子戊嗣立。

漢文帝十年（辛未）　西元前 170 年

詔朝錯往濟南從伏生受《尚書》約在此年，時伏生年九十餘。

漢文帝十一年（壬申）　西元前 169 年

周勃卒。

漢文帝十二年（癸酉）　西元前 168 年

賈誼卒。

奉常昌闔。

詔舉孝悌力田廉吏。

《易》田何，《詩》申培、轅固、韓嬰，《禮》高堂生，《春秋》胡毋生、董仲舒，此時均已成家。

漢文帝十五年（丙子）　西元前 165 年

親策賢良能直言極諫者。

漢文帝十六年（丁丑）　西元前 164 年

以新垣平言立五帝廟。

漢文帝後元年（戊寅）　西元前 163 年

新垣平詐覺、謀反、伏誅。

漢文帝後二年（己卯）　西元前 162 年

丞相張蒼免。

漢文帝後七年（甲申）　西元前 157 年

奉常信。

漢景帝元年（乙酉）　西元前 156 年

蔡義約生於此年或稍前。

夏侯勝生。

漢景帝二年（丙戌）　西元前 155 年

朝錯為御史大夫。

楚王戊稍為淫暴，與吳通謀反。申公諫，不聽，胥靡申公。申公歸魯，退居家教。

奉常斿。

河間獻王劉德立。

漢景帝三年（丁亥）　西元前 154 年

七國亂，以袁盎言殺御史大夫朝錯。

丁寬為梁孝王將軍，作《易說》三萬言。

　　魯恭王立。

　　奉常袁盎，殷。

　　東方朔生。

漢景帝四年（戊子）　　西元前 153 年

　　竇彭祖爲奉常。

漢景帝五年（己丑）　　西元前 152 年

　　張蒼迁。

　　張歐爲奉常。

漢景帝七年（辛卯）　　西元前 150 年

　　蕭勝爲奉常。

漢景帝中二年（癸巳）　　西元前 148 年

　　袁盎卒。

漢景帝中三年（甲午）　　西元前 147 年

　　乘昌爲奉常。

漢景帝中五年（丙申）　　西元前 145 年

　　博士轅固生稱《老子》書爲家人言，竇太后使入圈刺豕，約在此前後。

　　胡毋生、董仲舒、韓嬰爲博士約在此時。

　　司馬遷、桑弘羊、霍去病生。

　　吳利爲奉常。

漢景帝中六年（丁酉）　　西元前 144 年

　　奉常吳利更爲太常。

漢景帝後二年（己亥）　　西元前 142 年

　　韋賢生。

漢景帝後三年（庚子）　　西元前 141 年

　　枚乘卒。

　　許昌爲太常，二年遷。

漢武帝建元元年（辛丑）　　西元前 140 年

　　冬十月，舉賢良方正直言極諫之士。公孫弘徵，爲博士，年六十。

　　王臧、趙綰請立明堂以朝諸侯，薦師申公。武帝使使束帛加璧，安車駟馬迎申公。

終軍、蘇武生。

漢武帝建元二年（壬寅）　西元前 139 年

淮南王劉安來朝，獻《內書》二十一篇甚眾。

竇太皇太后好黃、老，以事下趙綰王臧獄，皆自殺。申公以疾免，歸魯。

趙周爲太常，四年免。

漢武帝建元五年（乙巳）　西元前 136 年

置《五經》博士。

漢武帝建元六年（丙午）　西元前 135 年

竇太皇太后崩。

田蚡爲丞相，絀黃、老刑名百家之言，延文學儒者數百人。

申培公約卒於此年前後。

太常定。

漢武帝元光元年（丁未）　西元前 134 年

十一月，初令郡國舉孝廉各一人。

五月，帝親策賢良文學，董仲舒以賢良對策爲江都相。

詔吾丘壽王從董仲舒受《春秋公羊傳》。

楊何以《易》徵，官至中大夫。

太常王臧。

金日磾生。

漢武帝元光四年（庚戌）　西元前 131 年

竇嬰卒。田蚡卒。

河間獻王招求四方善書，所得多古文先秦舊籍。

張歐爲太常。

漢武帝元光五年（辛亥）　西元前 130 年

河間獻王劉德卒。

徵吏民有明當世之務，習先聖之術者，公孫弘、轅固生、楊何皆徵，公孫弘爲左內史，轅固生年九十餘。

漢武帝元光六年（壬子）　西元前 129 年

太常司馬當時。

轅固生約卒於此年或其後不久。

漢武帝元朔元年（癸丑）　　西元前 128 年

　　定不舉孝廉罪。

漢武帝元朔二年（甲寅）　　西元前 127 年

　　孔臧爲太常，其從弟孔安國爲侍中。

　　主父偃伏誅。

漢武帝元朔三年（乙卯）　　西元前 126 年

　　公孫弘爲御史大夫。

　　張湯爲廷尉，諸博士弟子治《尚書》《春秋》，補廷尉史。

漢武帝元朔五年（丁巳）　　西元前 124 年

　　公孫弘爲丞相，封平津侯。

　　爲博士置弟子員，以補郎、掌故，有異才異等，輒以名聞。

　　董仲舒爲膠西王相。

　　山陽侯張當居爲太常，坐選弟子不以實，免。

漢武帝元朔六年（戊午）　　西元前 123 年

　　繩侯周平爲太常。

漢武帝元狩元年（己未）　　西元前 122 年

　　淮南王劉安卒。

漢武帝元狩二年（庚申）　　西元前 121 年

　　公孫弘卒。

　　董仲舒免歸。

　　張湯爲御史大夫。

漢武帝元狩三年（辛酉）　　西元前 120 年

　　立樂府，司馬相如等造爲〈詩賦〉。

漢武帝元狩四年（壬戌）　　西元前 119 年

　　李信成爲太常，二年免。

　　李廣卒。

漢武帝元狩六年（甲子）　　西元前 117 年

　　遣博士褚大、徐偃等分循郡國，論三老孝弟以爲民師。

　　欒賁爲太常。

　　司馬相如、霍去病卒。

漢武帝元鼎元年（乙丑）　西元前 116 年

　　春起柏梁臺，作承露盤。

　　徐偃矯制使膠東、魯國鼓鑄鹽鐵，詔下終軍問狀。

　　張湯自殺。

　　王信爲太常。

漢武帝元鼎二年（丙寅）　西元前 115 年

　　任越人爲太常。

漢武帝元鼎三年（丁卯）　西元前 114 年

　　周仲居爲太常。

漢武帝元鼎四年（戊辰）　西元前 113 年

　　終軍卒。

漢武帝元鼎五年（己巳）　西元前 112 年

　　周建德爲太常，杜相爲太常。

　　汲黯卒。

漢武帝元鼎六年（庚午）　西元前 111 年

　　武帝與公卿諸生議封禪，絀徐偃、周霸等，而盡罷諸儒生不用。

漢武帝元封元年（辛未）　西元前 110 年

　　司馬談卒。

　　兒寬爲御史大夫，徵梁相褚大，與議封禪於上前。

漢武帝元封二年（壬申）　西元前 109 年

　　作明堂於汶上。

漢武帝元封三年（癸酉）　西元前 108 年

　　司馬遷爲太史令。

漢武帝元封四年（甲戌）　西元前 107 年

　　蕭壽成爲太常。

漢武帝元封五年（乙亥）　西元前 106 年

　　詔令州郡察吏民有茂才異等可爲將相及使絕國者。

　　韓延年爲太常。

　　衛青卒。

　　蕭望之生。

漢武帝太初元年（丁丑）　西元前 104 年

十一月甲子朔旦冬至祀明堂。

柏梁臺災。董仲舒、韓嬰皆卒於此前。

夏五月造太初歷，始以正月爲歲首。

張昌爲太常。

漢武帝太初二年（戊寅）　西元前 103 年

御史大夫兒寬卒。

漢武帝太初三年（己卯）　西元前 102 年

石德爲太常。

漢武帝太初四年（庚辰）　西元前 101 年

《史記》記事止於此歲。

漢武帝天漢二年（壬午）　西元前 99 年

下司馬遷腐刑。

趙牟爲太常。

漢武帝天漢四年（甲申）　西元前 97 年

司馬遷復爲中書令，尊寵任職。

漢武帝太始三年（丁亥）　西元前 94 年

唯塗光爲太常。

漢武帝太始四年（戊子）　西元前 93 年

靳石爲太常。

東方朔卒。

漢武帝征和二年（庚寅）　西元前 91 年

《史記》百三十篇草稿初具，司馬遷〈報任少卿書〉亦作於此年。

巫蠱之變起，孔安國有古文《尚書》而未得列於學官。

公孫賀卒。

漢武帝征和三年（辛卯）　西元前 90 年

劉屈氂、李廣利、江充卒。

漢武帝征和四年（壬辰）　西元前 89 年

酈終根爲太常。

漢武帝後元二年（甲午）　西元前 87 年

魏不害爲太常。

漢昭帝始元元年（乙未）　西元前 86 年

遣使行郡國舉賢良問民病苦。

詔令三輔太常舉賢良各二人。

金日磾卒，司馬遷卒。

漢昭帝始元五年（己亥）　西元前 82 年

帝詔自謂通《保傅傳》、《孝經》、《論語》、《尚書》。又令三輔太常舉賢良各二人、郡國文學高第各一人。

漢昭帝始元六年（庚子）　西元前 81 年

杜延年說霍光宜修孝文之政，光納之。詔問賢良文學民間疾苦。

江德爲太常。

漢昭帝元鳳元年（辛丑）　西元前 80 年

徵行有義者韓福等至長安，賜帛遣歸。

以文學魏相對策，擢韓義子延壽爲諫大夫。

桑弘羊、上官桀卒。

漢昭帝元鳳二年（壬寅）　西元前 79 年

劉向生。

漢昭帝元鳳三年（癸卯）　西元前 78 年

眭孟言「大石復立、僵柳復起，當有匹庶爲天子者。」坐設妖言惑眾伏誅。

劉向父劉德爲宗正。

漢昭帝元鳳四年（甲辰）　西元前 77 年

京房生。

蘇昌爲太常。

田千秋卒。

漢昭帝元平元年（丁未）　西元前 74 年

蔡義相。

李陵、楊敞卒。

漢宣帝本始元年（戊申）　西元前 73 年

地震，詔內郡國舉文學高第各一人。

夏侯勝遷長信少府。

漢宣帝本始二年（己酉）　西元前 72 年

后蒼爲少府。

議立武帝廟樂，夏侯勝以非毀先帝下獄。

漢宣帝本始三年（庚戌）　西元前 71 年

韋賢相。

蔡義卒。

蔡千秋爲郎，明《穀梁》，上使與《公羊》家並說，善之，擢爲諫大夫給事中。

漢宣帝本始四年（辛亥）　西元前 70 年

關東四十九郡同日地震，大赦天下。

詔令三輔太常內郡國，舉賢良方正各一人。

以夏侯勝爲諫大夫。

朱山坿卒。

漢宣帝地節二年（癸丑）　西元前 68 年

霍光卒。

龔勝生。

漢宣帝地節三年（甲寅）　西元前 67 年

丞相韋賢以老疾乞骸骨，賜黃金百斤罷歸。

魏相相。

京師雨雹，蕭望之言事始貴，年中三遷，至二千石。

夏侯勝卒。

丙吉爲御史大夫，疏廣爲太子太傅，疏受爲太子少傅。

詔令內郡國舉賢良方正可親民者。

張敞上封事言：「仲尼作《春秋》，迹盛衰，譏世卿最甚。」云云。

漢宣帝地節四年（乙卯）　西元前 66 年

任宮爲太常。

霍氏謀反，伏誅。

梁丘賀以筮有應，近幸爲太中大夫，給事中。

朱邑爲大司農。

漢宣帝元康元年（丙辰）　西元前 65 年

詔博舉吏民厥身修正，通文學，明於先王之術，宣究其意者。

以平原太守蕭望之爲少府。

孔光生。

以尹翁歸爲右扶風。

趙廣漢卒。

漢宣帝元康二年（丁巳）　西元前 64 年

蕭望之爲左馮翊。

漢宣帝元康三年（戊午）　西元前 63 年

宣帝選郎十人，從蔡千秋習《穀梁》。

劉向以通達善屬文辭，待詔金馬門，受《穀梁》。

漢宣帝元康四年（己未）　西元前 62 年

蘇昌復爲太常。

張安世卒。

詔遣大中大夫循行天下，舉茂材異倫之士。

龔舍生。

尹翁歸卒。

漢宣帝神爵元年（庚申）　西元前 61 年

韋賢卒。

朱邑卒。

張敞爲京兆尹。

蕭望之爲大鴻臚。

遣諫大夫王褒求金馬碧雞之神於益州，道卒。

漢宣帝神爵二年（辛酉）　西元前 60 年

蘇武卒。

劉向爲諫大夫。

司隸校尉蓋寬饒自剄北闕下。

漢宣帝神爵三年（壬戌）　西元前 59 年

魏相卒。

丙吉相。

以大鴻臚蕭望之爲御史大夫，清河‧張禹爲侍御史。

梁丘賀爲少府，事多，迺遣子臨分將門人蓮勺‧張禹等從施讎問《易》。

漢宣帝神爵四年（癸亥）　西元前 58 年

令內郡國舉賢良可親民者各一人。

嚴延年卒。

漢宣帝五鳳元年（甲子）　西元前 57 年

韓延壽卒。

漢宣帝五鳳二年（乙丑）　西元前 56 年

劉向以典上方鑄作事繫獄，得踰冬減死論。

蕭望之爲太子太傅。

韋玄成爲太常。

漢宣帝五鳳三年（丙寅）　西元前 55 年

丙吉卒。

漢宣帝甘露元年（戊辰）　西元前 53 年

揚雄生。

蘇昌復爲太常。

卓茂生。

漢宣帝甘露三年（庚午）　西元前 51 年

詔諸儒講《五經》異同於石渠閣，蕭望之等平奏其議，上親稱制臨決，立梁丘《易》、大小夏侯《尚書》、穀梁《春秋》博士。

杜緩爲太常。

黃霸卒。

漢宣帝黃龍元年（壬申）　西元前 49 年

以史高爲大司馬車騎將軍，蕭望之爲前將軍光祿勳，周堪爲光祿大夫，皆受遺詔輔政。

漢元帝初元元年（癸酉）　西元前 48 年

史高薦匡衡，上以爲博士給事中。

翼奉以待詔上封事。

王吉卒。

以貢禹爲諫大夫。罷諸宮館希幸者。

張敞卒。

漢元帝初元二年（甲戌）　西元前 47 年

詔郡丞相御史中二千石舉茂材異等直言極諫之士。

匡衡爲太子少傅。

蕭望之自殺，帝哀慟，擢周堪爲光祿勳，堪弟子張猛爲光祿大夫。

漢元帝初元三年（乙亥）　西元前 46 年

詔丞相、御史舉天下明陰陽災異者各三人。

漢元帝初元四年（丙子）　西元前 45 年

王莽生。

京房以孝廉爲郎。

任千秋長伯爲太常。

漢元帝初元五年（丁丑）　西元前 44 年

博士弟子毋置員，以廣學者。有通一經者皆蠲其徭賦。

以貢禹爲御史大夫。十二月，貢禹卒，薛廣德繼任。

嚴彭祖爲左馮翊。

漢元帝永光元年（戊寅）　西元前 43 年

詔舉質樸敦厚遜讓有行者，仍詔光祿歲以此科第郎從官。

歐陽地餘爲少府。

漢元帝永光二年（己卯）　西元前 42 年

令內郡國舉茂材異等賢良直言之士各一人。

韋玄成相。匡衡爲光祿大夫，嚴彭祖爲太子太傅。

漢元帝永光三年（庚辰）　西元前 41 年

冬，復博士弟子員千人。郡國置《五經》百石卒史。

漢元帝永光四年（辛巳）　西元前 40 年

周堪卒，張猛見譖自殺，劉向著文傷之。

罷祖宗廟在郡國者。

漢元帝永光五年（壬午）　西元前 39 年

匡衡爲太子少傅。

毀太上皇孝惠皇帝寢廟園。

漢元帝建昭元年（癸未）　西元前 38 年

少府歐陽地餘卒。

五鹿充宗爲少府。

漢元帝建昭二年（甲申）　西元前 37 年

嚴光生。

漢元帝建昭三年（乙酉）　西元前 36 年

韋玄成卒。

匡衡爲丞相。

甘延壽、陳湯斬郅支單于。

遣諫大夫博士賞等二十一人循行天下，存問孤苦，舉茂材特立之士。

漢元帝竟寧元年（戊子）　西元前 33 年

貶五鹿充宗爲玄菟太守。

漢成帝建始元年（己丑）　西元前 32 年

以元舅王鳳爲大司馬大將軍領尚書事。

駒普爲太常。

石顯卒。

劉向復進用，爲光祿大夫。

漢成帝建始二年（庚寅）　西元前 31 年

詔三輔內郡舉賢良方正各一人。

劉慶忌爲太常。

漢成帝建始三年（辛卯）　西元前 30 年

詔丞相御史與將軍列侯中二千石及內郡國舉賢良方正直言極諫之士、詣公車。

丞相匡衡坐子殺人免。

漢成帝建始四年（壬辰）　西元前 29 年

夏四月雨雪，召直言之士，對白虎殿，谷永、杜欽言咎在後宮。

洼丹生。

漢成帝河平二年（甲午）　西元前 27 年

悉封《王氏》諸舅：譚、商、立、根、逢時爲列侯。

漢成帝河平三年（乙未）　西元前 26 年

使謁者陳農求遺書於天下，詔光祿大夫劉向校之，向奏上《洪範五行傳》。

王咸長伯、王臨爲太常。

漢成帝河平四年（丙申）　西元前 25 年

日有食之，遣光祿大夫博士行舉瀕河之郡惇厚有行直言之士。

　　張禹爲丞相。

　　王商卒。

漢成帝陽朔元年（丁酉）　西元前 24 年

　　桓譚生。

　　王章卒。

漢成帝陽朔二年（戊戌）　西元前 23 年

　　劉向上封事，極言《王氏》之盛，將危劉氏。

　　詔丞相、御史、中二千石、二千石，雜舉可充博士位者，使卓然可觀。

　　董賢生。

漢成帝陽朔三年（己亥）　西元前 22 年

　　王鳳卒。以王音爲大司馬。

　　王莽年二十四，爲黃門郎，遷聲校尉。

漢成帝鴻嘉元年（辛丑）　西元前 20 年

　　史中爲太常。

　　丞相張禹賜金安車駟馬免。薛宣爲相。

　　王駿爲御史大夫。

漢成帝鴻嘉二年（壬寅）　西元前 19 年

　　詔舉敦厚有行義能直言者。

漢成帝鴻嘉三年（癸卯）　西元前 18 年

　　張霸以《百兩篇》徵，以中書校之，非是。時太中大夫平當，侍御史周敞勸
　　上存之。

漢成帝鴻嘉四年（甲辰）　西元前 17 年

　　王譚卒。

漢成帝永始元年（乙巳）　西元前 16 年

　　劉向撰《列女傳》、《新序》、《說苑》。

　　王莽爲新都侯，遷騎都尉，光祿大夫侍中。

漢成帝永始二年（丙午）　西元前 15 年

　　王駿卒。

　　王音卒，以王商爲大司馬。

　　翟方進爲相，好星歷，除李尋爲吏。

孔光爲光祿勳。

平當以長信少府遷大鴻臚。

漢成帝永始三年（丁未）　西元前 14 年

遣大中大夫循行天下，與部刺史舉惇樸遜讓有行誼者。

尉氏男子樊並等謀反、誅，乃黜張霸《百兩篇》。

師丹爲少府。

馬援生。

漢成帝永始四年（戊申）　西元前 13 年

蕭尊爲太常。

漢成帝元延元年（己酉）　西元前 12 年

孛星見東井，公卿大夫、博士、議郎以經對。

令公卿與內郡國舉方正能直言極諫者各一人。

王根爲大司馬，奏除房鳳補長史。

漢成帝元延二年（庚戌）　西元前 11 年

揚雄奏〈甘泉賦〉、〈河東賦〉、〈羽獵賦〉，除爲郎。

漢成帝元延三年（辛亥）　西元前 10 年

蜀郡岷山崩，雍江。劉向上奏論災異。

揚雄上〈長揚賦〉。

任宏爲太僕。

漢成帝綏和元年（癸丑）　西元前 8 年

淳于長有罪，下獄死。翟方進奏劾王立，引《左傳》以爲說。

劉向卒。

增博士弟子員三千人，歲餘復如故。

以定陶王欣爲皇太子，以師丹爲太子太傅。

大司馬王根賜金安車駟馬免，以王莽爲大司馬。

何武、翟方進共奏罷部刺史，更置十二州牧，引《尚書》以立說。

漢成帝綏和二年（甲寅）　西元前 7 年

熒惑守心，李尋、賁麗皆言大臣宜當之，翟方進自殺。

王莽舉劉歆爲侍中、遷光祿大夫，復領《五經》。歆於是總群書而奏其《七略》。

王龔爲光祿勳。

詔罷樂府。

劉常爲太常。

大司馬王莽病免，以師丹爲大司馬，徙大司空。

漢哀帝建平元年（乙卯）　西元前6年

詔舉孝弟惇厚，能直言，通政事，可親民者。

劉歆請建立《左氏春秋》、及《毛詩》、逸《禮》、古文《尚書》，與房鳳、王龔共移書讓太常博士。三人皆左遷。

朱博爲大司空。

李尋以待詔黃門對策。

左咸爲大司農。

伏恭生。包咸生。

漢哀帝建平二年（丙辰）　西元前5年

罷州牧、復刺史。

四月、丞相孔光免，御史大夫朱博爲丞相。十二月，朱博有罪自殺，平當爲丞相。

王莽以新都侯遣就國。

李尋以欲妄變政事，徙敦煌郡。

傅喜卒，張禹卒。

漢哀帝建平三年（丁巳）　西元前4年

三月，丞相平當卒。

左咸爲左馮翊。

漢哀帝建平四年（戊午）　西元前3年

杜業爲太常。

龔勝以光祿大夫遷右扶風，一年歸故官。

封董賢爲高安侯。

漢哀帝元壽元年（己未）　西元前2年

日有蝕之，詔公卿大夫、將軍列侯中二千石，舉賢良方正能直言者各一人。

彭宣爲御史大夫。

王嘉卒。

王莽以徵還京師。

董賢爲大司馬。

漢哀帝元壽二年〔庚申〕　西元前 1 年

六月，哀帝崩，王莽拜大司馬，迎立平帝，董賢自殺。

丙昌、長矯爲太常。

左咸爲大鴻臚。

孔光爲大傅。

馬宮爲大司徒。

漢平帝元始元年〔辛酉〕　西元 1 年

以王莽爲安漢公。

劉歆爲羲和官。

封周公後公孫相如爲褒魯侯，孔子後孔均爲褒成侯，奉其祠，追諡孔子曰褒成宣尼公。

日有食之，詔公卿將軍中二千石舉敦厚能直言者各一人。

令宗室其爲吏舉廉，佐史補四百石。

漢平帝元始二年〔壬戌〕　西元 2 年

孫寶爲大司農，數月免。

橋仁爲大鴻臚。

張宏子夏爲太常。

梅福卒。

漢平帝元始三年〔癸亥〕　西元 3 年

莽誅其子宇及宇師吳章，王龔亦連坐自殺。

劉岑子張爲太常。

何武爲王莽所殺。

班彪生。

師丹卒，鮑宣卒。

漢平帝元始四年〔甲子〕　西元 4 年

左咸爲大鴻臚。

孔光卒。

馬宮爲大司馬。

劉歆、平晏、孔永、孫遷治明堂辟廱，封列侯。

徵天下通知逸經、古記、天文、歷律、小學、史篇、方術、本草及以《五經》《論語》《孝經》《爾雅》教授者數千人。

毛《詩》、古文《尚書》皆立博士。

揚雄作《訓纂》。

劉歆作《鍾歷書》，又著《三統曆譜》。

漢孺子嬰居攝元年（丙寅）　西元 6 年

王莽祀上帝於南郊、迎春於東郊，行大射禮於明堂，養三老五更，成禮而去。

龔舍卒。

漢孺子嬰初始元年（戊辰）　西元 7 年

王莽篡位，西漢亡。